# От Посьета до Арбата

150 лет корейской культуры в России

This work was supported by the National Research Foundation of Korea Grant funded by the Korean Government (NRF-362-2009-1-B00005)

# От Посьета до Арбата

## 150 лет корейской культуры в России

러시아 속 한국 발자취 150년

Ким Хен Тхэк
И Ын Гён
Ра Сын До

HUEBOOKs

This work was supported by the National Research Foundation of Korea Grant
funded by the Korean Government (NRF-362-2009-1-B00005)

Монография No. 29
Проект HK (Humanities Korea)
Институт российских исследований
Университет иностранных языков «Ханкук»
Директор проекта: профессор Кан Дук Су

Перевод с корейского, Евгений Выскребенцев, Ким Мин Су, Ким Хен Тхэк
Редактор, Даниил Виноградов
Издатель, Ким Ин Чхоль
Главный редактор, Га Чжон Джун
Ответственный редактор, Шин Сон Хо
Редактор серии, Пак Хён Чжон

**Ким Хен Тхэк, И Ын Гён, Ра Сын До.**
**От Посьета до Арбата: 150 лет корейской культуры в России.** Пер. с кор. / Сеул: HUEBOOks, 2018. – 496 с.

ISBN 979-11-5901-371-3

В книге известных корейских специалистов по русской культуре, Ким Хен Тхэк, И Ын Гён, Ра Сын До, представлены тщательно собранные свидетельства корейского присутствия в России на протяжении последних 150 лет. Повествование начинается с анализа первых упоминаний о проникновении корейцев на территорию России, относящихся к концу XIX – началу XX вв., и заканчивается современностью. Главы, освещающие период после установления дипломатических отношений в 1990 г., показывают широкое разнообразие двусторонних контактов между Россией и Кореей в таких сферах, как культура, искусство, спорт, народная дипломатия. На основании собранного богатого материала авторы открывают дискуссию о дальнейших путях развития российско-корейского сотрудничества.

ISBN 979-11-5901-371-3


Книга поступила в печать 10.06.2018
Дата печати: 28.06.2018
Тираж 1000 экз.

# От Посьета до Арбата

150 лет корейской культуры в России

# Предисловие к изданию русского перевода

Корея... Что значит она для России? А Россия для Кореи? На восточной окраине своих обширных территорий Россия граничит с крошечным Корейским полуостровом, в южной части которого располагается Республика Корея. На первый взгляд может показаться, что между двумя странами не существует особой связи. Однако Россия и Корея приходятся друг другу давними соседями, история взаимоотношений между которыми насчитывает более 150 лет. Взаимовлияние и взаимодействие между нашими странами в сфере международной политики, экономики и торговли, а также миграция населения и взаимное восприятие культуры и искусства вполне заслуживают того, чтобы стать предметом любопытного исследования.

С установления в 1990 году дипломатических отношений и до настоящего момента связи между нашими странами получили заметное развитие. Благодаря Олимпиаде 1988 года, которая проводилась в Сеуле, начались прямые контакты между простыми жителями обеих стран, а такие масштабные международные мероприятия, как Зимние Олимпийские игры в

Сочи и в Пхенчхане, а также Чемпионат мира по футболу-2018 в России сблизили нас еще больше. В 2017 году общее число россиян, посетивших Корею, и корейцев, побывавших в России Россию, превысило 500 тысяч человек. И все говорит о стремительном росте этого показателя в будущем. Такой прогноз подкрепляется бешеной популярностью Корейской волны среди российской молодежи и стремительным ростом числа молодых корейских туристов, отправляющихся во Владивосток и другие города Дальнего Востока и Сибири.

За написание книги «От Посьета до Арбата» мы взялись с целью всесторонне осветить историю контактов между кореей и Россией, знающей множество примеров добрососедских отношений. Кроме того, эта книга представляет собой вторую часть изысканий корейских ученых из Института российских исследований при Университете иностранных языков «Ханкук» которые на протяжении четырех лет работали над изучением истории корейско-российских гуманитарных обменов. В 2015 году на корейском языке была издана книга «От Сабатина до Пушкина», в которой мы рассказали о российских следах, оставленных в Корее, о значении России в новой истории Кореи, о влиянии, которое Россия оказала на культуру и искусство Кореи, а также об имидже России, проникнувшем в будни обычных корейцев. Получив положительные отзывы от корейских читателей, мы решили в 2016 году издать эту книгу уже на русском языке. Она была призвана познакомить россиян с плодами длительной истории взаимоотношений между нашими странами. В 2017 году в продолжение этой работы наша исследовательская команда издала книгу «От Посьета до Арбата», посвященную истории корейских переселенцев в

Россию, корейскому искусству и культуре, укоренившимся на российской земле, а также неподдельному и растущему интересу к Корее, который в настоящее время наблюдается у широкого круга россиян. И наконец выход в свет этой книги на русском языке означает завершение нашей работы, в ходе которой мы предприняли попытку проанализировать историю гуманитарных обменов между Кореей и Россией, отмечая эпохальные изменения и особенности в отдельных областях взаимоотношений.

В действительности за это время в каждой области накоплено значительное количество работ различных специалистов по корейско-российским отношениям. Тем не менее миграция жителей обеих стран через границу, записи корейских и русских писателей и представителей интеллигенции с впечатлениями о бытовых и ментальных особенностях жизни соответственно в России и Корее, выдающееся наследие в области культуры и искусства, рожденное в результате взаимовлияния и сотрудничества, любопытные плоды влияния, которые обнаруживаются в быту жителей двух стран, то есть так называемая область гуманитарных обменов все это время не получала должного внимания, в лучшем случае оставаясь на уровне эпизодического ознакомления с определенными примерами. Наши книги «От Сабатина до Пушкина» и «От Посьета до Арбата» являются результатом работы, включившей такие этапы, как изучение письменных источников, полевые исследования и сбор фотографического материала, и мы надеемся, что они в какой-то степени смогут заполнить этот пробел.

Наблюдающееся в настоящее время смягчение напряженности на Корейском полуострове будет способствовать расширению и ускорению прогресса отношений между Россией и Кореей. 22 июня текущего года на пресс-конференции, посвященной подведению итогов визита президента Республики Корея Мун Чжэ Ина в Россию, президент Российской Федерации В. В. Путин упомянул конкретные плоды сотрудничества между нашими странами в различных областях, сказав: «Республика Корея - важный партнер России в Азиатско-Тихоокеанском регионе. Отношения между нашими государствами носят многоплановый характер и выстраиваются на принципах добрососедства, взаимной выгоды и учетов интересов друг друга». В ответ президент Мун Чжэ Ин заявил: «В прошлом году во время визита во Владивосток я смог лично убедиться в безграничном потенциале Дальнего Востока и в различных возможностях сотрудничества между двумя странами. Посетив Москву, в которой гармонично сосуществуют природа, цивилизация, история и будущее, я еще более преисполнился надеждой на совместное будущее корейско-российского сотрудничества».

Сегодня, как никогда ранее, подчеркивается значение Азии для будущего России, а также важность «северной оси», соединяющей Корейский полуостров с Россией, в новом будущем Южной Кореи, и это обстоятельство делает дальнейшую перспективу отношений между двумя странами светлой как никогда. Когда эти две линии движения найдут точку соприкосновения и откроют эпоху гармоничного сотрудничества, плоды гуманитарных обменов между нашими странами, описанные нами в книгах «От Сабатина до Пушкина» и «От Посьета до Арбата», расцветут еще больше и получат стремительное развитие. Авторский коллектив разделяет надежду, что две наши книги послужат справочным материалом в проектировании и реализации проектов по обменам в сфере культуры и искусства, которые находятся на стадии планирования на правительственном и гражданском уровнях в преддверии 30-летия корейско-российских дипломатических отношений, наступающего в 2020 году. Также мы надеемся, что наши книги будут способствовать продолжению глубоких исследований отдельных примеров гуманитарного взаимодействия между двумя странами.

Во время Зимних Олимпийских игр в Пхенчхане многие корейцы горячо болели за российских спортсменов. В свою очередь во время Чемпионата мира по футболу 2018 года в России сборная Южной Кореи встретила большую поддержку и любовь россиян. Точно таким же образом авторский коллектив получал помощь от российских специалистов и друзей на протяжении всего пути по решению нелегкой задачи по комплексному освещению истории гуманитарных обменов между нашими странами. Издание нашей книги на русском языке было бы невозможно без помощи выпускника Корейского института литературных переводов Выскребенцева Евгения, охотно взявшегося за перевод сложного текста, а также без помощи профессора факультета русского языка Университета иностранных языков «Ханкук» Даниила Виноградова, согласившегося отредактировать русский перевод. И благодарен магистрантке Университета иностранных языков «Ханкук» Кристине Васильевой, которая сделала перевод описаний к фотографиям с корейского языка на русский. Особую благодарность мы выражаем послу Республики Корея в России У Юн Гыну и послу Российской Федерации в Южной Корее Александру Тимонину, которые от начала и до конца проявляли искренний интерес к нашей работе, поддерживая нас и оказывая помощь каждый раз, когда мы в ней нуждались.

От лица авторов Ким Хен Тхэк,

Сеул, июнь 2018 г.

# Новый статус корейцев среди русских

В один необычайно морозный день зимы 1995 года я прогуливался по центральным улицам Санкт-Петербурга, как вдруг меня охватило неодолимое желание зайти в Мариинский театр и посмотреть там спектакль. Воспоминания о том чудесном дне до сих пор живо всплывают в моей памяти. В тот момент судьба как будто связала меня с Россией невидимыми нитями раз и навсегда: впоследствии я обучался в Санкт-Петербургском государственном университете, принимал участие в работе форума «Диалог Россия – Республика Корея», а в настоящее время мне выпала большая честь быть послом своей страны в России.

Я очень рад представить дорогим читателям книгу «От Посьета до Арбата: 150 лет корейской культуры в России» Ким Хен Тхэка, Ра Сын До и Ли Ын Гён. Как видно из названия, книга повествует о 150-летней истории пребывания корейцев в России и о тех следах, которые Корея оставила в этой огромной стране. Эта книга является естественным продолжением книги «От Сабатина до Пушкина: 150 лет русской культуры в Корее», которая вышла в свет два года назад и вызвала большой интерес у читателей.

Если первая книга открыла наши глаза на то, что Россия, как оказалось, оставила в Корее множество культурных следов, которые мы просто не замечали, едва ли не каждый день проходя мимо, то во второй книге наши ведущие специалисты по России предпринимают попытку найти симметричный ответ, системно освещая те следы, которые, в свою очередь, Корея оставила в России. Издание такой книги само по себе имеет огромное значение, поскольку она показывает, насколько большое влияние оказывали и продолжают оказывать друг на друга обе страны.

Из этой книги мы можем узнать как о прошлом, так и о настоящем корейцев в России. В первых главах разворачивается повествование об истории переселения наших соотечественников на Дальний Восток, ставший ареной борьбы за независимость Кореи от Японии, о выдающихся представителях нашего народа, сумевших проявить себя в истории, культуре и спорте России, а последующие главы живо описывают современный облик Кореи в России, рассказывая о блюдах корейской кухни, K-pop и тех проявлениях южнокорейской культуры, которые в последнее время пользуются невероятной популярностью у россиян. С полной уверенностью я могу сказать, что на страницах этой книги читатели откроют много нового для себя, почерпнут ранее неизвестные факты о достижениях корейцев, проживающих в России, о высокой популярности южнокорейской культуры, волной накрывающей всю огромную территорию нашего северного соседа, о динамичном продвижении южнокорейских корпораций.

Повседневная жизнь россиян связана с Кореей гораздо теснее, чем мы думаем. В настоящее время россияне, отправляясь утром на работу за рулем собственного автомобиля, разговаривая с друзьями по смартфону, перекусывая во время обеденного перерыва лапшой быстрого приготовления, работая за компьютером, готовя после возвращения домой ужин из продуктов, лежавших в холодильнике, и завершая многотрудный день просмотром телевизора в качестве релаксации, к нашему удивлению очень часто и с большим удовольствием используют товары, произведенные в Южной Корее. В выходные дни целая армия молодых россиян посещает различные курсы корейского языка, где вместе с его освоением знакомится и с корейской культурой. Благодаря активным двусторонним отношениям, которые завязались между нашими странами после установления официальных дипломатических отношений в 1990 году, жители обеих стран повсеместно могут наблюдать влияние взаимопроникновения культур. Авторы книги, рассказывая нам о том, какой Корея предстает в глазах россиян, активно используют как материалы, привезенные из командировок по России, так и сведения, почерпнутые ими из различных письменных источников. И в этом отражении образа нашей страны мы можем заметить удивительные плоды двусторонних контактов, которые могут похвастать довольно давней историей.

Благодаря проведению Зимних Олимпийских игр в Пхенчхане, корейская тематика широко освещалась в России. Мне думается, что точно также Чемпионат мира по футболу, который сейчас проходит в крупнейших российских городах, позволит жителям Южной Кореи своими глазами увидеть облик меняющейся России. Я уверен, что благодаря этим событиям 2018 год ознаменуется выходом корейско-российских отношений на новый уровень. Но для этого как никогда требуются контакты и коммуникация между гражданами обеих стран. Я надеюсь, что эта книга станет посредником в этой коммуникации, внеся свой вклад в налаживание взаимопонимания между корейцами и россиянами.

Вот и я невольно оставил свой небольшой след в России. Надеюсь, что корейцы, живущие ныне в России, как и приезжающие сюда туристы, бизнесмены, студенты и в будущем продолжат вереницу корейских следов в этой огромной и радушной стране. Мне бы хотелось, чтобы книга «От Посьета до Арбата: 150 лет корейской культуры в России» стала бесценным путеводителем, соединяющим в единую цепочку все наши следы, которые мы оставляли, оставляем и будем оставлять на гостеприимной русской земле.

У Юн Гын,
Посол Республики Корея в Российской Федерации
Москва, июнь 2018 г.

Россия и Корея

# Узнать, понять и полюбить...

С удовольствием рекомендую российским читателям книгу «От Посьета до Арбата: 150 лет корейской культуры в России», подготовленную группой ведущих южнокорейских специалистов по истории, литературе и культуре России во главе с вице-президентом Университета иностранных языков «Ханкук» профессором Ким Хен Тхэком.

Эта книга продолжает серию увлекательных работ корейских ученых, посвященных истории взаимоотношений наших стран. Если в первой книге «От Сабатина до Пушкина: 150 лет русской культуры в Корее» читателю был предложен взгляд из Республики Корея на Россию и роль россиян в корейской истории, начиная с 80-х годов XIX века, то теперь авторы повествования переносят читателя в Россию и предлагают его вниманию анализ процесса формирования корейской диаспоры в нашей стране.

Начало этому процессу было положено добровольным переселением части корейцев в Россию в середине XIX – начале XX вв. Спасаясь от голода и, позднее, от японских колонизаторов, выходцы из Кореи не только нашли убежище в России, но и сумели успешно адаптироваться в новых условиях, обеспечить достойное будущее для своих потомков.

Считаю важным то, что авторский коллектив подробно останавливается на этой теме, поскольку российские корейцы внесли весомый вклад в развитие бывшего Советского Союза и современной России, стали активными гражданами своей новой родины. Российские корейцы сполна разделили с другими народами нашей страны все тяжелые, порой трагические испытания, которые выпали на их долю в XX веке. Русские и корейцы вместе трудились, осваивали новые земли, вместе сражались и победили в самой страшной войне с фашистской Германией. Большой интерес для читателей представляет раздел, посвященный выдающимся представителям корейской диаспоры в России и их достижениям во многих сферах жизни нашей страны.

В книге освещены также важнейшие направления развития политических, экономических, культурных и научных связей между современной Россией и Республикой Корея. С явной симпатией корейские авторы рассказывают о том, с каким интересом знакомятся россияне с динамично развивающимися экономикой и современной культурой Южной Кореи, ее уникальными искусством, музыкой и национальной кухней. Несомненный интерес, в том числе для российских исследователей, представляет подробный анализ истории и современных тенденций российского корееведения.

Как Посол Российской Федерации в Республике Корея приветствую появление этой необычной, глубокой по содержанию и увлекательной книги, которая, несомненно, вызовет большой интерес как у специалистов-корееведов, так и у широкого круга российских читателей, а также будет способствовать углублению взаимопонимания между народами наших стран.

А. А. Тимонин,<br>
Посол Российской Федерации в Республике Корея<br>
Сеул, Июнь 2018 г.

От автора

# В поисках корейских следов в России

Раскинувшаяся на огромной территории Евразийского материка, Россия граничит со многими странами Северной и Центральной Европы, Прибалтики, Кавказа, Средней и Восточной Азии. Соседями России являются такие страны, как Белоруссия и Украина, Монголия и Китай и многие, многие другие. На востоке Россия имеет общую границу с Корейским полуостровом. На всем протяжении своей длительной истории Россия постоянно соприкасалась с представителями различных народов, государств и цивилизаций. В результате таких контактов страна создала уникальную культуру и искусство, сформировала особенный образ жизни.

В наши дни для многих жителей Южной Кореи Россия менее известна и понятна, чем Китай, Япония или США. В то же время Южная Корея для большинства россиян представляется не более чем восточной страной, затерянной где-то на самой восточной окраине мира. Россия в глазах корейцев предстает в образе незнакомки по той причине, что во время холодной войны после разделения Кореи были полностью заблокированы все каналы для прямых контактов между Советским Союзом и Южной Кореей. По сравнению со странами Европы, с которыми в силу географической близости у России сложились гораздо более активные взаимоотношения, страны Северо-Восточной Азии, в том числе и Южная Корея, вызывали у россиян крайне незначительный интерес.

В конце прошлого века ситуация коренным образом изменилась. Во время участия в Летних Олимпийских играх 1988 года Советский Союз заново открыл для себя Южную Корею, а после установления между нашими странами официальных дипломатических отношений в 1990 году многие корейцы поспешили посетить меняющийся Советский Союз, взявший курс на перестройку и гласность. В этот период, преисполненный любопытства и смутных надежд по отношению друг к другу, гражданам Южной Кореи и России было некогда проявлять интерес к давней истории взаимовлияния и разнообразных контактов, происходивших между обеими странами в прошлом. Правда, и значительная часть фактов из истории российско-корейских отношений была скрыта под пологом тайны из-за длительного разрыва и нахождения по разные стороны идеологических баррикад.

В отличие от такого поверхностного восприятия, встречающегося у многих жителей обеих стран, имеющие общую государственную границу по реке, которую корейцы называют Туманган, а русские Туманная, Корея и Россия за последние 150 лет накопили богатый опыт взаимоотношений. Контакты между рядовыми представителями наших народов начались с переселения в Россию корейцев с северных окраин Корейского полуострова и после их оседания на русской земле продолжились длительной историей расселения корейцев на бескрайних просторах Евразии, привыкания к местным условиям жизни и внесением весомого вклада в развитие местного общества. В прошлом у Кореи не было возможностей вести внешние сношения с другими странами по морю, тогда как в Россию был проложен путь по суше. Побывав в землях северного соседа, корейцы стали воспринимать Россию как диковинную страну, представляющую западную культуру.

История отношений между Кореей и Россией, начавшаяся с переселения корейцев в Приморье, за это время прошла несколько этапов, претерпев множество изменений. За периодом, когда корейские земледельцы переходили через русскую границу в поисках свободной земли, последовал период, когда в Сибирь и на Дальний Восток устремились борцы за освобождение Кореи от японской экспансии. В процессе этой борьбы некоторые исторические деятели оказались под влиянием коммунистической идеологии, активно поддерживавшей национально-освободительные движения народов, пытавшихся освободиться от колониального гнета. Симпатизируя коммунистам, корейские патриоты отправлялись в Москву в поисках правды. А в 1937 году разыгралась настоящая трагедия, когда все наши соотечественники, компактно проживавшие в Приморском крае, были в одночасье сорваны со своих мест и брошены в полупустынных степях Средней Азии, где они буквально голыми руками были вынуждены строить новую жизнь. Многих корейцев в период японской оккупации угоняли на принудительные работы на остров Сахалин, где они так и остались жить после освобождения Кореи, не имея возможности вернуться на Родину.

Вот такими путями корейцы укоренялись на русской земле. Именно они сыграли важную роль в формировании позитивного отношения к Корее в русском обществе.

После смерти Сталина наступила так называемая хрущевская оттепель, частично позволившая представителям депортированных народов менять место жительства. Тогда часть корейцев, проживавших в Средней Азии, перебралась в крупные города в европейской части России. Благодаря этому местные жители знакомились с корейской бытовой и кулинарной культурой, частично перенимая ее лучшие достижения.

Получив высшее образование, русские корейцы становились специалистами, добиваясь выдающихся успехов в разных областях. Среди Героев Социалистического Труда, спортсменов, писателей, ученых, художников и музыкантов, добившихся всенародной славы, было немало людей, носивших корейские фамилии.

Немалый вклад в понимание Кореи русскими людьми внесла российская корееведческая наука, уходящая своими корнями еще в период Российской империи. Российское корееведение, которое гордится 120-летней историей, смогло на высоком уровне сохранить научные традиции вопреки всем перипетиям, когда в угоду политической конъюнктуре оно то подвергалось гонениям, то возрождалось вновь. Российское корееведение добилось блистательных результатов в изучении корейской истории и в области фундаментальных гуманитарных наук. Россия была первой европейской страной, где начали изучать корейский язык, издали корейско-русский словарь, перевели классические произведения корейской литературы.

Несмотря на ограничения, присущие редким наукам, ценные

плоды российского корееведения играли роль моста, хотя бы косвенно соединявшего Южную Корею и Советский Союз в ту эпоху полного отсутствия прямых контактов между двумя странами и лишь ограниченного функционирования каналов связи с Северной Кореей.

Установление дипломатических отношений между Республикой Корея и СССР в 1990 году распахнуло двери для контактов, в результате чего заметно активизировались взаимоотношения в деловой, туристической, культурной областях, а также в сфере науки и образования. В Москву хлынули группы корейских студентов, желающих изучать русский язык, а также сотрудники представительств крупных южнокорейских корпораций и члены их семей.

Так к «старым» корейцам, которые уже давно укоренились на русской земле, рассеявшись по всей территории страны, добавились «новые» корейцы, явившие свой непривычный облик жителям центральных регионов России. Вместе с десантом «новых» корейцев в России появилась электроника и различные потребительские товары, произведенные в Южной Корее. Бытовые электротовары компаний Samsung и LG, «Доширак», «Чокопай» и другие южнокорейские продукты питания стремительно захватили российский рынок. В последнее время невозможно не заметить продвижение таких явлений современной южнокорейской поп-культуры, как музыка в стиле K-pop, телесериалы «дорамы», художественные фильмы, а также корейская кухня. Корейский конькобежец Виктор Ан, принявший российское гражданство и завоевавший на Зимних Олимпийских играх в Сочи несколько золотых медалей в шорт-треке, в одночасье стал национальным героем России.

На ведущих ролях в Мариинском театре выступает корейский артист балета Ким Ки Мин. Можно подытожить, что сегодня в России сложился отчетливый позитивный имидж Южной Кореи.

Вереница корейских следов в России, берущая начало 150 лет назад на самых восточных рубежах страны, с ходом истории протянулась на обширные расстояния. Несколько раз пройдя через фазу обнуления, сегодня отношения между нашими странами динамично развиваются в русле взаимовыгодного сотрудничества в политике, дипломатии, экономике, торговле, науке, культуре, туризме, а также в области гражданских обменов.

Главная цель нашей книги «От Посьета до Арбата: 150 лет корейской культуры в России» заключается в желании проследить вереницу следов, оставленных за этот немалый срок нашими соотечественниками на земле великого северного соседа. В процессе написания книги мы смогли увидеть, что скитания на чужбине наших соотечественников, вынужденных покинуть родные края, спасаясь от голода, были не напрасны, что кровь, пот и слезы, пролитые на просторах Сибири и Дальнего Востока борцами за независимость Кореи, оросили почву для всхода побегов южнокорейского экономического чуда и расцвета демократии, благодаря чему в сознании россиян отчетливо отпечатался образ новой Кореи. Посьетом называется небольшой русский порт, в районе которого оседали первые корейские переселенцы, Арбатом называется улица в центре Москвы, рядом с которой располагается гостиница «Лотте Отель Москва», имиджевая галерея Hyundai MotorStudio и стена Виктора Цоя. Для нас слишком велико символическое значение этих мест, именно поэтому мы не могли не выбрать их для названия нашей книги.

Все авторы этой книги сходятся в едином мнении, что вереница корейских следов в России не смогла бы протянуться от периферии к самому сердцу страны, если бы между русскими и корейцами не существовало взаимопонимание и духовная комплиментарность, если бы они не умели с уважением относиться к чужой культуре и иному образу жизни, если бы они не обладали способностью воспринимать новое. Все это вселяет в нас надежду, что различное материальное и нематериальное наследие, накопленное за долгую историю двусторонних отношений, поможет молодым поколениям из обеих стран вывести сотрудничество на еще более творческий и взаимовыгодный уровень.

Профессора Ра Сын До и И Ын Гён проделали большую работу, чтобы собрать материалы, необходимые для написания книги, которую наш дорогой читатель держит в руках. Они совершили ряд командировок в Россию для сбора информации, разбросанной в разных источниках, для изучения соответствующих письменных памятников. Кроме того, Ра Сын До и И Ын Гён взяли ряд интервью у главных героев этой книги, а также сделали серию замечательных фотоснимков, которые вы можете увидеть на ее страницах. Мы надеемся, что наш скромный труд «От Посьета до Арбата: 150 лет корейской культуры в России» станет своего рода справочником, который поможет всем интересующимся проследить исторические корни российско-корейских отношений, составить упорядоченное представление о достигнутых за этот период результатах взаимообмена в различных областях и далее – создать проект общего будущего. 2018 год ознаменуется 10-летием объявления стратегического партнерства между нашими странами, 2020 год будет отмечен 30-летием установления дипломатических отношений, поэтому мы искренне надеемся, что наша книга вместе с опубликованной два года назад работой «От Сабатина до Пушкина: 150 лет русской культуры в Корее» внесет хотя бы небольшой вклад в освещение российско-корейских отношений на культурном и гуманистическом уровне.

Эта книга не увидела бы свет без заинтересованности и поддержки многих глубоко уважаемых нами людей. Мы выражаем слова огромной благодарности послу Республики Корея в Российской Федерации г-ну У Юн Гыну, генеральному консулу РК во Владивостоке г-ну Ли Сок Бэ, бывшему генеральному консулу РК в Санкт-Петербурге г-ну Ли Чжин Хёну и нынешнему генеральному консулу РК в Санкт-Петербурге г-ну Квон Дон Суку. Мы очень нуждались в их содействии, поскольку в Москве, Санкт-Петербурге и Владивостоке содержится много информации и материалов, связанных с темой нашей работы. Мы также выражаем свою признательность директору компании «Ихван D&B» г-ну Пак Чон Вону и г-ну Син Сон Хо из издательства «Чисик» при Университете иностранных языков «Ханкук», которые, несмотря на крайне плотный рабочий график, сделали все возможное, чтобы наша книга была издана без задержек.

От лица авторов

Ким Хен Тхэк

26 декабря 2017 года

# От Посьета до Арбата

# Оглавление

## Часть 2. Корейская культура и искусство в России



## Часть 3. Корейская красота и вкус, пленившие Россию

# Часть 1

—

# Корейцы на Евразийском континенте

# Глава 1

# Истоки корейской общины в России и Синханчхон

Сегодня среди жителей Южной Кореи, вероятно, мало таких, кто хотя бы один раз не слышал о русском писателе Антоне Чехове. Каждый кореец, даже если он не литературовед и никак не связан с Россией, знает Чехова как автора пьес, составляющих львиную долю репертуара южнокорейских театров. И даже если человек не является поклонником театрального искусства, он, уж точно, не мог не видеть эту фамилию на афишах. Упомянув о необыкновенной любви корейцев к произведениям Чехова, невольно задумаешься о том, сказалась ли в его творчестве тема Кореи? Мы полагаем, что не многие жители Страны утренней свежести знают, что в одной из книг Чехова есть упоминание о корейцах.

В последние годы своей жизни Чехов написал книгу в жанре путевых записок «Остров Сахалин». Эта книга стала своего рода подробным отчетом о сахалинской действительности того времени. В ней содержится информация буквально о всех сторонах жизни острова-тюрьмы: о географии, флоре, фауне, о погоде, о тюремной системе, жизни ссыльных, о каторге, об образе жизни местных жителей, о стариках, женщинах и детях. Именно в этой книге можно найти свидетельство очевидца, что уже в конце XIX века корейцы жили на территории России.

> У Семенова работают манзы, корейцы и русские. [...] Я еще нашел также корреспонденцию в «Кронштадтском вестнике» 1880 г., №. 112: «Остров Сахалин. Несколько интересных сведений относительно Маука-Коув». Тут идет речь о том, что Маука есть главное местопребывание компании, получившей от русского правительства право в течение 10 лет собирать морские водоросли, и что население его состоит из 3 европейцев, 7 русских солдат и 700 рабочих – корейцев, айно и китайцев. (с. 179)

«Остров Сахалин» Чехова имеет важное историческое значение, являясь первым письменным свидетельством о проживании там корейцев. В Южной Корее бытует мнение, что корейцы появились на острове в 1930-е годы, когда оккупационные власти Японии стали угонять их туда на принудительные работы. Однако Чехов пишет, что уже в конце XIX столетия он лично видел работающих на Сахалине корейцев. Таким образом мы узнаем, что корейцы появились на российской земле задолго до принудительной мобилизации на трудовые работы.

В конце XIX века Корея вплотную ощутила дыхание России. На государственном уровне правительство с целью сдерживания Японии проводило дружественную к России политику, а простые корейцы видели в России землю новых возможностей. Российский Дальний Восток прилегал к Корейскому полуострову по реке Туманган (Туманная) и был доступен для перемещений.

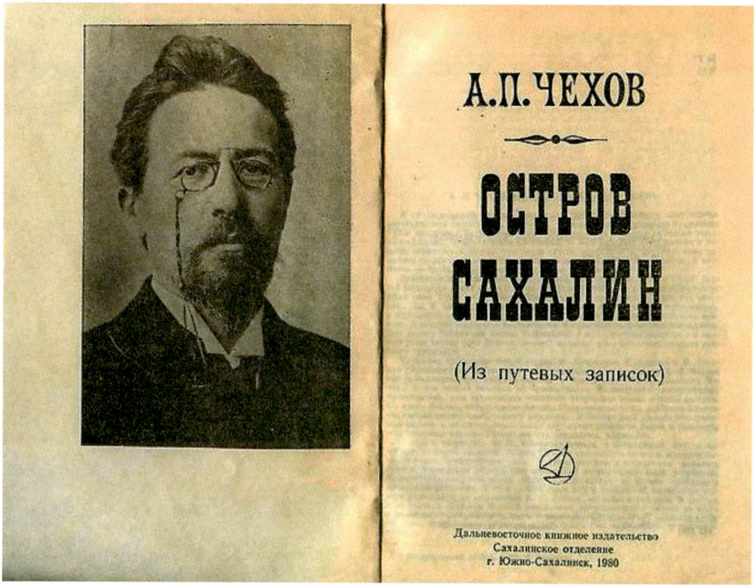


Книга А. П. Чехова «Остров Сахалин». (Фото: Институт Российских исследований (далее ИРИ))

Впервые на российскую землю ступила нога тех корейцев, которые покидали родные края, устав от голода и потеряв последнюю надежду на достойную жизнь. Именно в России они видели свой шанс на лучшее будущее.

История переселения корейцев на территорию России началась в 1863 году, когда 13 крестьянских семей, спасаясь от голода и притеснений со стороны местных чиновников и землевладельцев, перешли через реку Туманная и добрались до порта Посьет. Тот факт, что целая группа переселенцев, перейдя границу, рискнула пойти на нарушение закона, говорит нам о безвыходности их положения. В то время королевская династия Страны утренней свежести принципиально придерживалась изоляционистской политики, поэтому контакты с иностранцами и перемещение за пределы Кореи находились под строжайшим запретом. Тем не менее некоторые жители пограничных с Россией и Китаем районов часто пересекали границу в поисках дикорастущего женьшеня и в охоте за дичью. Переселение корейцев на территорию России было подстегнуто двумя историческими событиями: включением земель прилегающей к Корее Приморской области в состав России, а также активными действиями российского правительства по поощрению заселения Дальнего Востока.

В 1860 году Россия заключила с потерпевшей поражение во Второй Опиумной войне китайской империей Цин Пекинский трактат, по условиям которого приобрела Приморскую область. В первые десять лет Россия испытывала большие сложности с освоением новых территорий из-за их крайней безлюдности. Для исправления этой ситуации и с целью поощрения переселения на Дальний Восток правительство России в апреле 1861 года установило «Правила для поселения русских и иностранцев в Амурской и Приморской областях Восточной Сибири», согласно которым всем переселенцам предоставлялись невиданные льготы: по 40 десятин земли в вечное и постоянное пользование, пожизненное освобождение от подушной подати, к тому же каждой семье выдавалась ссуда сроком на 28 лет. Император Александр II активно поощрял переселенцев, на 20 лет освобождая их от всех повинностей, включая военную. Эти меры привели к наплыву корейских переселенцев. Таким образом началось полноценное заселение Дальнего Востока, в ходе которого губернатор Приморской области П. В. Казакевич официально разрешил переселение корейцев.

Первоначально корейские поселения основывались только в Южно-Уссурийском крае, в Посьете, который находился

Современный вид порта Посьет. (Фото: wikimapia.org)

примерно в 250 километрах от Владивостока на российском берегу реки Туманная. В январе 1864 года 14 корейских семей в числе 65 человек втайне от корейского правительства перешли на территорию России, осев в 15 километрах от пограничного поста Новгородский. Основанное ими в 1865 году поселение Тизинхе стало первым местом оседлого проживания корейцев в России. На тот момент там обосновались с десяток китайский семей и небольшой отряд русских военных. Именно с основания поселения Тизинхе берет свое начало история корейского переселения в Россию.

В то время в России было невозможно массовое переселение русских крестьян на Дальний Восток. Для исправления этой ситуации был подготовлен особый план, предлагавший освобождать переселенцев из статуса крепостных, однако он не был реализован. Поэтому как нельзя кстати оказалось предложение принимать жителей соседней страны, желающих переселиться на территорию России. Корейцы же в России приобретали защиту и безопасность, поэтому сложившаяся ситуация носила взаимовыгодный характер. Российские чиновники в то время лично посетили корейское поселение и, ознакомившись с его жизнью, дали положительную оценку. Они считали, что переселение корейцев не только выгодно для России, но и способно сыграть важную роль в развитии соответствующей территории. Ввиду этого они даже подготовили конкретный план по привлечению корейцев и активному содействию их переселению. Россия была заинтересована в освоении дальневосточных территорий и стремилась к привлечению корейских переселенцев в качестве дешевой рабочей силы для разработки целинных земель и решения проблемы продовольственного обеспечения.

По результатам проведенной 1 января 1867 года первой переписи корейского населения Южно-Уссурийского края, на его территории проживало 185 корейских семей общей численностью 999 человек. Однако в то время в крае, помимо оседлых корейцев, было много корейцев – сезонных рабочих, которые во время страды приходили в Посьет и возвращались обратно в Корею после уборки урожая. Большая часть прибывавших в Россию корейцев вела именно такой образ жизни, в страдную пору уходя на заработки на чужбину, а зиму пережидая у себя на родине. Однако вскоре они тоже предпочитали осесть в Приморье. Таким образом, несмотря на противодействие со стороны корейских и китайских властей, численность корейских переселенцев постоянно увеличивалась.

Наводнение 1869 года в Корее вызвало сильный голод, который

в свою очередь привел к наплыву корейских переселенцев в Россию. В конце сентября – начале октября того же года в Тизинхе прибыло 1850 корейцев. Они пришли в надежде найти избавление от мук голода, однако и в Тизинхе для них не нашлось приюта, поэтому они изнывали от голода и холода. Российские власти раздавали им ячмень и пшеничную муку, но даже эта мера не смогла в корне решить экономическую проблему корейцев. С наступлением весны 1870 года ситуация нисколько не улучшилась, вдоль дорог в Янчихе, Посьете и Тизинхе лежали трупы людей, умерших от голода. Осевшие в Тизинхе крестьяне часто уходили в другие места, надеясь спасти свою жизнь. Так, 96 бедняков из Тизинхе погрузилось на три китайских корабля, направляющихся в район реки Суйфун (Раздольная), но на подходе к Владивостоку разыгралась трагедия: корабли разбились о подводные скалы, 22 человека утонуло. Местные российские власти, будучи не в силах справиться с большим наплывом голодающих беженцев, приказали 600 человек отправить по морю во Владивосток, 70 человек – в село Никольское, остальных разместили в Тизинхе.

21 сентября 1863 года на берегу реки Тизинхе осело 13 корейский семей, а в 1864 году был создан Тизинхе-Посьетский участок. С 1867 по 1882 год на берегах рек Сидими и Янчихе появилось огромное множество корейских поселений.

В декабре 1867 года 150 бедняцких крестьянских семей из Кёнхына нелегально переселились в деревню Янчихе, где уже проживало 30 корейских семей. Путь до нового места жительства у них занял два месяца. Через три месяца часть этих переселенцев отправилась во Владивосток, куда они прибыли в марте 1868 года. Через месяц часть владивостокской партии, получив разрешение

Корейцы на строительстве железной дороги в Приморье. 1891–1897 гг. (Фото: koryo-saram.ru)

городской администрации, на пароходе прибыла на станцию Раздольное. Они направили ходатайство российским властям о выделении им места для постоянного поселения. В ответ на это приморские власти решили выделить земли на правом берегу реки Суйфун, отправив туда чиновника особых поручений М. П. Пуцилло. Спустя восемь месяцев после прибытия в Раздольное часть корейских переселенцев решила остаться там, а другая отправилась вслед за Пуцилло и осела на правом берегу одного из притоков реки Суйфун.

Корейская деревня в 26 километрах к западу от села Никольское была названа Пуциловкой в честь русского чиновника М. П. Пуцилло. Первоначально в этой деревне проживало 10 корейских семей. Свои дома и хозяйственную утварь они делали по китайскому и корейскому образцу. Места, где появилась Пуциловка, представляли собой непролазные заросли. Но корейские переселенцы взялись за вырубку леса и выкорчевывание древних дубов, в результате всего за несколько

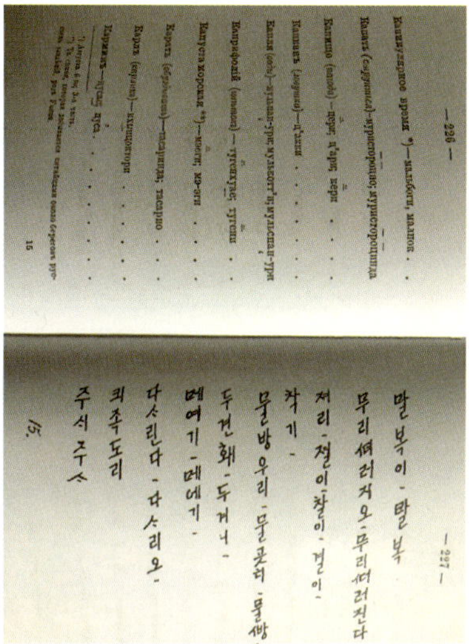

Репринтное издание «Опыта русско-корейского словаря» М. П. Пуцилло. Был составлен для общения с корейскими иммигрантами, число которых резко увеличились в конце XIX века. Он был составлен на основе диалекта Юкчин провинции Северная Хамгён. (Фото: ИРИ)

лет они смогли расчистить довольно большую территорию.

После подготовки места для оседлого проживания самой срочной задачей была забота о хлебе насущном. У корейцев не было ни коров, ни лошадей. Не имея никаких сельскохозяйственных инструментов за исключением деревянных мотыг и железных топоров, они вручную вспахивали землю под посадку овощей и злаков.

В отчете Амурской Экспедиции 1912 года «Китайцы, корейцы и японцы в Приамурье» сообщалось, что до 1863 года во Владивостоке и Южно-Уссурийском крае появлялось незначительное число безсемейных корейцев, которые после летних работ осенью возвращались на родину. Однако с 1863 года началось уже переселение целых семей, которые надеялись обрести здесь постоянное место проживания. Первые 13 семей водворились на казенной земле у бухты Новгородской во вновь образованном Посьетском участке.

Первое корейское село в низине реки Тизинхе образовалось в 1865 году. Село получило название Рязаново в честь командира находившейся в пограничном посту Новгородский 4-й роты 3-го линейного батальона Восточной Сибири Василия Рязанова. Таким же образом, как и в Посьете, корейские поселения во множестве, точно грибы после дождя, стали возникать близ Краскино, Раздольного и Уссурийска.

Сухопутный маршрут корейских переселенцев в Посьет проходил через границу, таможенные посты в районе Краскино в низовьях реки Туманная, деревни Савеловка, китайского Хуньчуня. Кроме того, использовалось и множество других маршрутов. Корейцы из северных районов своей страны садились на паром и, избегая крупных населенных пунктов и глаз русских морских пограничников, от нижнего течения реки Туманной добирались до Владивостока. Посьет можно было сравнить с вершиной горы, с которой одна за другой сходили лавины корейских переселенцев.

К началу 1930-х годов корейское население в Приморской бласти превысило 200 тысяч человек. Таким образом начиналось массовое переселение на российский Дальний Восток. Корейские переселенцы благодаря особому трудолюбию и выносливости возделывали целинные земли, преодолевая различные трудности.

Поэт корейского происхождения Станислав Ли одно из своих стихотворений посвятил Посьету. В ностальгическом стихе чувствуется неизбывная печаль народа, которому история уготовили непростую судьбу.

На Дальнем Востоке,
В районе Посьета,
В местечке, где море
Просунуло острый,
Солнечный язык,
Был хутор
С корейским названием
И домик, в котором
Родился мой дед.
Как странно –
Взросло уже
Два поколения
В степях,
Роднее которых
Уж, кажется, нет...
Но к памяти деда
Я вновь возвращаюсь
В Посьет...
И лижет мне рану
Моря кусочек,
Похожий на чей-то
Шершавый язык...

Ускорявшееся переселение корейцев в 1870-е годы вступило в новую фазу. Нарастающий в геометрической прогрессии поток иммигрантов начал становиться обременительным для российской стороны, которая не желала возникновения каких-либо трений с Кореей и начала проявлять обеспокоенность по поводу возможного ухудшения политической и экономической

Станислав Ли – поэт и живописец корейского происхождения из Алматы, Казахстан. Ведет активную литературную деятельность в России и Казахстане. Александр Кан, Юн Ху Мён и Станислав Ли (слева направо). (Фото: ИРИ)

обстановки в Приморской области. С точки зрения российской власти, численное превосходство иммигрантов над русскими в приграничных районах было нежелательно. К тому же существовало стремление оставить плодородные земли для будущих русских переселенцев. Ввиду этих причин администрация Приморской области стала ограничивать въезд в страну новых иммигрантов из Кореи, одновременно принимая меры по расселению корейцев из прибрежных и приграничных районов в другие регионы России.

Такая политика ненадолго притормозила темпы корейского переселения, но с середины 1870-х годов по мере того, как участились случаи прихода корейских рабочих на промыслы по сбору морских водорослей и вовсе их оседания, численность корейского населения в Уссурийском крае возросла еще больше. Корейцы нанимались к русским крестьянам на поденные работы, трудились в поле, на угледобыче, на золотых приисках, в строительстве, в рыбопромышленности, на лесозаготовках и так далее, то есть в основном они занимались тяжелым физическим трудом. Поскольку официально корейская иммиграция не приветствовалась, число нелегально пересекших границу корейцев значительно превосходило количество легальных иммигрантов. Корейцы оседали во Владивостоке и его окрестностях, на берегах Амура и Уссури. В долине реки Суйфун сформировался район новых корейских поселений. Затем те корейцы, которые получили российское подданство, из Приморской области стали расселяться по всему Дальнему Востоку.

Принятые в 1888 году Русско-корейские «Правила для

Корейцы на Дальнем Востоке России. Фото конца XIX века. (Фото: dv.land)

Корейская деревня в Приморье. 1890–1910 гг. (Фото: dv.land)

сухопутной торговли» определили законный статус корейцев. Назначенный в 1893 году Приамурский генерал-губернатор С. М. Духовский настойчиво проводил политику активного использования корейцев для развития Приморья, наделяя их земельными участками и принимая в российское подданство. Духовский далеко продвинулся в деле натурализации корейцев.

Преемник С. М. Духовского на посту Приамурского генерал-губернатора Н. И. Гродеков продолжил политический курс своего предшественника, постановив, чтобы корейцев, переселившихся в Россию до принятия «Правил для сухопутной торговли», принимали в российское подданство без каких-либо особых процедур, а пришедших после принятия этих правил — после 5 и более лет оседлого проживания на территории России. В 1900 году проблема подданства корейских переселенцев в Россию была решена: даже прибывшим на сезонные работы корейцам было разрешено закрепляться на берегах рек Иман, Хор, Кия и Амур. Политика либерализации корейского переселения

Памятник в честь 150-летия дружбы российского и корейского народов, возведенный на улице Пограничная. Надпись на памятнике гласит, что эта улица в 1864–1941 гг. называлась Корейской улицей. (Фото: ИРИ)

способствовала резкому росту численности корейских переселенцев, а сфера их расселения существенно расширилась, охватывая Суйфунский и Посьетский участки Приморской области, окрестности Хабаровска, село Благословенное и Владивосток.

Сегодня Владивосток является центром Дальнего Востока, встречая практически непрерывный поток иностранных туристов, в том числе из Китая и Кореи. Излюбленным прогулочным местом у гостей города считается набережная в его центре. Гуляя в районе городской набережной, можно обнаружить памятный знак с неожиданной надписью, сообщающей, что улица, которая ныне называется Пограничной, ранее именовалась Корейской.

С 1870-х годов, когда Владивосток стал главной военно-морской базой российского флота на Дальнем Востоке, туда стали стекаться корейцы на строительство различных инженерных сооружений и на погрузо-разгрузочные работы. Они тогда

Старинная фотография с видом Тигровой сопки демонстрирует ландшафт Владивостока со множеством холмов. (Фото: dv.land)

проживали в самом центре города, а рядом с корейским кварталом располагался китайский квартал. В районе улицы Пограничная проходила улица Корейская, вокруг которой образовалась Корейская слободка. Сами корейцы, в основном выходцы из района Юкчин провинции Северная Хамгён, называли ее Кэчхеги. На корейском языке это название звучит как Кэчхонни.

Поскольку Корейская слободка располагалась в западной части Владивостока на берегу Амурского залива, корейские переселенцы – пассажиры идущих из корейских портов кораблей, издали завидев гору Тигровая, понимали, что они подплывают к Владивостоку.

После депортации корейцев в Среднюю Азию, то есть после 1937 года, все связанные с корейцами географические названия исчезли, однако в Приморском крае до сих пор сохранилось географическое название Качеги.

В Корейской слободке корейцы начали проживать с 1874

Корейцы во Владивостоке в начале XX века. (Фото: photo-continent.ru)

года. В последующие годы, когда Корея была оккупирована Японией, это место играло важную роль в качестве опорной базы борцов за восстановление корейской государственности. На Корейской улице располагались редакции таких антияпонских печатных органов, как газеты «Хэдё синмун» и «Дэдонг Гонбо». Там находилась и школа «Кедон». Это место стало центром деятельности хорошо известных корейских борцов за независимость Кореи от Японии, активизировавшихся после заключения Японо-корейского договора о протекторате в 1905 году. Однако их деятельность в Корейской слободке длилась недолго.

После вспышек холеры в 1885 и 1892 годах городские власти в 1893 году пошли на принудительное выселение китайцев и корейцев из центра Владивостока на новое место, которое в то время представляло собой западную окраину города. В перенесенной на новое место Корейской слободке санитарно-гигиеническое состояние по-прежнему оставляло желать

Корейская улица во Владивостоке. (Фото: primorye24.ru)

лучшего, поэтому в 1910 году городские власти в очередной раз решили переселить корейцев. Весной 1911 года с целью искоренения очага брюшного тифа корейцы были переселены на северо-западную окраину города. Для нового корейского поселения были отведены земли на холме между мысом Лагерный и мысом Кузнецова на восточном берегу Амурского залива. Именно там была образована Новокорейская слободка. Особого внимания заслуживает тот факт, что слободка Синханчхон стала не просто приютом для корейских иммигрантов после 1910 года, но и базой национально-освободительного движения корейцев, выступавших против колониального гнета японского империализма.

В то время в российском Приморье и на территории Маньчжурии возникало много корейских деревень с точно таким же самоназванием «Синханчхон» (буквально «Новая корейская деревня») по той причине, что эти прилегающие к Корейскому полуострову территории в избытке имели целинные земли и к тому же там во второй половине XIX столетия уже образовалась многочисленная корейская диаспора. Ввиду этого борцы за независимость часто преобразовывали уже имевшиеся поселения своих соотечественников в опорные пункты национально-освободительного движения. Так называемый Синханчхон во Владивостоке в качестве одного из таких пунктов с 1911 по 1922 год, то есть до окончания гражданской войны в России, был крупным центром антияпонского движения, где было организовано много антияпонских отрядов. Именно здесь в апреле 1920 года многие корейские патриоты пали жертвой коварной карательной операции японских войск, беспощадно уничтожавших корейское население Владивостока. Новокорейская слободка или Синханчхон была создана на землях, специально выделенных городской администрацией, в тридцати минутах ходьбы от прежней Корейской слободки.

Таким образом корейцы начали обустраивать свою жизнь на новом месте. Новокорейская слободка располагалась на склоне сопки, спускающемся к Амурскому заливу. Перед взором человека, стоявшего на вершине сопки, расстилалось синее море. В зимние морозы море замерзало, и по льду открывался легкий путь в Хуньчунь, Яньцзи и другие населенные пункты в Кандо. Первый современный корейский писатель Ли Кван Су в январе 1914 года провел десять дней во Владивостоке. В своей «Автобиографии» он следующим образом описал Новокорейскую слободку на высокой сопке.

> Пройдя улицы Владивостока и оставив позади кладбище, я наконец увидел Новокорейскую слободку. Что же она

Слободка Синханчхон во Владивостоке. (Фото: ИРИ)

представляла собой? Это была облепленная домишками сопка, похожая на морскую скалу, облепленную ракушками.

На улицах Новокорейской слободки писатель столкнулся с детьми и подростками, которые смотрели на него с враждебностью. Эти юные создания не проявляли к взрослому незнакомцу ни малейшей вежливости, обращаясь к нему на грубом юкчинском диалекте провинции Северная Хамгён. Сюда был запрещен вход японцам, и даже если какой-нибудь простой японский обыватель случайно забредал сюда, то толпа корейцев без долгих разбирательств набрасывалась на него с кулаками. Вполне естественно, что местные дети ощетинились, завидев Ли Кван Су, ведь на нем был головной убор и аккуратный костюм на японский манер. В кровавой атмосфере того времени человека убивали на месте и бросали труп в море, если выяснялось, что он японский шпион. Ли Кван Су не был шпионом, он был писателем, горевшим желанием своими глазами увидеть Владивосток, давшим приют многим молодым корейским эмигрантам. Писатель не скрывал своего интереса к оплоту повстанческих отрядов, оказывающих самое ожесточенное сопротивление японской агрессии.

Новокорейская слободка с ее домами на русский манер разительно отличалась от старой Корейской слободки с землянками и хижинами, крытыми соломой. В Новокорейской слободке корейцы в основном жили в небольших деревянных домах, построенных по русскому образцу. Пусть наружность домов была русской, зато внутри в каждом доме по корейской традиции был устроен пол с печным подогревом. Это ясно говорит нам о том, что в бытовых привычках корейцы по-прежнему придерживались своих традиций. В одном доме, бывало, проживало сразу по несколько семей. В крайних случаях численность населения одного дома доходила до двадцати человек. К маю 1914 года Новокорейская слободка выросла в крупное поселение, где было более 300 дворов, в которых проживало более 3000 корейцев, зачисленных в посемейные списки. Проезжавшие через Приморскую область корейцы непременно посещали Новокорейскую слободку, которую с любовью стали называть Дальневосточным Сеулом (*кор.* Вондоный Соуль). Первая корейская дипломатическая миссия во главе с Мин Ён Хваном, приглашенная в 1896 году на коронацию императора Николая II, на обратном пути тоже останавливалась во Владивостоке. Жители Корейской слободки устроили теплый прием по случаю прибытия высоких гостей.

На расстоянии чуть более десяти минут пешего хода от входа в Новокорейскую слободку располагалось другое корейское поселение – село Шевье. В первое время корейцы также селились

В 1967 году на площади Луговая во Владивостоке был установлен памятник адмиралу С. О. Макарову. В 1999 году памятник перенесли на Набережную улицу. (Фото: ИРИ)

на выходящем к морю участке справа от современной улицы Пограничная. Так называемая Корейская слободка располагалась на вершине сопки, рядом с Амурским заливом, где ныне находится памятник адмиралу С. О. Макарову. В первое время корейцы в основном ставили свои поселки на побережье слева от Владивостокского порта. Однако с разрастанием последнего и по мере того, как улицы вокруг него становились все более оживленными, корейцев, естественно, отселяли на склоны сопок, выходящих к Амурскому заливу, хотя изначально корейцы во Владивостоке жили в месте, где в наши дни располагается Площадь борцов революции.

Новокорейская слободка во Владивостоке отличалась от прежних корейских поселений. Хотя в основном она сохраняла облик корейской деревни, но в отличие от других деревень, деятельность жителей которых в основном составляло сельское хозяйство, Новокорейская слободка, по всей видимости, в некоторой степени заимствовала русскую культуру. В качестве примера основных отличий можно назвать бревенчатые дома и дороги, которые устраивались по русскому образцу. Это свидетельствует о том, что корейцы постепенно привыкали к русскому образу жизни.

Корейцы, которых в своей книге упоминал Чехов, тоже попали на Сахалин транзитом через Приморскую область. В редких случаях корейцы из Приморья отправлялись на северную часть Сахалина, которая тогда была российской территорией. После русско-японской войны южный Сахалин заняли японцы, и иногда туда перебирались корейцы из Японии. Но вплоть до 1930 года численность переселившихся на Сахалин корейцев была незначительной. Корейское население острова увеличилось в геометрической прогрессии лишь тогда, когда во время Второй мировой войны Япония, испытывавшая дефицит рабочей силы, начала трудовую мобилизацию корейцев, которых отправляла работать на военных заводах и в угольных шахтах, располагавшихся на Сахалине. Таким образом Сахалин превратился в крупный центр корейской диаспоры.

К сожалению, сегодня мы не имеем возможности увидеть облик первых корейских поселений и даже Новокорейской слободки. Мы можем лишь догадываться о ее местоположении по памятнику наподобие того, что установлен на улице Пограничная. Историю Новокорейской слободки, которую предки строили чуть ли не голыми руками, оборвала депортация в 1937 году, после чего не сохранилось практически ничего, что могло бы нам наглядно рассказать об облике жилищ и старинном укладе жизни корейцев.

Несмотря на исчезновение Новокорейской слободки, такие названия, как улица Корейская, улица Сеульская и Качеги

Район, в котором раньше жили корейцы. Слева от лестницы расположен памятник адмиралу С. О. Макарову. (Фото: ИРИ)

Парки и места для отдыха и развлечений на Батарейной улице во Владивостоке. Раньше на этом месте была корейская деревня. (Фото: ИРИ)

свидетельствуют о том, что корейцы жили на этой земле, оставив на ней свой неповторимый след. Новокорейская слободка, как символ особого упорства корейцев и их духа первооткрывателей, должна навеки сохраниться в памяти корейцев и россиян и в истории двух государств. Память – это нить, соединяющая прошлое с настоящим. Жизнь корейцев в России, которая едва не была предана забвению, тоже является частью истории корейского народа.

# Глава 2

# Корейское национально-освободительное движение

Начавшееся в 1860-х годах переселение корейцев в Приморскую область историк Борис Пак определил как «феномен естественного просачивания через государственную границу». Историк придерживается мнения, что происходившее в то время корейское переселение трудно рассматривать в качестве переселения в истинном значении этого слова. Борис Пак считает, что полноценным оно стало лишь после аннексии Кореи Японией, когда корейцы хлынули в Россию в поиске новой родины. Масштабы этого переселения стремительно возросли после подписания Договора о присоединении Кореи к Японии. Причиной тому послужило стремительное ухудшение жизни сельского населения Кореи из-за массовой утраты земельных наделов и японской экспроприации.

Усилению потока корейских переселенцев также способствовал тот фактор, что самые активные деятели корейского движения за независимость вынуждены были уехать в Россию и оттуда вести свою деятельность. С конца XIX века и до первой половины 1920-х годов здесь активно развернулось корейское движение за независимость от Японии. Российский Дальний Восток, куда устремились массы корейских переселенцев, наряду с Маньчжурией стал главным оплотом антияпонского движения. Таким образом, в 1910-е годы Дальний Восток был самым активным в мире центром национально-освободительного движения.

В антияпонском движении в России можно выделить два основных направления: во-первых, действия повстанческих отрядов Ыйбён (Отряды справедливости) в Приморье и, во-вторых, просветительское движение за независимость с центром в Новокорейской слободке во Владивостоке. Однако корейские борцы за независимость свою деятельность этой территорией не ограничивали, расширив ее до Петербурга, который в то время был столицей России. Антияпонское движение смогло распространиться на всю территорию России по той причине, что в России и, в первую очередь, в Приморской области, сформировалась мощная корейская диаспора. Борцы за независимость Кореи своей деятельностью не только охватывали бескрайние просторы России, но и, используя преимущества ее транспортной системы и географического положения, старались, чтобы во всем мире узнали об истинном положении дел в Корее.

Среди первых представителей корейской интеллигенции, совершивших путешествие в Россию, был полномочный посол Мин Ён Хван, отправленный корейским императором Коджоном на коронацию Николая II. В состав делегации, которую возглавлял посол, входил свободно владеющий английским языком атташе-переводчик Юн Чхи Хо, переводчик с китайского языка Ким Дык Рён, переводчик с русского языка Ким До Иль и личный секретарь посла Сон Хи Ён. В качестве переводчика

Коронация императора Николая II в Успенском соборе Москвы в 1896 году. (Фото: etoretro.ru)

корейскую делегацию из пяти человек сопровождал секретарь российского посольства Штейн.

Официальная корейская делегация во главе с Мин Ён Хваном проделала долгий путь через Китай, Японию, Северную Америку, Англию, Берлин и Варшаву.

Когда делегация прибыла в Москву, в ее распоряжение было предоставлено здание по адресу: улица Поварская, 42. Распаковав дорожные чемоданы, путники 21 мая 1896 года подняли корейский флаг над крышей временной резиденции и приступили к исполнению своей официальной миссии. Однако непосредственно в день коронации, то есть 26 мая, гостям из далекой Кореи было отказано во входе в Успенский собор, где

Корейская делегация, которая приняла участие в церемонии коронации российского императора Николая II. (Фото: andcvet.narod.ru)

проходила торжественная церемония, потому что они отказались снять головные уборы, поскольку это противоречило правилам их этикета. Вместе с послами из Китая, Турции и Персии они довольствовались наблюдением за происходящим из павильона, установленного снаружи собора.

В Москве, где проходила коронация, и в столице Российской империи Санкт-Петербурге корейская делегация провела значительное время, познакомившись с передовой на то время западной цивилизацией и образом жизни россиян.

По предложению российской стороны все участники делегации, кроме Юн Чхи Хо, который из Санкт-Петербурга отбыл в Париж, 19 августа 1896 года из Северной столицы отправились в обратный путь по Транссибирской железной дороге. Делегация

Поварская улица, дом 42. Здание, предоставленное российской стороной, было официальной временной резиденцией корейской делегации. В настоящее время там расположено посольство Афганистана. (Фото: commons.wikimedia.org)

прибыла во Владивосток, а оттуда вернулась в Корею.

Двигаясь на восток на протяжении примерно пятидесяти дней, сотрудники миссии имели возможность ознакомиться с русским промышленным оборудованием, шахтами, железными дорогами и торговлей на русско-китайской границе. Передвигалась делегация на специальном поезде и на судах, предоставленных российской стороной, а иногда в каретах. Маршрут проходил через такие крупные русские города, как Нижний Новгород, Казань, Самара, Уфа, Омск, Новониколаевск, Красноярск, Иркутск, Чита, Благовещенск, Хабаровск, Владивосток, а также через бесчисленное множество небольших городков.

Образцы современного оборудования и передовые достижения цивилизации, с которыми корейские интеллигенты познакомились во время пребывания в России, произвели на них неизгладимое впечатление.

Так, по приезде в Нижний Новгород члены посольства посетили Всероссийскую промышленно-художественную выставку, где имели возможность лично наблюдать за пробным запуском воздушного шара, который пользовался самой большой популярностью у посетителей выставки. В Хабаровске и Владивостоке сотрудники посольства встретились с проживавшими там многочисленными соотечественниками.

Перед делегацией был поставлена цель договориться с российской стороной о решении таких дипломатических вопросов, как предоставление государственного займа и отправка в Корею военного отряда для личной охраны императора Коджона, что было вызвано его опасениями в связи с агрессивными действиями Японии.

Однако на родину делегация вернулась, не добившись особых дипломатических успехов. Тем не менее участники беспрецедентного для своего времени путешествия в Россию написали несколько книг («Хэчхончхубом» Мин Ён Хвана, дневник «Хвангу ильги» и сборник стихов «Хвангуымчхо» Ким Дык Рёна, «Дневник Юн Чхи Хо», написанный Юн Чхи Хо) с впечатлениями, полученными в результате посещения ряда стран.

Авторы этих мемуаров принадлежали к различным слоям общества и на внешний мир смотрели по-разному, поэтому их книги, в которых одно и то же путешествие описывается с различных точек зрения, являются очень ценным материалом для сравнительного исследования взглядов корейской интеллигенции конца XIX столетия на передовую западную цивилизацию, а также их восприятия тогдашней корейской действительности.

Вид на 16-ю Всероссийскую промышленно-художественную выставку в Нижнем Новгороде. 1896 год. (Фото: ok.ru)

Пробный запуск воздушного шара, который пользовался популярностью во время работы Всероссийской промышленно-художественной выставки. (Фото: russiainphoto.ru)

Когда в 1905 году, спустя несколько лет после завершения исторического визита делегации Мин Ён Хвана в Россию, Япония принудила Корею к подписанию договора, отнявшего у последней право на ведение самостоятельной внешней политики, именно соотечественники, проживавшие во Владивостоке, Хабаровске и по всему Дальнему Востоку, развернули самую активную борьбу за восстановление государственного суверенитета Кореи.

В июне 1907 года император Кореи Коджон отправил на Вторую Гаагскую конференцию в статусе специальных посланников Ли Джуна, Ли Сан Соля и Ли Ви Джона с тем, чтобы они разоблачили агрессивные действия Японии и, заручившись поддержкой международной общественности, добились аннулирования навязанного договора. Однако из-за противодействия японской стороны их миссия потерпела фиаско.

Япония незамедлительно поспешила принудить Коджона к отречению от престола в пользу своего сына Сунджона. Заключив с ним Новый японо-корейский договор о сотрудничестве, она усилила свою протекционистскую политику, приобретя в конце концов право на вмешательство во внутреннюю политику Кореи. В августе того же года Япония, получив разрешение Сунджона, распустила корейскую армию, а сопротивление корейских военных, не пожелавших сложить оружие, было сломлено в результате двухчасового боя.

Такие тревожные новости из Кореи взволновали зарубежных соотечественников. Особое негодование у российских корейцев вызвало известие о смерти Ли Джуна, который перед тем, как отправиться на Мирную конференцию в Гааге, посетил Приморскую область. Будучи в Приморье, Ли Джун воодушевил своих соотечественников на борьбу с японским протекторатом, поэтому они незамедлительно проявили готовность к формированию так называемых Отрядов справедливости. Подписание в 1910 году Договора о присоединении Кореи к Японии привело к разворачиванию еще более активной антияпонской борьбы корейцев, проживавших на всей территории России. В Приморской области, в районе Краскино, с 1905 по 1908 год активно действовали Отряды справедливости.

Краскино в прошлом называлось Янчихе и было одним из первых корейских поселений на российском берегу реки Туманная на самом юге Приморской области. Поселение, основанное в 1867 году как урочище Новокиевское, с 1900 года носило название село Новокиевское. В 1928 году оно стало центром Посьетского района, а в 1936 году это поселение было переименовано в село Краскино. В качестве яркого примера антияпонской повстанческой организации, действовавшей в Краскино, можно привести Общество общих целей (*кор.* Тоныйхве). Решение о его создании было принято в апреле 1908 года на собрании представителей повстанческих отрядов со всего Приморья. Командиры Отрядов справедливости собрались в доме Петра Семеновича Цоя (*кор.* Цой Чже Хён или Чхве Джэхён) в селе Янчихе. Петр Цой был выбран председателем Общества общих целей, Ли Ви Джон – его заместителем, а Ан Чун Гын, как инициатор создания общества, стал членом совета.

Цой Чже Хён родился в семье бедного крестьянина-арендатора в Кёнвоне в провинции Северная Хамгён. Когда мальчику было девять лет, его семья, спасаясь от нищеты, переселилась в Посьет. Однажды мальчик ушел из дома и заблудился. Случилось так, что его подобрали моряки с русского корабля, капитан которого и его супруга не только взяли мальчика на воспитание, но даже

Цой Дже Хён (1860–1920) – борец за независимость Кореи, русское имя которого Пётр Семенович. Использовал средства, которые он накопил за время работы в военной промышленности, для поддержки движения за независимость. (Фото: koryo-saram.ru)

стали его крестными родителями. При крещении мальчика нарекли Петром Семеновичем в честь капитана судна. Он шесть лет провел на корабле, обретя за это время обширные познания во многих сферах. Петр Семенович выучил китайский и русский язык и вырос настоящим знатоком России. Став взрослым, Петр Семенович, ведя активную деятельность во Владивостоке и Янчихе, скопил приличное состояние, а будучи первым волостным старшиной (*кор.* дохон) в Янчихе и лидером корейского общества в России, приобрел среди соотечественников высокий авторитет. Он вел меценатскую деятельность, жертвуя личные средства на просвещение корейских детей, активно поддерживал движение за независимость Кореи от Японии. В середине 1880-х годов Петр Семенович вел активную деятельность в Янчихе, именно по его инициативе там была построена первая шестилетняя школа для корейских детей.

После Русско-японской войны Янчихе стало главным опорным пунктом корейского движения за независимость. Ли Бом Юн, который во время войны, будучи чиновником в Кандо, оказывал помощь русской армии, перебрался в Янчихе и стал учителем в школе, параллельно с этим сформировав партизанский отряд. Деятельность Петра Семеновича Цоя и Ли Бом Юна демонстрирует нам удивительное постоянство в том, что российские корейцы совмещали просветительскую и повстанческую деятельность. Этот феномен наблюдался также и в деятельности Ан Чун Гына, который, объезжая корейские поселения в Приморской области, ратовал за развитие образования и предпринимательства, развернув просветительскую деятельность, направленную на сплочение корейского населения. Одновременно с этим Ан Чун Гын занимался формированием Отрядов справедливости, основная база которых находилась в Краскино. В то время в партизанские отряды набирались воины, которые, как и Хон Бом До, сражались с японцами в Корее, но были вытеснены за ее границы, и патриоты из числа собственно приморских корейцев. Также в ряды Отрядов справедливости вливались такие деятели, как Ан Чун Гын, которые развили бурную просветительскую деятельность в самой Корее и за ее пределами.

Ан Чун Гын возглавил отряд, организованный Обществом общих целей и состоявший из 150 бойцов, который совершал дерзкие вылазки вглубь корейской территории, занятой японцами. Так, внезапно был атакован японский гарнизон, расквартированный в Кёнхыне в провинции Северная Хамгён. В бою были захвачены вражеские позиции. Японцы, понесшие большие людские потери, разгромлены. После успешного

Поселок Хасан. Находится в самой южной точке российского Дальнего Востока. До 1937 года на Дальнем Востоке Советского Союза существовало 370 подобных корейских деревень. (Фото: ИРИ)

выполнения поставленной Ан Чун Гыном задачи отряд перешел через реку Туманная и вернулся в Краскино. Отряд Ан Чун Гына также атаковал Кёнхын и Синасан, взяв в плен множество японских солдат и торговцев.

Краскино известно как место, где Ан Чун Гын создал так называемый Союз отрезанного пальца (*кор.* Тоныйтанчжихве). История появления этого названия восходит к 1909 году, когда Ан Чун Гын для воплощения в жизнь своего твердого решения во что бы то ни стало добиться независимости Родины организовал тайное общество Союз отрезанного пальца. На собрании в корейском хуторе в Краскино двенадцать единомышленников во главе с Ан Чун Гыном отсекли себе безымянный палец, начертав кровью четыре слова: «За независимость Великой Кореи».

В октябре 1909 года Ан Чун Гын застрелил премьер-министра Японии Ито Хиробуми. Его героический поступок вдохнул новую жизнь в движение за независимость Кореи, способствовав значительному подъему национального самосознания у его соотечественников внутри страны и за ее пределами.

В 1909 году во Владивосток с целью оказания поддержки Отрядам справедливости прибывает Лю Ин Сок. Он вместе с Ли Сан Солем и Ли Бом Юном прилагает все усилия, чтобы собрать в единый кулак разрозненные антияпонские силы. В итоге в следующем году была создана Армия справедливости тринадцати провинций (*кор.* Сипсамдоыйгун). Ее командование своей главной целью видело консолидацию во имя спасения Отечества всех Отрядов справедливости, действовавших на территории России на момент утраты Кореей своей государственности, а также сил просветительского движения. До создания Армии справедливости тринадцати провинций приморские Отряды

Место клятвы корейского патриота Ан Чун Гын и 11 его соратников в Краскино. (Фото: ИРИ)

справедливости действовали разрозненно. Хотя против Японии сражалось много небольших отрядов, но между ними не было налажено практически никакого взаимодействия. Получив вооружение нового образца, Армия справедливости тринадцати провинций численностью примерно четыре тысячи бойцов планировала нанести сокрушительный удар по японским империалистам и навсегда освободить Корею от их присутствия. Однако в августе того же года был подписан Договор о присоединении Кореи к Японии, который перечеркнул все планы командования Армии. Япония посредством дипломатических переговоров убедила Россию в необходимости подавления антияпонского движения, российские власти арестовали командование Армии справедливости тринадцати провинций, а войска были распущены, так и не успев приступить к боевым действиям.

Однако Лю Ин Сок не оставлял попыток найти новые пути ведения борьбы за независимость своей родины, создав вместе с приморскими корейцами – участниками национально-освободительного движения – общество Сонмёнхве, целью которого было спасение Родины до того, как Договор о присоединении Кореи к Японии вступит в силу.

Общество Сонмёнхве опубликовало свою программу, полную решимости бороться за восстановление независимости Кореи. Члены общества решили направить в адрес японского правительства резкое осуждение его действий, нарушающих международные обязательства, а в адрес правительств мировых держав – петицию о недействительности Договора о присоединении Кореи к Японии. Под петицией подписалось в общей сложности 8624 человека, включая членов Отрядов справедливости, перебравшихся во Владивосток и другие районы Приморской области, деятелей патриотического просветительского движения и лидеров общества приморских корейцев. Представители различных слоев общества единодушным выражением своего горячего стремления к независимости рассчитывали заявить всему миру о несправедливости японской аннексии Кореи.

В то время, как командиры Отрядов справедливости реализовывали свой план постоянных партизанских вылазок на территорию Кореи, с 1905 по 1910 годы активно разворачивалось патриотическое просветительское движение с центром во Владивостоке. Российские корейцы, которые после Русско-японской войны в полную силу активизировали движение за восстановление государственного суверенитета Кореи, открывали школы для воспитания корейских детей в духе национальной гордости, выпускали газеты, в которых печатались новости из Кореи и других стран, тем самым способствуя росту антияпонского сознания. Газеты были главным инструментом просвещения российских корейцев, а также одним из способов борьбы за восстановление государственного суверенитета Кореи. В 1910-е годы корейские СМИ на территории России играли ведущую роль в борьбе за независимость и отстаивании прав и интересов корейцев, проживавших в России.

26 февраля 1908 года во Владивостоке вышел первый номер газеты «Хэдё Синмун». Эта ежедневная газета целью своей деятельности ставила восстановление государственного суверенитета Кореи и просвещение российских корейцев. На страницах газеты «Хэдё Синмун» публиковались статьи, ратовавшие за образование соотечественников, сохранение старых традиций, достижение национального единства, а также печатались новости о деятельности Отрядов справедливости как в Корее, так и за ее пределами, критиковались зверства японских империалистов. Первая корейская газета, использующая корейскую письменность «хангыль», была закрыта в мае 1908 года, однако, несмотря на непродолжительность своего существования, она успела внести весомый вклад в подъем у соотечественников национального самосознания и усиление антияпонских настроений.

Другая национальная газета на корейском языке «Дэдонг

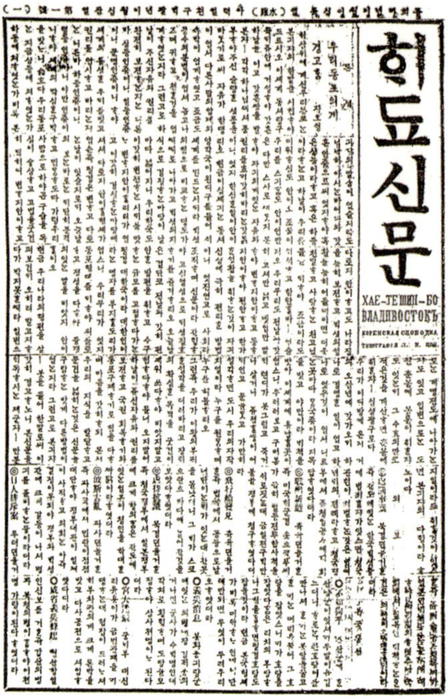

해됴신문

ХАЕ-ТЕШИН-БО
ВЛАДИВОСТОКЪ

Газета «Хэдё Синмун». (Фото: koryo-saram.ru)

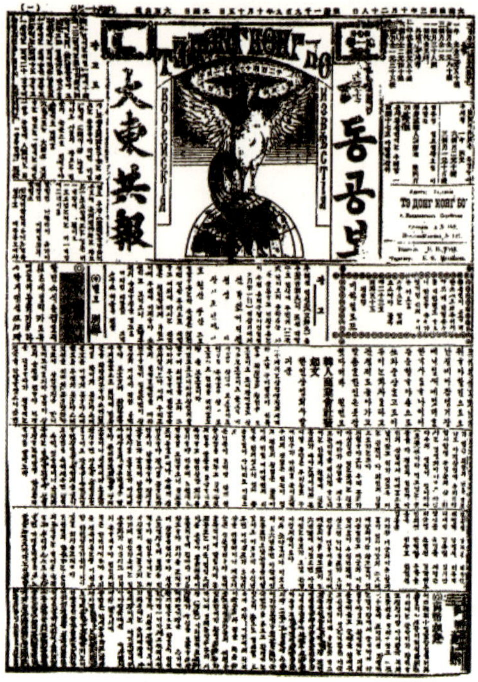

大東共報

대동공보

Газета «Дэдонг Гонбо». (Фото: koryo-saram.ru)

Гонбо» также стала важным звеном движения за спасение Отечества. Она начала издаваться корейцами, проживавшими во Владивостоке, когда в конце эпохи корейского государства Чосон явственно обнажились агрессивные намерения японского империализма по отношению к Корее. Эта газета была призвана способствовать просвещению соотечественников и бороться за независимость своего Отечества. Основные публикации были посвящены восстановлению государственного суверенитета, жизни общества российских корейцев, новостям из Кореи, рассказывали о притеснении корейцев со стороны российских властей и их реакции на это. Однако в сентябре 1910 года российские власти по просьбе японского правительства закрыли газету «Дэдонг Гонбо», активно отстаивавшую права и интересы корейцев в России и выступавшую за восстановление государственного суверенитета Кореи.

Тем не менее это не сломило российских корейцев, ведущих кампанию за освобождение своей Родины. На протяжении 1910-х годов они выпускали такие газеты и журналы, как «Дэянгбо», «Квоноп синмун», «Тэханин Денгкёнбо» и другие.

Сразу после закрытия газеты «Дэдонг Гонбо» российские корейцы выпустили газету «Дэянгбо», первый номер которой вышел в июне 1911 года. Издательство располагалось в Новокорейской слободке, которая была широко известна как база корейского движения за независимость. Там в 1911 году, в первую годовщину подписания Договора о присоединении Кореи к Японии, состоялся массовый митинг против аннексии.

В девятом специальном выпуске газеты «Дэянгбо», который распространялся бесплатно, был опубликован текст Договора о присоединении Кореи к Японии, который сопровождался дискуссионной статьей о несправедливом характере этого документа.

После того, как Япония оккупировала Корею, активную антияпонскую борьбу развернуло так называемое Общество развития труда (*кор.* Квонопхве) с центром в Новокорейской слободке во Владивостоке и Сибирское отделение Корейской национальной ассоциации с центром в Чите. Общество развития труда было создано в 1911 году приморскими корейцами в качестве органа самоуправления корейцев, призванного форсировать движение за независимость Кореи. Общество развития труда вместе с Сибирским отделением Корейской национальной ассоциации были двумя центральными организациями российских корейцев. Общество развития труда стало первой корейской организацией, деятельность которой

Памятник корейскому патриоту Ли Санг Соль в Уссурийске у реки Раздольная. (Фото: ИРИ)

была официально разрешена российскими властями. Согласно уставу, цель общества заключалась в приучении корейцев к труду и убеждении их в необходимости получения образования. Однако название общества и заявленные цели были лишь прикрытием, чтобы избежать противодействия Японии, а настоящая цель заключалась в организации движения за независимость Кореи.

Общество развития труда было призвано отстаивать интересы корейского общества в Приморье и, вместе с тем, развивать антияпонское движение. Эта организация сыграла решающую роль в сплочении российских корейцев. По мере роста численности корейских переселенцев внутри корейской диаспоры возникали большие и маленькие проблемы. Наиболее остро стояла проблема по улаживанию противоречий и конфликтов между самими корейцами.

В то время социальное расслоение корейского населения

Приморья на тех, кто был и кто не был зачислен в подворовые списки, на батраков и так далее порождало многочисленные классовые противоречия. До учреждения Общества развития труда российские корейцы делились на обособленные группы выходцев из провинции Хамгён, выходцев из провинции Пхёнандо, Сеула и так далее, а также на тех, кто опирался на местных корейцев или, напротив – на внешние силы. Стихийное возникновение множества мелких организаций лишь усугубляло и без того напряженную ситуацию. Однако перед лицом японской аннексии и изменения российской политики по отношению к корейцам мелкие обособленные группы сплотились, объединившись в Общество развития труда. Таким образом появился орган, представляющий интересы всех корейцев Приморья.

На момент создания Общества развития труда российские корейцы уже лишились своей Родины. Поэтому созданная организация была вынуждена рассчитывать исключительно на собственные силы и, само собой разумеется, подстраиваться под влияние корейской политики России. Вопреки существованию множества ограничений, Общество развития труда, поддерживая тесные отношения с Приамурским генерал-губернатором Н. Л. Гондатти, проявлявшим благосклонность к корейцам, стремилось заложить прочный фундамент в деле защиты прав и интересов российских корейцев, просвещения, воспитания национального самосознания для борьбы за независимость Отечества. Для решения этих задач Общество развития труда развернуло активную деятельность, в частности, открыв школу «Ханмин» для корейских детей.

Общество постоянно расширялось: так, к январю 1913

года число его зарегистрированных членов достигло 1070 человек. Основу деятельности общества составляло издание газеты «Квоноп Синмун», развитие образования, освоение сельскохозяйственных земель, организация корейского самоуправления, составление ходатайств об улучшении трудовых условий для корейцев, о внесении их в подворовые списки и т.д. Ключевым проектом Общества развития труда было издание газеты «Квоноп Синмун». Эта газета, публиковавшая объявления, рекламу и другую самую разнообразную информацию, играла роль корейского национального органа печати, призванного бороться за восстановление государственного суверенитета Кореи, осуществлять подъем национального самосознания корейцев, а также отстаивать права и интересы российских

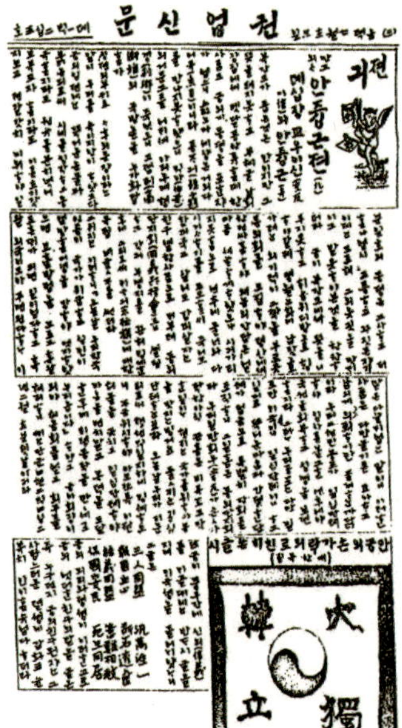


Газета «Квоноп Синмун».
(Фото: koryo-saram.ru)

корейцев.

В начале 1910-х годов российская политика по отношению к приморским корейцам претерпела изменение. Когда вспыхнула Первая мировая война, отношения между Россией и Японией стали характеризоваться проявлением друг к другу дружеских чувств. Поэтому, когда Генеральное консульство Японии во Владивостоке потребовало выслать организаторов национально-освободительного движения, действовавших в Новокорейской слободке, полиция Владивостока запретила корейцам вести любую политическую деятельность на территории России и арестовала 42 активиста национально-освободительного движения. Семеро из них были высланы в Иркутск.

1 июня 1911 года, согласно общим интересам, между правительствами России и Японии был заключен Договор об экстрадиции. Согласно этому договору, корейские активисты национально-освободительного движения, имевшие российское подданство, были высланы из Приморья, а те корейцы, которые имели корейское подданство, выдворены за пределы России. В результате действий российской полиции активность корейских борцов за независимость в Новокорейской слободке существенно сократилась, а антияпонское движение корейцев в России пошло на спад.

Еще одним представительным органом корейцев в России, а также организацией, выступавшей за независимость Кореи, было Сибирское отделение Корейской национальной ассоциации, первоначально организованное в Чите, то есть в центре Забайкальского края. Сибирское отделение Корейской национальной ассоциации находилось под управлением сотрудников штаб-квартиры, которая располагалась в США.

В первое время Сибирское отделение включало в себя еще девять отделений (Читинское, Хабаровское и т. д.), однако в 1913 году их было уже шестнадцать. В Чите Сибирское отделение Корейской национальной ассоциации развернуло активную антияпонскую борьбу, а в 1914 году там было создано так называемое правительство Армии возрождения Великой Кореи (*кор.* Тэханкванбоккунчонбо).

2 января 1912 года в Чите вышел первый номер журнала «Православие корейцев» (*кор.* «Тэханин Денгкёбо»), который стал печатным органом Сибирского отделения Корейской национальной ассоциации. Несмотря на то, что название журнала носило явный религиозный оттенок, в действительности оно было призвано отвести глаза наблюдателей от корейского движения за независимость. Для того, чтобы избежать негативного отношения, которое могла бы вызвать Корейская национальная ассоциация, издательство журнала было замаскировано под печатный орган читинской епархии Русской Православной Церкви, тогда как в действительности журнал выполнял функцию важнейшего инструмента движения за независимость. Журнал закрыли в мае 1915 года, но за три года своего существования он смог подготовить почву для движения против Японии, развернувшегося впоследствии в районе Читы, а также способствовал подъему революционных настроений среди русских корейцев.

1914 год был десятой годовщиной начала Русско-японской войны и пятидесятой годовщиной корейского переселения в Россию. Реваншистские настроения корейцев, проживавших в России, и жажда мести по отношению к Японии вновь достигли кульминации, и на этой волне Общество развития труда в 1914

Православная школа во Владивостоке. Епископ Евсевий (Никольский) и корейские учащиеся. (Фото: koryo-saram.ru)

году сформировало правительство Армии возрождения Великой Кореи. Общество планировало организовать празднества в честь пятидесятилетнего юбилея проживания корейцев на российской земле с целью поднять национальное самосознание корейцев и заодно собрать средства на нужды армии.

Хотя первое корейское поселение появилось в районе села Тизинхе, празднование решили провести во Владивостоке. В знак благодарности за высочайшее соизволение поселиться в России корейцы собирались в Посьете установить памятники Александру II, Александру III и Николаю II, однако вспыхнувшая Первая мировая война, к сожалению, расстроила эти планы.

В мае 1917 года в Уссурийске состоялся Всероссийский съезд корейских общественных организаций, в котором приняли участие более ста делегатов. В декабре того же года после свершения Октябрьской революции был учрежден Всероссийский центральный исполнительный комитет корейских национальных обществ (ВЦИК КНО) со штаб-квартирой в Уссурийске и отделениями в каждом районе Приморья. В качестве печатного органа ВЦИК КНО стала издаваться газета «Ченгу Шинбо». Впоследствии ВЦИК КНО был реорганизован во Всекорейский национальный совет (ВКНС), а газета «Ченгу Шинбо» переименована в «Ханджок Гонбо». После проведения митинга и публикации текста Первомартовской декларации независимости Кореи газета «Ханджок Гонбо» под нажимом российских властей перестала издаваться.

ВЦИК КНО был верховным органом самоуправления российских корейцев и ведущей антияпонской организацией, выступавшей за независимость Кореи. В феврале 1919 года ВЦИК КНО был расширен и реорганизован в Корейский национальный конгресс (КНК), который сформировал Русское временное правительство Кореи.

Таким образом в феврале 1919 года российские корейцы создали объединение под названием Корейский национальный конгресс и сформировали первое зарубежное временное правительство Кореи. Эта организация развернула антияпонское движение, установив тесные отношения с Маньчжурией и Кореей. В планы КНК входило установить контакт с Шанхайским временным правительством Кореи с целью полного объединения с последним, но в силу ряда разногласий план так и не был реализован.

Пусть КНК уступал по размаху деятельности Шанхайскому временному правительству, но он провел большую работу по сплочению корейских политических сил во Владивостоке под национальным знаменем Кореи. После перенесения штаб-квартиры в Благовещенск в 1920 году КНК продолжил готовить прочный фундамент для национально-освободительного движения.

Здание образования Всероссийского центрального исполнительного комитета корейских национальных обществ (ВЦИК) на улице Горького в Уссурийске. (Фото: ИРИ)

Газета «Ханин Синбо» в качестве печатного органа КНК продолжила политическую линию газеты «Квоноп Синмун», ратуя за просвещение корейцев и подъем национального самосознания. Газета «Ханин Синбо» сообщила о «Четырнадцати пунктах и четырех принципах» Вудро Вилсона, который в 1918 году заявил о праве наций на самоопределение и образование независимого государства. В газете активно освещалась работа, которую вели корейские соотечественники в США для обретения Кореей независимости. На страницах этого издания печатались статьи, в которых отстаивалось право Кореи на независимость. Когда КНК отправил двух делегатов на Мирную конференцию в Париж, газета «Ханин Синбо» отслеживала их перемещение, сообщив, что они благополучно миновали Омск.

8 марта 1919 года во Владивосток из Кореи прибыла группа корейцев численностью более тысячи человек. Они-то и принесли с собой известие о начале Первомартовского движения в Корее. Получив это известие, КНК поспешил составить текст декларации независимости. КНК планировал получить

официальное разрешение российских властей на публикацию декларации и проведение уличной демонстрации, однако по просьбе японского консульства российские власти ввели военное положение и издали постановление о закрытии КНК и общества Ханминхве в Новокорейской слободке. Несмотря на это, 17 марта 1919 года КНК опубликовал Декларацию независимости, после чего сначала в Уссурийске, а затем во Владивостоке, Краскино и других районах приступил к активному разворачиванию Первомартовского движения. Его центром в Новокорейской слободке стала школа «Ханмин». Люди на улицах читали Декларацию независимости и выкрикивали патриотические лозунги, над каждым домом поднимали государственный флаг Кореи. Японская сторона обратилась к России с требованием усмирить корейцев, однако те перенесли место манифестации из Новокорейской слободки в центр Владивостока. Демонстранты

Корейский флаг 1910 года в Корейском культурном центре в Уссурийске. (Фото: ИРИ)

с машин размахивали старым флагом Кореи и выкрикивали патриотические лозунги.

Многие антияпонские организации активно поддержали Первомартовское движение. В Новокорейской слободке с целью оказания поддержки молодежи, посвятившей себя борьбе за независимость, был образован так называемый Союз стариков (*кор.* Ноинтонмэндан). Эта организация направила петицию японскому правительству и государствам-участникам Мирной конференции в Париже, а также провела демонстрации на центральной улице Сеула. Кан У Гю из Союза стариков в сентябре 1919 года бросил бомбу в нового генерал-губернатора Сайто, тем самым заявив на весь мир о стремлении корейского народа к независимости.

Проложив путь в Россию через порт Посьет, корейцы рассеялись по всей стране. После открытия порта Владивосток порт Посьет постепенно приходил в упадок. Корейские поселения, ранее во множестве группировавшиеся вокруг Посьета, стали появляться и в других районах, то есть радиус корейского переселения стал гораздо шире. Оно охватило Уссурийск, Суйфун, Владивосток, Иркутск, Благовещенск. После Первой мировой войны корейцы стали селиться уже в Екатеринбурге, а затем и в столице России Санкт-Петербурге.

Уже упомянутый нами Петр Семенович Цой из Янчихе, живя на корабле в семье русского капитана, неоднократно бывал в Санкт-Петербурге. Став влиятельным человеком в Приморской области, в 1896 году он был приглашен на коронацию императора Николая II. С достоинством вступив в Санкт-Петербург в парадном мундире, пожалованным лично императорской особой, Петр Семенович существенно повысил статус корейцев. Таким образом он преодолел огромное расстояние в 10188 километров, которое отделяет Владивосток от Санкт-Петербурга, открыв этот путь для других корейцев, повторивших впоследствии его маршрут.

С появлением в Санкт-Петербурге посольства Кореи и в российской столице был подготовлен оплот корейского движения за независимость. Ли Бом Джин, с 1899 года выполнявший одновременно функции посланника в России, Франции, Германии и Австро-Венгрии, с 1900 года работает в качестве чрезвычайного и полномочного посла Кореи в России. Посредством развития корейско-русских отношений Ли Бом Джин стремился повысить статус Корейской империи. По воле корейского императора Коджона Ли Бом Джин обратился к России с просьбой оказать содействие в сохранении независимости Корейской империи и обеспечении безопасности императора Коджона. Ли Бом Джин прилагал максимум усилий для сохранения суверенности корейской нации. Он оказывал поддержку делегации, отправленной на Мирную конференцию в Гааге с целью известить мировую общественность о нелегитимности японо-корейского договора 1905 года, по условиям которого Корея лишилась права на проведение самостоятельной внешней политики.

Когда в 1907 году в Гааге открылась Мирная конференция, император Коджон отправил туда специальных посланников Ли Сан Соля, Ли Джуна и Ли Ви Джона. Патриот Ли Джун из Сеула по железной дороге отправился в Пусан, где сел на корабль, идущий во Владивосток. В приморском порту к Ли Джуну присоединился Ли Сан Соль, после чего они вместе по Транссибирской железной дороге добрались до Санкт-Петербурга. Встретившись с Ли Ви Джолем и Ли Бом Джином,

Ли Бом Джин (1852–1911) – первый корейский дипломат в России. Заведующий кафедрой корееведения восточного факультета СПбГУ Сергей Курбанов нашел эту иллюстрацию в одной из тогдашних газет. (Фото: ИРИ)

LES LÉGATIONS CORÉ

Son Excellence Tchine-Pomm-Yi, premier ministre de Corée, en Europe, et son fils.

Ли Бом Джин и его сын Ли Ви Джон. Их фотография была опубликована в газете L'Actualite 4 августа 1910 года. (Фото: mpva.tistory.com)

они перевели на французский язык текст так называемого «Послания горечи» (*кор.* «Чансо»), которое было отпечатано по прибытию в Берлин. Когда корейская делегация прибыла на Мирную конференцию в Гаагу, японцы попытались расстроить ее планы, однако произнесенная Ли Ви Джоном речь с призывом о спасении Отечества была опубликована в гаагских и лондонских газетах, став настоящей сенсацией.

Ли Бом Джин сделал все, что было в его силах, чтобы специальные посланники императора Коджона благополучно добрались в Гаагу. Не только сам Ли Бом Джин, но и его сын Ли Ви Джон с полной самоотверженностью боролись за независимость Кореи. В то время Ли Ви Джон был едва ли не единственным корейцем, который свободно владел английским, русским и

Корейская делегация в Гааге. Слева направо Ли Джун, Ли Сан Соль, Ли Ви Джон. (Фото: mpva.go.kr)

французским языками. Известно, что Ли Сан Соль заранее посетил Санкт-Петербург, чтобы подготовить Ли Ви Джона к конференции, когда ему стало известно о лингвистическом таланте сына Ли Бом Джина.

После заключения Договора о присоединении Кореи к Японии корейское посольство было закрыто, однако Ли Бом Джин все равно предпочел остаться в России, посвятив последние шесть лет своей жизни участию в антияпонском движении за независимость Кореи. Он установил тесные связи с приморскими активистами национально-освободительного движения и всеми средствами, как материально, так и морально, поддерживал патриотическое просветительское движение и Отряды справедливости. Установив с ними контакт после Русско-японской войны, Ли Бом Джин настаивал на том, чтобы те подняли восстание. Когда он в 1908 году получил известие о выходе в печать первого номера газеты «Хэдё Синмун», то незамедлительно отправил во Владивосток поздравительное письмо и деньги. В том же году в Краскино было создано Общество общих целей. Ли Бом Джин послал в Краскино своего второго сына Ли Ви Джона и тестя барона Валерия Нолькена, передав с ними десять тысяч рублей на военные нужды общества. Вместе с тем Ли Бом Джин не жалел финансовой помощи на строительство школы «Ханмин» в Новокорейской слободке. После заключения Договора о присоединении Кореи к Японии Ли Бом Джин все свое состояние пожертвовал различным национально-освободительным организациям. Придя к выводу, что больше ничего для Родины сделать нельзя, в 1911 году он покончил жизнь самоубийством. Это было его последним средством борьбы против анексии Японии.

После начала в 1919 году Первомартовского движения в Корее российские корейцы с новой силой развернули антияпонскую

Памятник на могиле выдающегося корейского дипломата Ли Бом Джина в Санкт-Петербурге. (Фото: Генеральное Консульство Республики Корея в Санкт-Петербурге)

борьбу, однако карательная акция японских войск в апреле 1920 года погасила пыл корейских патриотов. Японское командование, используя в качестве предлога случившийся в марте 1920 года так называемый Николаевский инцидент, ночью 4 апреля начало во Владивостоке «акцию возмездия», в ходе которой японцы арестовали корейских борцов за независимость в Новокорейской слободке. Одновременно с этим японские интервенты внезапно атаковали корейские поселения в Уссурийске и других районах Приморья. Главные руководители движения за независимость должны были спешно покинуть Новокорейскую слободку. Многие корейцы были убиты или ранены, а их дома разрушены. Более 300 корейцев арестованы и заперты в здании школы «Ханмин». После чего японцы подожгли школу, и запертые в ней люди сгорели заживо. В Уссурийске был застрелен Петр Семенович Цой.

Уничтожив главный оплот движения за независимость, японские интервенты планировали полностью изолировать Новокорейскую слободку. Проведя вдобавок ко всему карательную акцию в Свободном, японцы основательно остудили пыл янтияпонских инсургентов, воспрянувших было духом после начала Первомартовского движения. Теперь же курс на обретение независимости путем вооруженного выступления был свернут.

Национально-освободительное движение российских корейцев, выражавшееся в действиях инсургентов и просветительской работе газет и журналов, подготовило почву для последующего освобождения Кореи. Можно сказать, что корейские инсургенты и национальные СМИ явились олицетворением корейского национального духа и горячего стремления к независимости. Ведя непрерывную борьбу с конца

Дом в Уссурийске, где был арестован Цой Дже Хён. (Фото: ИРИ)

XIX века до 1922 года, они преодолели множество трудностей, не дрогнув и не отступив. Их деятельность охватила огромные просторы России от Посьета, Владивостока, Уссурийска и Иркутска на востоке и до Санкт-Петербурга на западе.

Специальный посланник на Мирной конференции в Гааге Ли Сан Соль был одним из ярчайших антияпонских деятелей в России, принимавшим участие в организации и руководстве Обществом развития труда. Петр Семенович Цой был «крестным отцом» приморских корейцев. Он оказывал щедрую финансовую поддержку движению за независимость, жертвуя средства из своего личного состояния. Создав Общество общих целей и выпуская газету «Дэдонг Гонбо», Петр Семенович Цой способствовал сплочению антияпонских сил и подъему национального самосознания корейцев. Он оказывал поддержку и Ли Джун Гыну.

Такие борцы за независимость, как Ли Бом Юн, сформировавший в Приморье Отряд справедливости, Ли Канг, работавший репортером в «Дэдонг Гонбо» и «Тэханин Денгкёбо», и многие другие их соратники действовали на территории России ради независимости своего Отечества. Привыкая к незнакомым условиям жизни в чужой стране, они не всегда придерживались одинаковых способов ведения борьбы. Порой разногласия и отличия подходов приводили к возникновению нелицеприятных инцидентов, когда приходилось целиться друг в друга. Но несмотря на отличие подходов и методов, корейские борцы за независимость стремились к общей мечте – освобождению Отечества. Куда бы ни бросала их судьба по бескрайним просторам России, своей самоотверженной борьбой они приближали день независимости.

Предсмертные слова Ли Сан Соля, полные неизбывной печали и боли, свидетельствуют о том, что он и его соратники отдали все свои силы не ради сохранения собственной жизни и не ради того, чтобы оставить свой след на земле, а во имя великой любви к Родине, честь которой была попрана жестоким захватчиком.

> Товарищи, сплотитесь и любой ценой добейтесь возрождения Родины! Я покидаю этот свет, так и не исполнив своей заветной мечты. Поэтому моей неприкаянной душе нет места на Родине! Сожгите мое тело и все мои рукописи, а затем развейте пепел над морем. И не справляйте поминок по мне!
>
> *Ли Сан Соль*

Все эти жертвы были принесены не зря. Корея стала свободной.

# Глава 3

# Русская революция и корейские социалисты

Революция является самым мощным средством, которое может изменить мир. Так думали корейцы, горячо приветствуя русскую революцию. Те из них, кто проживал в России, были уверены, что нет более верного способа спасти своих соотечественников от власти японских империалистов. Поддержав русскую революцию и большевиков, они горячо желали освобождения своей Родины. Так что, с одной стороны, русская революция подарила корейскому движению за независимость новую надежду, а с другой – принесла раскол и конфронтацию между отдельными группами. В конце 1910-х годов антияпонская борьба корейского народа заключалась в основном в организации Корейского национального конгресса, совместных действиях с Красной армией и вооруженных столкновениях с японскими интервентами на территории Сибири. Пройдя через горнило революции, корейское национально-освободительное движение возглавили Ли Дон Хви, Ким Рип, Цой Чже Хён и Ке Бон У, принимавшие участие в работе Корейского национального конгресса и Корейской социалистической партии. До 1930 года корейцы

Выступление В. И. Ленина на Дворцовой площади в Петрограде в день открытия II конгресса Коминтерна 19 июня 1920 года. В толпе народа виден корейский флаг. (Фото: koryo-saram.ru)

участвовали в строительстве социализма, руководствуясь идеей освобождения своей Родины от японского империализма.

Корейские борцы за независимость, проживавшие на территории России, увлеклись социалистическими идеями, увязывая их с освобождением своего Отечества. Они вливались в ряды революционеров-социалистов не столько по идеологическим мотивам, сколько от осознания того, что кроме революции нет больше ни одного способа свергнуть японский империализм. Японские интервенты и белогвардейцы сделали все, чтобы эта мысль прочно засела в голове каждого корейского патриота. В апреле 1920 года отряды японских карателей одновременно нанесли удар по Новокорейской слободке и по местам расположения русских партизан. Плененных в результате этой акции лидеров революционных войск японцы передали белогвардейцам, которые сожгли их заживо в паровозной топке.

Кроме того, белогвардейцы топили корейцев в море вместе с большевиками, привязывая к их ногам куски ржавых рельсов. После всех жестоких расправ корейцы не могли не проникнуться лютой ненавистью к японским солдатам и белогвардейцам.

Когда разгорелась русская революция, японские интервенты поспешили занять Сибирь (1918 г.) с целью сдерживания большевиков. Вплоть до 1922 года японцы подавляли корейское движение за независимость. Со своей стороны корейцы вместе с русскими революционерами оказали японцам и белогвардейцам ожесточенное сопротивление в боях под Партизанском, Ольгой и Иманом (ныне Дальнереченск).

Бой под Боникором с японскими карательными отрядами, действовавшими в районе рек Амноккан и Туманная, принес неожиданные последствия: Япония значительно расширила масштаб карательных операций, в результате чего корейские партизаны были вынуждены переместить свои опорные базы на территорию России. В Партизанске обосновался Сучанский партизанский отряд под командованием Хан Чан Гера. Ким Кен Чен привел свой отряд в Анучино. Лидеры «Новой народной ассоциации» (*кор.* Синминхве), Хан Ген Ше и Шин У Ё возглавили Суйфунский партизанский отряд. Корейские партизанские отряды стали действовать заодно с Красной армией, потому что они верили, что победа русской революции принесет независимость и Корее.

С началом гражданской войны в России завязались ожесточенные бои между Красной армией и Белой гвардией, получавшей военную помощь от Англии, Франции и Японии. Когда страны, внутренняя обстановка которых осложнилась после Первой мировой войны, вывели свои войска из России,

Корейский отряд Хан Чан Гера. (Фото: Koryo-saram.ru)

боевой дух белогвардейцев был сломлен, и они с трудом удерживали свои позиции лишь в Забайкалье и Приморье, где могли опереться на мощь японской армии. Япония до последнего держалась на дальневосточных рубежах из-за страха, что пламя революции может перекинуться и на японские острова, если Красная армия возьмет Восточную Сибирь, но в итоге и она вывела свои войска после появления Дальневосточной республики, созданной по решению Ленина. Однако когда ленинское правительство столкнулось с большими трудностями как на внешней, так и на внутренней арене (только в 1921 году случилось более ста крестьянских волнений), Япония не преминула вторгнуться в Дальневосточную республику, бросив вперед белогвардейские воинские части.

Сигналом для начала японского вторжения послужил Ольгинский бой. 15 октября 1921 между сводным отрядом из русских партизан и корейских бойцов Армии независимости (*кор.* Тоннипкун) численностью 35 человек и белогвардейскими войсками численностью 800 человек завязался бой. На следующий день партизаны атаковали японские корабли в Ольгинском порту, одержав победу. Двадцать два корейца пало в этом бою. На рассвете 14 ноября 1921 года в заливе Ольги высадился японский десант численностью 800 человек. В неравном бою с превосходящими силами противника погибло 26 корейских партизан и много русских большевиков.

Вслед за этим 30 ноября 1921 года две белогвардейские дивизии с одиннадцатью японскими дивизиями за спиной нанесли удар по Дальнереченску на границе Дальневосточной республики. Защита города была прорвана в считаные минуты. Но в тот момент, когда победа белогвардейцев была практически гарантирована, их продвижение было остановлено решительными действиями корейских партизан. Когда 4 декабря

Залив Ольги на юго-востоке Приморского края. (Фото: ru.wikipedia.org)

1921 года сосредоточившиеся к югу от железнодорожного моста через Уссури белогвардейские войска атаковали Иман, навстречу им поднялся отряд корейских добровольцев, примкнувший к революционным войскам. В ожесточенном бою за железнодорожную станцию Дальнереченска на стороне Красной армии сражался корейский партизанский отряд под командованием Хан Ун Ёна. В Иманском бою погибло 52 корейских партизана. Из-за зимних морозов их тела три дня лежали там, где их застигла смерть, затем местные крестьяне снесли их к западной сопке и присыпали снегом. Только 6 апреля 1922 года бойцы Армии независимости забрали тела своих павших товарищей и похоронили их.

Разбив отряд Хан Ун Ёна, белогвардейцы стали продвигаться на север. Когда они приблизились к Хабаровску, находившиеся там войска армии Дальневосточной республики отступили к Инской станции. Потрепанные под Иманом в тяжелом бою с отрядом Хан Ун Ёна белогвардейские войска не смогли сразу продвинуться до Инской станции, благодаря чему отправленная из Москвы дивизия выиграла время, чтобы соединиться с армией Дальневосточной республики. В Инском бою корейская Армия независимости вместе с русской революционной армией одержала победу над белогвардейцами. Но этой победы не было бы, если бы не отряд Хан Ун Ёна. Ведь задачей войск Красной армии, защищавших Иман, было на протяжении месяца сдерживать продвижение японских интервентов и белогвардейцев, пока из Москвы не подоспеют основные силы. Если бы Инская станция была взята неприятелем, то Дальневосточная республика пала бы в считанные дни.

Заместитель Главкома народно-революционной армии и

флота Дальневосточной республики С. М. Серышев передал благодарность Хан Ун Ёну, сказав, что благодаря действиям его отряда, который на три дня задержал белогвардейские войска под Иманом, удалось спасти Дальневосточную республику. В конце концов бой под Иманом сыграл ключевую роль в сражении за Сибирь.

Белогвардейцы, потерпевшие поражение в Инском бою, отступили к Волочаевке, где начали готовить оборонительные позиции с целью остановить продвижение Красной армии. В это время отряд Ким Кен Чена численностью 200 человек атаковал город Иман, который находился под защитой 700 белогвардейцев. Вместе с корейскими партизанами в операции участвовал отряд красноармейцев, и когда ситуация стала складываться не в их пользу, командир красноармейцев едва не отдал приказ сложить оружие и сдаться на милость врагу, однако Ким Кен Чен взял общее командование на себя и продолжил сражаться с белогвардейцами. В результате белогвардейский гарнизон был разгромлен, город Иман взят. Таким образом образовалась брешь в тылу белогвардейцев, основательно окопавшихся у Волочаевки.

Волочаевская операция русских революционных войск сыграла большую роль в освобождении Хабаровска. 10 февраля 1922 года к участию в этой операции подключился отряд корейских добровольцев. Ожесточенное сражение 11 февраля увенчалось победой, а 14 февраля был взят Хабаровск. В Волочаевском бою только в ночь с 11 на 12 февраля жертвой пали 118 бойцов. Принимавшие участие в этом бою корейцы твердо верили, что независимость их Отечества напрямую связана с победой революционной армии. В Волочаевском бою двенадцать корейцев пали смертью храбрых, многие получили тяжелые

Картина «Волочаевская битва». 1975 г. Художники А. Горпенко и С. Агапова. Хабаровский краевой музей имени Н. И. Гродекова. (Фото: warspot.ru).

ранения. Отличившийся в этом бою 6-й корейский отряд был награжден орденом Красного Знамени и впоследствии стал называться Волочаевским отрядом. В знаменитой песне «По долинам и по взгорьям» как раз воспеваются действия партизан в Волочаевском бою.

И останутся, как сказка,
Как манящие огни,
Штурмовые ночи Спасска,
Волочаевские дни.

В 1921 году в Сибири шли кровопролитные бои. Это была скорее даже не война красных с белыми, а война японской армии с корейской Армией независимости. Главным аргументом в пользу этого утверждения является тот факт, что корейцы и японцы понесли более тяжелые потери. Корейцы участвовали в этой войне не только в составе собственно корейских отрядов,

Улица Ким Ю Чена в Хабаровске. (Фото: ИРИ)

но и в составе красноармейских частей. Выдающейся личностью, примкнувшей к большевикам, был Ким Ю Чен.

Его настоящее имя – Ким Ю Кён. Родившийся в 1900 году в селе Чапигоу Суйфунского района Приморской области, в возрасте 21 года Ким Ю Чен вступил в ряды большевистской армии. Известна его дружба с другим командиром – Константином Запариным. Они оба как члены коммунистической партии командовали взводами. В 1929 году, во время конфликта на КВЖД, Константин Запарин, личным примером увлекая в атаку свой взвод, первым ворвался во вражеский блиндаж, где был ранен и затем жестоко замучен врагом. Тогда Ким Ю Чен ринулся в бой, чтобы отомстить за товарища, но тоже получил тяжелое ранение и погиб. В 1930 году именем Ким Ю Чена была названа улица в Хабаровске.

В ходе антияпонской борьбы многие корейцы вставали на сторону Советской России, выбирая социалистические идеи антияпонской и антиимпериалистической направленности.

Табличка с названием улицы Ким Ю Чена. (Фото: ИРИ)

Поскольку в 1917 году корейцы составляли более 30 процентов населения Дальнего Востока России, установление советской власти в Приморье нуждалось в их поддержке. Ленинский Декрет о земле оказал большое влияние на настроение дальневосточных корейцев, особенно на крестьян, большинство которых батрачило на арендованной земле. Декрет, обещавший дать землю, показался им манной небесной. В итоге IV Дальневосточный съезд Советов в апреле 1918 года утвердил декрет о предоставлении земли всем иностранцам. Такое решение русской революции было призвано полностью искоренить национальную дискриминацию в Стране Советов. Это решение вселило в сердца корейцев надежду на улучшение их положения. Однако не только лишь одна эта надежда побудила их поддержать революцию. Корейцы верили, что политика правительства Советской России, воюющей против японских интервентов, в конечном итоге поможет Корее обрести независимость.

В марте 1918 года председатель Дальневосточного Совнаркома Александр Краснощеков организовал съезд корейских революционеров. С целью обсуждения актуальных проблем в работе съезда приняли участие корейские националисты, национал-социалисты и такие коммунисты, как Александра Ким, О Ха Мук, Степан Ю, Василий Огай и другие. Если по вопросу формирования отрядов для вооруженной борьбы против Японии был достигнут консенсус, то относительно принятия большевистских идей мнения разделились на две противоположные позиции. Одни участники съезда настаивали на том, что при всей необходимости поддержки со стороны Советского Союза они отметают мысль о принятии коммунистической идеологии. В отличие от них Александра Ким

(Ким-Станкевич), О Ха Мук и другие коммунисты, а также национал-социалисты во главе с Ли Дон Хви выразили готовность следовать этой идеологии, если это поможет освобождению корейского народа. Несмотря на откол националистов, поддерживающие социализм корейцы устроили новый съезд 28 апреля 1918 года, на котором было принято решение о создании Корейской социалистической партии (*кор.* Ханин сахведан). Это решение означало появление первой в новой истории Кореи большевистской социалистической партии.

Политика Корейской социалистической партии (КСП) базировалась на русской политической программе с акцентированием антияпонских и антиимпериалистических идей. Партия открыто заявляла о необходимости установления тесных связей между корейским движением за независимость и русским революционным движением. Корейские социалисты подчеркивали, что только тесная связь с русским революционным

Ли Дон Хви (1873–1935) – первый премьер-министр Временного правительства Кореи и основатель Корейской социалистической партии. (Фото: mpva.go.kr)

движением и рабоче-крестьянским классом сможет привести к победе корейское революционное движение. Таким образом КСП выбрала союз с коммунистической Россией в борьбе против Японии и империализма. Открыв издательство «Бомунса», партия стала печатать учебники по истории и географии Кореи, а также политические труды, включая марксистскую литературу.

В качестве первоочередной задачи КСП приступила к реализации мер по поддержке русской революции. В Хабаровске из корейцев был сформирован отряд Красной армии численностью 100 человек, открыто военное училище для подготовки офицерского состава. Однако деятельность КСП продлилась не долго. В 1918 году японские интервенты заняли Хабаровск, закрыв издательство «Бомунса», также было распущено дальневосточное советское правительство, оказывавшее поддержку корейским социалистам.

Вопреки доминированию в Сибири власти японских интервентов и белогвардейцев, которые всеми мерами пытались подавить деятельность КСП, корейские социалисты не отступились от своих идеалов и приступили к укреплению своих рядов. Когда в 1919 году в Корее развернулось Первомартовское движение, Ли Дон Хви, а также его соратники и единомышленники решили снова собрать все силы во Владивостоке и при первом же удобном случае развернуть антияпонское движение за независимость, получив поддержку от ленинского правительства. В апреле того же года они провели съезд партии в Новокорейской слободке во Владивостоке.

Участники съезда пришли к заключению, что им не стоит двигаться в сторону Запада, а лучше сотрудничать с советской Россией. Владивостокский съезд партии принял решение о

Марксистская литература на корейском языке. (Фото: wiki-org.ru)

Представители Корейской социалистической партии в Москве. Пак Джин Сун, Пак Е и Ли Хан Ён (слева). (Фото: http://150korean.tistory.com)

Здание на улице Карла Маркса в Хабаровске, где, как предполагается, было издательство «Бомунса». (Фото: ИРИ)

незамедлительном налаживании взаимодействия с Российской Советской Республикой. В пользу этого решения было приведено три аргумента. Во-первых, победа Российской Советской Республики на Дальнем Востоке и освобождение Кореи имеет тесную связь с судьбой японского империализма. Во-вторых, существует намерение в будущем строительстве Корейской Республики опираться на принципы советской политической власти. В-третьих, советская Россия способна оказать большую помощь в борьбе с японской оккупацией, а также корейской буржуазией и аристократией. Утвердив позицию партии, КСП отправила в Коминтерн делегацию из трех человек, в которую вошли Пак Чин Сун, Пак Е и Ли Хан Ён.

Прибыв в 1920 году в Москву, делегаты КСП заявили о вступлении в Коминтерн и, предоставив Коминтерну партийные списки, получили финансовую помощь «на независимость Кореи» в размере 400 тысяч корейских вон. Помимо этого Ли Дон Хви и другие влиятельные лица КСП приехали в Шанхай, где приняли участие в работе Шанхайского временного правительства. КСП видела в этой структуре ведущий орган национальной революции. С одной стороны, это было некоторой сменой курса, а с другой – эти действия были призваны способствовать созданию правительства, объединяющего левое и правое крыло. Инициатором создания и реальным лидером КСП была Александра Ким-Станкевич. Она первой из корейцев вступила в коммунистическую партию.

Александра Ким родилась в Приморской области России, куда ее родители переселились из Кёнхына провинции Северная Хамгён во время сильного наводнения. Ее отец принял православную веру. Он работал переводчиком, в совершенстве владея русским и китайским языками. Благодаря отцу Александра

Собрание Коминтерна в 1919 году. Слева от Ленина Пак Чин Сун, представлявший Корейскую социалистическую партию. (Фото: wiki-org.ru)

посещала церковно-приходскую школу, что в те времена было редкостью для корейцев. Во время обучения в женской школе во Владивостоке большое влияние на Александру Ким оказали левые социалистические идеи, которые в те годы пользовались большой популярностью в студенческой среде. После окончания школы Александра Ким стала работать учителем начальных классов.

В возрасте шестнадцати лет она вышла замуж за Станкевича, но их брак вскоре распался из-за распутной жизни мужа. Александра Ким повторно вышла замуж и стала матерью двоих детей, но в 1914 году она ушла из семьи, став переводчиком на лесосеке в районе Урала, где было много китайских и корейских лесорубов. На Урале Александра Ким начала активно отстаивать права рабочих. Во время февральской революции 1917 года она смогла вытребовать зарплату рабочим, которую им задолжало царское правительство. Здесь она вместе с корейцами организовала «Союз уральских рабочих». Когда разгорелась Первая мировая война, Александра Ким вступила в возглавляемую Лениным партию, после чего, получив в июле задание организовать в обществе дальневосточных корейцев ячейку коммунистической партии, незамедлительно была отправлена на Дальний Восток. В октябре 1917 года, имея репутацию «героической дочери корейского народа», она принимает деятельное участие во Второй краевой конференции большевиков во Владивостоке. В январе 1918 года Александра Ким становится секретарем Хабаровской большевистской организации, где, активно себя проявив, становится комиссаром Дальсовнаркома по иностранным делам.

Александра Ким была настоящим героем Хабаровска. Она оказывала финансовую поддержку издательству «Бомунса»,

Александра Петровна Ким-Станкевич – первая корейская коммунистка в Приморской области Российской империи. (Фото: koryo-saram.ru)

вела непрерывную просветительскую, организационную и пропагандистскую деятельность, участвовала в издании журнала «Колокол свободы». Кроме того, Александра Ким занималась мобилизацией корейцев в отряды Красной гвардии КСП, направляя их на борьбу против японской армии и белогвардейцев. Когда японские интервенты вторглись в Приморскую область, Александра Ким распространила «Воззвание к японским солдатам», призывавшее их отказаться от войны и идей империализма. Александра Ким с отрядом корейских красногвардейцев численностью 100 человек, который был сформирован в конце июня 1918 года, продолжала вести вооруженную борьбу, но уже в сентябре 1918 года, когда японские интервенты и белогвардейцы захватили Хабаровск, она была арестована.

Александра Ким никогда не бывала в Корее, не видела ее гор и рек, но она слышала, что родину ее отца называют Страной

Здание, в котором работала Александра Ким. (Фото: ИРИ)

Мемориальная табличка на здании, в котором работала Александра Ким. (Фото: ИРИ)

восьми провинций, поэтому перед расстрелом она попросила в качестве последнего желания позволить ей сделать восемь шагов во имя независимости этой страны. Свою короткую жизнь Александра Ким завершила словами: «Свободу и независимость Корее!»

Мун Чхан Бом развернул работу по сплочению различных групп движения за независимость, действовавших на территории России и Маньчжурии, чтобы посредством вооруженного наступления изгнать японских оккупантов из Кореи. В августе 1917 года Мун Чхан Бом настойчиво добивался заключения соглашения с большевиками. В июле 1918 года, когда японские интервенты заняли Сибирь, он в союзе с Корейской социалистической партией и при поддержке большевиков форсировал работу по формированию отрядов добровольцев (*кор.* Ыйёндэ). Кроме того, Мун Чхан Бом прилагал большие усилия для сбора средств на развитие Армии независимости.

22 февраля 1921 года Мун Чхан Бом, взяв на себя ответственность за отделение Коммунистической партии Кореи в Краскино, возглавляет корейских борцов за независимость, проживающих в Маньчжурии и России. Он прилагал все силы для развития Армии независимости, настоятельно призывая русских корейцев поступать в военное училище в Чите. В июне 1922 года после мятежа корейцев в Свободном он сформировал в Благовещенске корейское центральное правительственное управление, участвуя в его работе в качестве советника вместе с Ли Дон Хви.

Одним из предводителей партизанского движения был Ким Гю Мён, больше известный под именем Ким Бяк Чу. После начала Первомартовского движения в Корее Ким Гю Мён в

Памятник партизанам. Установлен на месте так называемого «оврага смерти», где были казнены Александра Ким, партизаны и другие корейские патриоты, участвовавшие в борьбе с японскими захватчиками с 1918 по 1922 гг. (Фото: ИРИ)

Кандо и Приморье создал партизанский отряд. В 1920 году Ким Гю Мён совместно с Хон Бом До провел успешную операцию, в ходе которой был истреблен целый батальон японской армии. Возглавляя партизанский отряд, Ким Гю Мён также участвовал в командовании корейским отрядом добровольцев (*кор.* тэханыйёнгун). После окончания гражданской войны в России он перебрался в Китай, где продолжил вооруженную борьбу против Японии. После «Шанхайской резни 1927 года», переломившей хребет народной революции в Китае, Ким Гю Мён вернулся в Приморье и в последние годы своей жизни работал продавцом восточной литературы в книжном магазине, выполнял письменные переводы с корейского языка по заказам издательства иностранной литературы, а также оказывал помощь своим товарищам-партизанам. После 1934 года он жил в Москве, где и был похоронен на Новодевичьем кладбище.

Ким Кен Чен, окончивший японское военное училище, на действительной военной службе был офицером японской армии. Однако после начала Первомартовского движения он эмигрировал в Маньчжурию, где стал членом общества «Молодежь за независимость Кореи» (*кор.* Тэхантоннипчхоннёндан). В качестве инструктора в военном училище «Синхын» в уезде Люхэ Ким Кен Чен стал одним из главных действующих лиц антияпонского движения за независимость на территории Маньчжурии. Затем он с целью закупа оружия перебрался в Россию, где принимал участие в деятельности ряда групп движения за независимость. Ким Кен Чен руководил антияпонской вооруженной борьбой на территории России до того времени, когда японские интервенты заняли Сибирь.

В 1920-е годы Ким Кен Чен приобрел большую известность

Могила Ким Бяк-чу на Новодевичьем кладбище в Москве. (Фото: ИРИ)

в Сибири, где не было такого человека, который бы не знал генерала Кима. Поскольку он в Японии окончил кавалерийское военное училище, то в Сибири тоже командовал эскадроном, разъезжая верхом на белом коне. По всей Маньчжурии и Сибири ходили легенды о «доблестном генерале Киме на белом коне». Говорили, что любимой книгой Ким Кен Чена была биография Наполеона.

Ким Кен Чен великолепно проявил себя в бою под Иманом. Отряд белогвардейцев численностью в 200 человек, целью которого было продвигаться на север, не хотел столкновения с отрядом Ким Кен Чена и вместо того, чтобы прямо наступать на Иман, решил обойти его стороной, отступив на территорию Китая. Отряд Ким Кен Чена планировал уничтожить преследовавших его белогвардейцев и японских солдат. Поэтому противники в страхе отступали каждый раз при виде партизан

Ким Гёнг Чон – легендарный борец с японскими оккупантами, которого называли «Генерал на белом коне». (Фото: mpva.go.kr)

Ким Кен Чена.

В японской армии даже был внутренний приказ стараться незаметно обходить отряд Ким Кен Чена. Председатель Военного Совета, военный министр Дальневосточной Республики и главнокомандующий Народно-революционной армии и флота ДВР И. П. Уборевич был впечатлен отвагой Ким Кен Чена и пообещал ему оказать поддержку в освобождении Кореи. И. П. Уборевич даже назначил Ким Кен Чена главнокомандующим приморскими партизанами. Хотя и не долго, но Ким Кен Чен участвовал в формировании и командовании собранным из корейцев полком, став офицером советской армии.

Когда Япония вывела свои войска из России, И. П. Уборевич отдал приказ о расформировании корейской Армии независимости. Большинство корейских командиров не подчинилось этому приказу и увело свои отряды в Маньчжурию или в горные районы Приморья, и только Ким Кен Чен распустил свой отряд. В 1939 году Ким Кен Чена арестовали по обвинению в шпионаже. В 1940 году его этапировали в Котласский пересыльный пункт ГУЛАГа, где он скончался через два года. Этот пересыльный пункт относился к известному по книге А. И. Солженицына «Архипелаг ГУЛАГ» Севжелдорлагу, в котором содержалось около 300 тысяч политзаключенных, строивших железную дорогу протяженностью 728 километров на участке Котлас – Кожва.

Особое положение во всей истории корейского национально-освободительного движения занимает Иркутск. Именно сюда в 1910 году русские власти выслали из Приморья Ли Бом Юна и других борцов за независимость Кореи. В этом же городе была создана корейская секция коммунистической партии, так называемая Иркутская группа, которая стала одним из оплотов движения.

Корейская секция компартии была создана в январе 1918 года. Однако вскоре она была переименована во Всероссийскую партии коммунистов Кореи, а в июле 1920 года это название было изменено на Всероссийскую корейскую коммунистическую партию. Восточное бюро Коминтерна под руководством Бориса Шумяцкого сформировало Корейский национальный совет, в который вошли Ким Чхоль Хун, Чхве Го Рё, О Ха Мук и Ли Сенг.

Корейская коммунистическая партия с 4 по 15 мая 1921 провела организационный съезд в Иркутске. Эту партию, объединившуюся вокруг Ким Чхоль Хуна, часто называют Иркутской группой, чтобы отделить ее от так называемой Шанхайской группы, то есть Коммунистической партии Кореи, сформированной Ли Дон Хви в Шанхае. Съезд Корейской коммунистической партии (Иркутская группа) был созван по инициативе Ли Сенга и Нам Ман Чхуна. Этот съезд проводился при содействии и поддержке со стороны Восточного бюро Коминтерна. В 1921 году в Шанхае появилась секция партии, в которой работал Ё Ун Хён, а также был создан Коммунистический союз молодежи Кореи, главными руководителями которого стали Ким Данъ Я и Ли Вон Гын. Однако в декабре 1922 года Коминтерн распустил Корейскую коммунистическую партию, а также вместе с ней и Коммунистическую партию Кореи (Шанхайская группа), создав Корбюро в объединенной компартии. Иркутская группа была тесно связана с созданной в апреле 1925 года Корейской коммунистической партией (*кор.* Хангукконсандан).

Иркутская группа, напрямую связанная с большевиками, своей целью провозгласила создание Советов рабочих и крестьян. Такая позиция совершенно отличалась от позиции Корейской социалистической партии, костяк которой составляли Ли Дон Хви и Ким Рип, принявшие социалистическую теорию. Корейская социалистическая партия, сформированная на основе Добровольческих отрядов корейцев, главной своей целью видела освобождение корейского народа. Она следовала за большевиками для установления советской власти на Дальнем Востоке и настаивала на развитии движения за независимость Кореи на социалистических принципах. Таким образом с идеологической точки зрения она фундаментально отличалась от Иркутской группы.

Армия независимости после боя под Боникором в 1920 году раскололась из-за идеологических противоречий. Иркутская группа, где ключевой фигурой был Нам Ман Чхун, и Шанхайская группа, лидером которой был Ли Дон Хви, находились в постоянной конфронтации друг с другом.

Обострение противоречий привело к вооруженному конфликту между корейцами в Свободном 28 июня 1921 года. Этот внутренний кровопролитный инцидент случился в процессе формирования крупного объединения отрядов Армии независимости, действовавших в Кандо и Приморье. Советское правительство на фоне продолжающейся нестабильности, вызванной постоянным возникновением народных волнений, а также под нажимом непрекращающихся требований японских империалистов приняло решение о роспуске корейской Армии независимости. Командование Красной армии собрало отряды Армии независимости в Свободном, пообещав передать им новейшее вооружение, если те добровольно сложат имеющиеся у них оружие. В то время в Армии независимости, разделенной на несколько фракций, уже имелись глубокие внутренние конфликты, и особенно серьезные трения наблюдались между Иркутской и Шанхайской группами. Перед лицом Коминтерна они развернули друг с другом политическую борьбу за право управления объединенными отрядами. Итогом этого противостояния стало то, что Иркутская группа и красноармейцы напали на Шанхайскую группу, отказавшуюся разоружаться. В результате кровавой бойни погибли более тысячи солдат Армии независимости, многие стали пленниками и были принудительно зачислены в Красную армию.

Поскольку Красная армия поддерживала Иркутскую группу, конфликт закончился ее победой. В итоге стремление солдат Армии независимости к борьбе с Японией существенно ослабло, а «теория независимости» утратила свое влияние на лидеров движения за независимость Кореи.

Осенью 1921 года руководители движения за независимость

судорожно искали в Шанхае новые пути для деятельности временного правительства. Опирающиеся на речь президента США Вудро Вильсона о праве наций на самоопределение и результаты Парижской мирной конференции 1919 надежды на независимость испарились, а внутри временного правительства возникло множество разногласий. Новую надежду и спасительный путь члены правительства увидели в Советской России, где совсем недавно свершилась социалистическая революция. Корейские борцы за независимость независимо от идеологических пристрастий захотели воочию увидеть Советский Союз, свергнувший царскую власть и строивший рабоче-крестьянское государство. Наконец Ё Ун Хёну представилась возможность удовлетворить свое любопытство и посетить Советскую Россию. В противовес Вашингтонской конференции, которая открывалась в ноябре 1921 года, молодая республика Советов решила провести в Иркутске съезд порабощенных народов Дальнего Востока, куда в качестве делегата от Кореи был приглашен Ё Ун Хён. На съезде планировалось собрать народные делегации из Кореи, Китая, Монголии и других дальневосточных стран, борющихся против империалистической агрессии и колониализма, чтобы сообща обсудить будущее движения за независимость. В качестве корейских делегатов приглашение получили также Ким Гю Сик и Ра Ён Гюн. Они планировали добираться до Иркутска по железной дороге через Фентянь и Харбин, однако бдительная слежка со стороны японских шпионов заставила их отказаться от первоначального плана и выбрать тяжелый путь через пустыню Гоби в Монголии. По прибытии в Иркутск выяснилось, что съезд перенесен в Москву, поэтому путникам пришлось снова двинуться в путь по

Гостиница «Люкс» в Москве, запечатленная в то время, когда Ё Ун Хён получил там кабинет. В настоящее время в этом здании (Моховая улица, 15/1) на Моховой находится отель «Националь». (Фото: wikimapia.ru)

Транссибирской железной дороге. Прибыв в Москву, корейские делегаты распаковали дорожные чемоданы в общежитии духовной семинарии Русской православной церкви. В качестве рабочего кабинета им предоставили номер в гостинице «Люкс». Потрепанная революцией, но по-прежнему прекрасная Москва в глазах Ё Ун Хёна предстала следующим образом.

> Этот древний город, названный русским народом Матушкой-Москвой, с первого взгляда обворожил меня своим до странности невосточным характером различных церквей и соборов, возвышающихся над огромными белыми стенами и плотными рядами красных и зеленых крыш. Город был несомненно величественным и красивым... Когда я прогуливался по московским улицам, чтобы дать отдых голове, уставшей от дискуссий и заседаний, я даже не знаю, сколько раз из моих уст вырывались возгласы восхищения

> при виде ярко сверкающих в лучах зари крестов и золотых куполов, вознесшихся высоко в небо, на которые я смотрел, стоя в тени величественных зданий с белыми стенами.

Во время пребывания в Москве Ё Ун Хён своими глазами видел пламенное выступление Л. Д. Троцкого. Проведя переговоры с Лениным и другими вождями коммунистической партии, Ё Ун Хён отправился в обратный путь. Согласно его свидетельству, московский съезд вынес следующее заключение по корейскому вопросу: «Корейскую революцию необходимо свершить, поддержав временное правительство, поощряя и корректируя его работу. Поскольку Корея является крестьянской страной, не имеющей понятия о коммунизме, то упор необходимо делать на национализм, а первостепенное значение имеет крестьянство». Путевой дневник Ё Ун Хёна с описанием московского путешествия был опубликован в пяти номерах ежемесячного журнала «Чунан» в 1936 году, то есть еще во время японской оккупации.

В январе 1925 года Л. Д. Троцкий был полностью отстранен от власти, а все бразды правления в свои руки взял Сталин. Советский Союз установил дипломатические отношения с Японией, что немедленно привело к усилению в оккупированной Корее интереса к «Красной России», то есть к положению дел в Советском Союзе. В связи с этим ведущие корейские газеты спешно приняли решение об отправке в Москву своих корреспондентов. «Чосон ильбо» и «Донг-А ильбо» устроили нечто вроде соревнования, кто раньше отправит своего сотрудника. В итоге первым отбыл в Москву Ким Джун Ён из газеты «Чосон ильбо», а вслед за ним Ли Кван Ён из «Дон-А ильбо».

Ким Джун Ён выехал из Сеула 21 февраля 1925 года. В день его отъезда в газете «Чосон ильбо» вышла статья под заголовком «Сегодня утром наш кореспондент Ким Джун Ён отправляется в Россию».

> Россию с давних пор сравнивают с полярным медведем. Мрачная страна, сильная страна, она внушает страх иноземцам. Стоит этой непостижимой чужому пониманию стране один раз д – трах-бабах! – перевернуться на другой бок, как все страны мира в ужасе бледнеют. Страна радикалов, страна коммунизма, страна, переписавшая историю человечества [...] С целью поскорее познакомить наших читателей с этой загадочной страной [...] сегодня в 8 часов утра наш корреспондент поездом со станции Кёнсон отправился в русскую Москву.

Ким Джун Ён прибыл в Москву 21 апреля. Он присутствовал на съезде Всесоюзной коммунистической партии большевиков Советского Союза, который открылся 15 мая. Вернулся в Корею он 10 июня.

Выпускник юридического факультета Токийского университета, выпускник Берлинского университета имени Гумбольдта, блестящий политолог и юрист Ким Джун Ён сделал блестящую карьеру. До 1936 года он занимал должность главного редактора «Донг-А ильбо», пока не был вынужден написать заявление об уходе по собственному желанию из-за причастности к скандальной истории, когда на фотографии олимпийского чемпиона-марафонца Сон Ки Джона был стерт японский флаг с его футболки. После освобождения страны Ким Джун Ён стал членом Конституционной ассамблеи и пять раз избирался

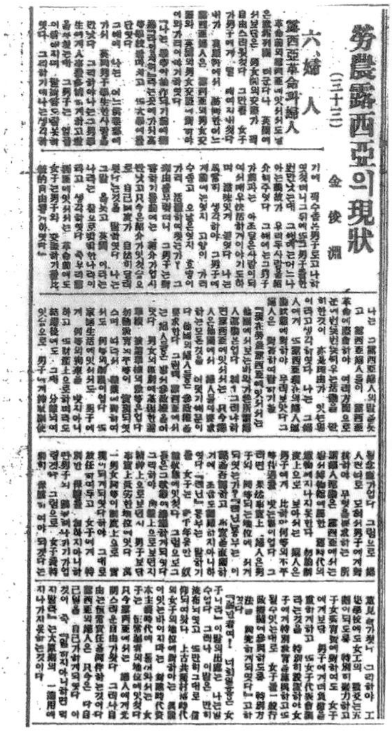

勞農露西亞의現狀 (三十二)

金俊淵

六. 婦人

Статья Ким Джун Ёна о проблемах женщин в советском обществе, опубликованная в газете «Чосон ильбо» 16 июля 1925 года. (Фото: «Чосон ильбо»)

Ким Джун Ён – корейский публицист и политик. (Фото: «Чосон ильбо»)

депутатом Национального собрания Республики Корея.

А в 1925 году он, завершив визит в Москву, с 14 июня начал знакомить корейских читателей с различными сторонами жизни советского общества, написав серию из сорока статей под общим названием «Феномен рабоче-крестьянской России». Его первая статья об изменившейся советской системе образования, равно как и последовавшие за ней публикации, доказывают нам, что, несмотря на краткосрочность пребывания в России, Ким Джун Ён благодаря ширине познаний и проницательности ума сумел уловить важнейшие аспекты советского общества.

> ... До сих пор образование было пассивным. Наставник просто напросто вдалбливал знания в головы своих учеников.

> Но сейчас осуществлен переход на активное обучение. Детям дают возможность внимательно понаблюдать за предметами окружающего мира и самостоятельно задаться вопросом[...] До сих пор образование было склонно к аналитике. Был достигнут огромный процесс в детальном анализе различных предметов. Но с точки зрения комплексности знаний существовал недостаток. В рабоче-крестьянской России увидели этот изъян и прилагают большие усилия для развития комплексности образования. Таким образом школьники с детства получают возможность размышлять над вопросами обо всем в целом. («Чосон ильбо», 10 июля 1925 г.)

Корреспондент Ли Кван Ён из конкурирующей газеты «Донг-А ильбо» отправился в Москву 23 февраля того же 1925 года. Имея за плечами обучение в Оксфордском университете в Англии, где он изучал историю политики, и обучение в Цюрихском университете в Швейцарии, где он получил степень доктора философских наук, Ли Кван Ён владел английским и немецким языком. Будучи обладателем редкого дара, Ли Кван Ён также мог говорить по-японски и по-французски. «Донг-А ильбо» следующим образом сообщила о цели отправки собственного корреспондента в Москву.

> Мы отправляем собственного корреспондента в Красную Россию, которая до сих пор для всего мира остается большой загадкой. Причиной этому решению послужило то обстоятельство, что, как мы уже сообщали ранее, после Великой европейской войны стремительная революция в этой стране привела к становлению новой системы,

Ли Кван Ён – журналист газеты «Донг-А ильбо». (Фото: «Донг-А ильбо»)

東亞日報

保障條約會議續報

平和解決에障碍

라인協約을完成

獨逸의成功

大陸視察旅行

正式司法調査會

調査事項決定

Выпуск газеты «Донг-А ильбо» (1925 г.). (Фото: «Донг-А ильбо»)

и по мере того, как на ее просторах разыгрывалась беспрецедентная трагикомедия, разметавшая миллионы наших соотечественников по разным уголкам, мы потеряли возможность получать известия о них. Не имея ни транспорта, ни средств связи, мы долгое время могли лишь молиться за их счастье, вглядываясь невооруженным глазом в северное небо. К счастью, внутренняя политическая обстановка в России постепенно налаживается, вслед за этим страна получает признание мировых держав. Особенно в тот момент, когда после подписания договора между Японией и Россией открылось удобное транспортное сообщение, мы, изголодавшиеся по любви наших соотечественников, прежде всего имеем целью утешить израненные души наших братьев, что на далекой чужбине тоскуют по семье и родному краю. Прошедшая через горнило революции страна весь мир привела в изумление, явившись чудом для всего человечества. В условиях длительной блокады и постоянных угроз со стороны мировых держав Россия с блеском сумела осуществить ряд грандиозных проектов, потрясших весь мир, установила новый общественный строй и построила новую культуру. Мы вместе с нашими уважаемыми читателями сгораем от любопытства, имея желание узнать, что представляет собой новый строй и новая культура молодой страны, которая с необузданной силой восходящего утреннего солнца сумела утвердиться на международной арене. Исходя исключительно из таких соображений, наша газета отправляет в качестве корреспондента доктора философских наук Ли Кван Ёна, долгое время обучавшегося в Европе, в силу чего прекрасно осведомленного о европейских делах и, что особенно важно, посвятившего немало исследований России. («Донг-А ильбо»)

Удивительный момент заключается в том, что газетчики говорят о своем желании увидеть общественно-политическое устройство и культуру молодой коммунистической России и познакомить с ней своих читателей, а также подчеркивают важность получения новостей о соотечественниках-корейцах, проживавших в разных регионах России, и необходимость морально их поддержать. Эта статья свидетельствует о том, что в Корее проявляли огромный интерес к деятельности соотечественников, проживавших в то время на территории России. Корреспондент Ли Кван Ён высказал свое намерение в освещении действительности Красной России придерживаться научного чисто объективного взгляда, полностью исключив субъективные эмоции. Рассказывая о различных аспектах московских будней, он познакомил корейских читателей с образом далекой страны. В статье под названием «На каждом шагу – памятник Ленину» Ли Кван Ён объясняет религиозный характер, обнаруженный им у русского человека.

... Но, с одной стороны в народе, а с другой, в школе поощряется пропаганда, направленная против христианской церкви, что позволяет нам высказать предположение о скором исчезновении русского православия. При этом весьма вероятно, что произойдет это спустя считанные десятилетия. Тем не менее, все указывает на то, что богатую религиозность русского народа невозможно изменить в одночасье. У нас создается такое впечатление, что прежняя вера в Бога и Иисуса сейчас перемещена на Маркса и Ленина. Куда бы я ни пошел: будь то завод, школа, магазин, общественное учреждение или даже гостиница - всюду отведена отдельная Ленинская комната, украшенная наподобие храма красными полотнами, и в каждой такой комнате непременно висит портрет Ленина или же установлен его бюст. Уважаемые читатели нашей газеты согласятся со мной, что насаждение такого культа нагляднее всего подтверждает мой вывод о том, что русский человек не может быть доволен без поклонения чему-либо. Из всех уголков России крестьяне идут к мавзолею Ленина, чтобы поклониться ему как богу, и нам известно, что они крестятся перед его бездыханным телом.

Знакомя читателей с русской культурой питания и ресторанным этикетом, Ли Кван Ён сравнивает русские блюда с похожими корейскими блюдами, а также подробно объясняет местную культурную особенность давать «на чай».

Еда у них ничем особо не отличается от еды европейцев, однако можно, пожалуй, сказать, что русская кухня примечательна своими супами. По доброму размеру порции и густому вкусу русские супы весьма близки к корейской кухне, а русская уха, которую так не любят европейцы, что характерно, ничем не отличается от нашего рыбного блюда сэнсон чиджими. Из ресторанов по-прежнему никуда не делись услужливые люди, которые подхватывают у гостей пальто, смахивают кисточкой пыль с одежды, а также подносят еду, и пусть они теперь зовутся «товарищами», они, по обыкновению, надеются на чаевые.

Первые корейские корреспонденты Ким Джун Ён и Ли Кван Ён, получив в 1925 году возможность воочию наблюдать политику, экономику, культуру и социальную жизнь «Красной России», собрали очень важные материалы, которые необходимы нам для понимания тех динамичных перемен, которые происходили в Советском Союзе после Октябрьской социалистической революции, а также той сумятицы, через которую прошло советское общество в эпоху НЭПа.

В 1930-е годы корейские СМИ в России изменили свой характер на прямо противоположный. После переселения корейцев в Приморскую область большинство корейских газет было сфокусировано на освещении деятельности антияпонского движения, последних событий на исторической родине, а также на защите прав и интересов переселенцев. Но после 1930 года корейские журналисты стали тесно связаны с советской политикой. Советский Союз посредством введения пятилетних планов экономического развития стремился к повышению производительности и тем самым планировал построить индустриальное социалистическое государство. Корейские СМИ тоже взяли на себя роль добросовестных исполнителей этих задач, поставленных Советским Союзом. В каждой профессиональной отрасли ударными темпами стали издавать собственную газету. В связи с этим в Приморье, которое было передовой базой советской рыбной промышленности, и в Артеме с его богатейшими запасами угля стали выходить газеты «Рыбак Приморья» и «Шахтер». В Черной речке стала выпускаться газета «Восточная коммуна», которая стремилась подвигнуть людей на успешное выполнение второй пятилетки. С целью эффективного повышения политической грамотности советских корейцев и привлечения их в ряды коммунистов стала выпускаться газета «Партучеба».

Во Владивостоке начала издаваться газета «Авангард» (*кор.* «Сэнбон»), первый номер которой вышел 1 марта 1923 года. Сначала она выходила под названием «Первое марта», однако с четвертого выпуска была переименована в «Авангард». В 1920-х годах газета носила национальный характер и ориентировалась на читательскую аудиторию из корейцев, проживавших как в самой Корее, так и за ее пределами на российском Дальнем Востоке и в Маньчжурии. Однако с 1930 года характер газеты изменился, и она была переориентирована исключительно на корейцев с советским гражданством.

После депортации 1937 года все издававшиеся ранее корейские газеты были закрыты, и только газета «Авангард» продолжила свое дело. Правда, ее название было изменено на «Ленинское знамя» (*кор.* «Ленин кичи»). Первый номер газеты с новым названием вышел в городе Кызылорда в Казахстане 15 мая 1938 года. В 1978 году издательство газеты перевели в Алма-Ату. Основное содержание газеты составляла пропаганда советской идеологии. Однако с конца 1980-х годов на ее страницах стали появляться

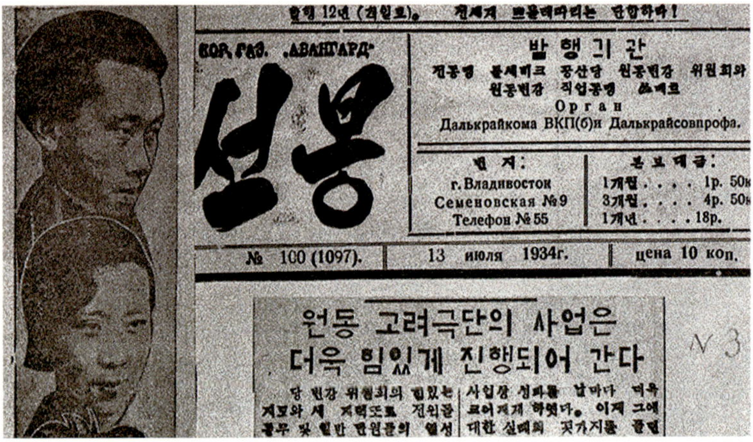
КОР. ГАЗ. „АВАНГАРД"

선봉

발 행 기 관

Орган
Далькрайкома ВКП(б)и Далькрайсовпрофа.

г. Владивосток
Семеновская №9
Телефон №55

№ 100 (1097). | 13 июля 1934г. | цена 10 коп.

원동 고려극단의 사업은
더욱 힘있게 진행되어 간다

Газета «Сонбонг» («Авангард»). (Фото: koryo-saram.ru)

레닌의기치

Корейская газета «Ленин кичи» («Ленинское знамя»). (Фото: arirang.su)

고려일보

高麗日報

Газета «Корё ильбо». (Фото: twirpx.com)

статьи о принудительном переселении корейцев. В 1990 году, незадолго до распада СССР, газета «Ленинское знамя» снова была переименована, и до настоящего времени она издается под названием «Корё Ильбо».

Приближаясь к завершению этой главы, хотелось бы сказать, что оценка деятельности корейских социалистов и революционеров по-прежнему остается актуальной задачей. Мы полагаем, что до сих пор самым известным в Корее социалистом и революционером является Ли Дон Хви, который создал Корейскую социалистическую партию. Однако идеологическая принадлежность Ли Дон Хви вызывает вопросы у ряда ученых. Он был выходцем из военной аристократии, одно время активно разворачивал национально-просветительское движение на острове Канхвадо, а затем неожиданно стал лидером так называемой «Новой народной ассоциации» и развернул движение за восстановление государственного суверенитета Кореи.

Когда вдумываешься в факты его биографии и послужного списка, невольно закрадываются сомнения: а понимал ли он марксизм должным образом? В действительности, по словам тех людей, которые были близки к Ли Дон Хви, он был типичным представителем военной среды и не отличался выдающимся аналитическим умом. Большинство деятелей движения за независимость, начиная с Добровольческих отрядов корейцев и заканчивая Корейской социалистической партией, были увлечены не столько социалистическими идеями, сколько желанием свергнуть империализм при помощи большевиков. Несмотря на внешнюю видимость того, что они якобы шагали по стезе социалистов-революционеров, по внутренней сути их можно считать националистами. Ведь отправной точкой их деятельности служило национальное самосознание и стремление изгнать из своего Отечества японских империалистов. Среди этих патриотов были Ли Дон Хви, Мун Чхан Бом, Ким Гю Мён и Ким Кен Чен, которые перебрались в Россию собственно из Кореи, но были и такие, кто родился в России, как Александра Ким.

Эта женщина по своему рождению и образованию совершенно отличается от упомянутых ранее деятелей антияпонского движения. Она была выдающейся личностью, прекрасно владевшей не только русским, но также китайским и корейским языками. Примечательно, что Александра Ким увлеклась социалистическими идеями, когда обучалась в гимназии. Но и она унаследовала любовь к Корее от своих родителей, переселившихся в Россию. Несмотря на то, что в действительности Александра Ким ни разу не бывала на своей исторической родине, очень важная особенность присущей ей идеологии заключалась в соединении социалистических идей и корейского национализма. Она отдала свою жизнь ради освобождения порабощенных рабочих и крестьян, ради защиты прав своих соотечественников, живущих в Корее. Именно в этом, как она и доказала своей жизнью, заключался ее долг и миссия в качестве социалиста-революционера.

В то же время Корейская коммунистическая партия (*кор.* Корёконсандан) проявляла абсолютную лояльность к Москве. Такие корейцы-социалисты, как Ли Сенг, Нам Ман Чхун и другие их соратники, демонстрируют, что они еще на один уровень приблизились к большевистской идеологии. Нам Ман Чхун пользовался русским именем Павел Никифорович, поскольку он родился в России и прекрасно владел русским языком. В силу этого, на наш взгляд, он обладал более глубоким пониманием социалистических идей, чем корейские националисты. Члены Корейской коммунистической партии были целиком и полностью преданы Советскому Союзу. В основе этой преданности лежало не только глубокое увлечение идеями, но и принадлежность к новому поколению, рожденному в России. Они не столько кричали об освобождении и независимости корейского народа, сколько терзались мыслями о том, как им дальше жить в качестве граждан Советского Союза и как занять в этой огромной стране достойное место, будучи представителями малого народа. Другими словами, их отличало горячее стремление стать неотъемлемой частью советского общества. Как граждане Советского Союза они и выбрали путь социалистов.

# Глава 4

# «Ариран» на просторах Евразии

«Решение о принудительном переселении двухсот тысяч корейцев было принято 21 августа 1937 года совместно Совнаркомом и ЦК ВКП(б). В постановлении за номером 1428-326 были обозначены две официальные причины: во-первых, пресечение шпионской деятельности корейцев, а, во-вторых, пополнение сельского хозяйства Средней Азии и Казахстана рабочей силой. Приказ о принудительном переселении отдал лично Сталин. [...] По этому приказу с середины сентября по конец ноября более двухсот тысяч корейцев из Приморской области были вывезены в разные районы Средней Азии». Так известный корейский писатель Чо Джун Рэ дает краткое объяснение обстоятельств принудительного переселения корейцев в десятом томе романа-эпопеи «Ариран». В этом произведении он подробно описывает процесс принудительного перемещения корейцев по железной дороге за тридевять земель. О депортации корейцев в Среднюю Азию в Южной Корее узнали именно после того, как она была драматически описана на страницах «Аририана». Этот роман-эпопея в 12

Роман писателя Чо Чжон Нэ «Ариран», который был выставлен в мемориальном зале Корейского культурного центра в Уссурийске. (Фото: ИРИ)

томах впервые увидел свет в 1990 году, когда между Советским Союзом и Республикой Корея были установлены официальные дипломатические отношения, благодаря чему приоткрылась завеса тайны над различными обстоятельствами жизни корейцев, проживавших в России и Средней Азии.

Другой корейский автор Ким Хо Джун в своей книге «Корейская диаспора в Евразии: история боли» (Сеул, издательство «Чурюсон», 2013 г.) утверждает, что уже в середине 1920-х корейцы начали широко расселяться на территории Евразии, включая Россию и Среднюю Азию. Первая при советской власти перепись населения, проведенная в 1926 году, показала, что в России, кроме Дальнего Востока, проживало более 900 корейцев, а в Средней Азии – примерно 80. Таким образом мы видим, что до 1937 года, когда Сталин принял известное политическое решение, корейцы, пусть и не многочисленные, были рассеяны по различным уголкам Евразийского материка. Известно также о случаях, когда корейцы добирались до Украины и Белоруссии, оставаясь там жить. Во второй половине 20-х годов прошлого века корейцы из

Приморья самостоятельно переселялись в Казахстан и другие регионы Средней Азии, привнеся в этот регион технологию рисоводства. В 1928 году 70 семей корейцев общей численностью 300 человек из Владивостока перебрались в поселение Кызылорда в Казахстане, где они создали кооперативное хозяйство и основательно занялись рисоводством. Ким Хо Джун сообщает, что вскоре зона деятельности корейцев расширилась до российского Северного Кавказа.

В процессе переселения приморских корейцев в Среднюю Азию Кызылорда была одним из важнейших пунктов. Именно в этом историческом месте корейцы в 1920-х годах начали возделывать рис в суровых природных условиях Средней Азии, земли которой ранее казались непригодными для земледелия. Но, что более важно, – это место известно тем, что в первое время после депортации именно здесь сохранились и продолжили развиваться традиции и культура корейцев.

В 1937 году приморских корейцев посадили в вагоны на станции Раздольное, высадив их уже на станции Уштобе к северу от Алма-Аты, где они фактически впервые ступили на среднеазиатскую землю. Но их социальная и культурная жизнь была пересажена и начала приживаться не в Алма-Ате, а именно в Кызылорде. Как хорошо известно, в Приморской области корейцы открыли педагогический институт в Никольск-Уссурийском (1927 г.) и во Владивостоке (1931 г.), вкладывая всю душу в развитие национального образования. В 1937 году во время депортации педагогические институты были перемещены вместе с корейцами, при этом оба института обосновались именно в Кызылорде. На следующий год было принято постановление о реформе школьного образования, согласно которому закрывали все национальные

Вид на железнодорожный вокзал в городе Кызылорда, Казахстан. (Фото: Профессор Ли Бёнг Джо)

школы. На этой волне корейский пединститут, переведенный из Владивостока, был преобразован в Кызылординский педагогический институт. Тем не менее для нас большое значение имеет сам факт, что корейское национальное образовательное учреждение было перевезено из Приморья в Среднюю Азию и начало полноценно функционировать там. Именно по этой причине Кызылорду называют центром корейского образования в первые годы переселения в Среднюю Азию. На базе Кызылординского педагогического института в 1996 году был создан Кызылординский государственный университет. Так Кызылорда стала особо значимым местом в истории корейского образования в Средней Азии.

Кызылорда имеет важное значение еще и с той точки зрения, что именно здесь начала издаваться корейская газета «Ленин кичи». Во время депортации корейцам было разрешено перевезти с собой редакцию газеты «Сэнбон», которая издавалась в Приморье. На новом месте и с новым названием «Ленин кичи» эта газета на различных уровнях коммуникации стремилась сохранить общую для корейцев культуру и традиции. В наши дни эта газета издается в Алма-Ате под названием «Корё ильбо».

Несмотря на сложнейшую обстановку, когда корейцы были депортированы на чужую землю, где каждый день выживания давался с большим трудом, они смогли организовать работу института и начать издание газет. Эти факты ясно демонстрируют, с каким трепетом наши соотечественники относились к развитию культуры.

Культурная работа корейцев в Кызылорде в первые годы после депортации не ограничивалась лишь институтом и газетой. На новом месте продолжилась и работа образованного во Владивостоке 9 сентября 1931 года Дальневосточного краевого корейского театра – теперь он стал называться «Разъездной театральной труппой для обслуживания корейского населения». В первые годы артисты театра не только давали концерты на сцене театра, но разъезжали по колхозам во время посевной и сбора урожая, выступая перед крестьянами. Кроме того, они давали концерты для школьников. Во время разъездных выступлений артисты изображали жизнь колхозников, тем самым вызывая у них большую симпатию. Корейский театр несколько раз менял место своей прописки, пока в 1968 году не переехал в Алма-Ату. Под названием Республиканский корейский театр музыкальной комедии он работает и в настоящее время.

Таким образом, мы видим, какую крайне важную роль играло поселение Кызылорда в культурной жизни корейцев в первые годы после принудительного переселения. Возможно, совсем не случайно, что именно здесь родился отец легенды советского рока Виктора Цоя. Это место известно еще и тем, что здесь провел последние годы своей жизни Хон Бом До, который в памяти

Улица, названная именем Хон Бом До в городе Кызылорда, Казахстан. (Фото: Профессор Ли Бёнг Джо)

корейского народа навечно останется героическим борцом за независимость Кореи.

Хон Бом До был известен благодаря своим победам над японскими захватчиками в бою под Боникором (июнь 1920 г., Маньчжурия) и под Гирином (сентябрь того же года). В 1923 году Хон Бом До снял погоны и жил в Приморье, возглавляя сельскохозяйственную артель, пока по приказу Сталина все корейцы не были выселены в Среднюю Азию. После депортации Хон Бом До обосновался в Кызылорде. Последние годы жизни корейского героя движения за независимость проникнуты печалью и одиночеством. Он работал ночным сторожем в корейском театре, а также трудился на на заводе по переработке риса, скончавшись 25 октября 1943 года.

Уже после смерти Хона Бом До советское правительство признало заслуги этого человека, и его именем была названа улица, где жил отважный герой. В мае 1989 года по инициативе председателя Корейской секции Союза писателей Казахстана Пак Ира на этой улице была установлена памятная табличка,

Мемориал жертвам политических репрессий имени Хон Бом До в городе Кызылорда, Казахстан. Надписи на плитах: в центре – «Хон Бом До, 1868-1943» (на памятнике, на корейском языке); слева – «Такое не должно повториться» (под барельефом на второй плите); справа – «За межнациональное согласие, мир и справедливость» (под рисунком на третьей плите). (Фото: Профессор Ли Бёнг Джо)

сообщавшая на русском языке, что улица названа в честь легендарного командира партизанского отряда, действовавшего на Дальнем Востоке России и в северо-восточных районах Китая, выдающегося патриота и героического сына корейского народа Хон Бом До, который прибыл в Кызылорду в 1937 году. От самого факта, что именем представителя корейского народа названа улица в иностранном городе, начинает щемить сердце, тем более, что улица в Кызылорде обязана своим названием герою движения за независимость Кореи, отважному командиру партизан Хон Бом До.

Если в первые годы переселения корейцев в Среднюю Азию Кызылорда была центром культурной жизни, то Уштобе имеет особое значение в качестве первого поселения корейцев в Средней Азии. Возможно, этим особым историческим значением объясняется непрерывный поток туда гостей из Южной Кореи. Очень многие корейцы посетили Уштобе в 2017 году, то есть в 80-ю годовщину принудительного переселения. В настоящее

Памятный камень благодарности казахскому народу от депортированных этносов. Установлен на горе Бастобепо в 2012 году по инициативе Ассоциации корейцев Казахстана в память 75-летия переселения корейцев на территорию страны. (Фото: Профессор Ли Бёнг Джо)

время в Уштобе проживает небольшое число корейцев, и в основном преклонного возраста. Следы исторической памяти о жизни корейцев в Уштобе можно отыскать на корейском кладбище на горе Бастобе. Даже сегодня это место выглядит угрюмо, позволяя нам догадаться, с какой же ужасной действительностью столкнулись корейцы, ступившие на эту землю в 1937 году. Тогда, не имея домов, корейцы в спешном порядке рыли здесь землянки, чтобы хоть как-нибудь укрыться от дождей и ветров. Говорят, что современное кладбище устроено как раз на том месте, где располагались их землянки.

На горе Бастобе установлен памятник, на котором на корейском языке высечена надпись, гласящая, что здесь с 9 октября 1937 года по 10 апреля 1938 года в землянках жили первые корейские переселенцы, принудительно выселенные с Дальнего Востока. Установленный несколько лет назад Ассоциацией корейцев Казахстана, этот памятник напоминает о трудной жизни корейских переселенцев в первые годы после депортации.

Помимо Уштобе и Кызылорды в настоящее время корейцы в Казахстане проживают в Караганде, Джамбуле, Шымкенте, Астане, Актобе и, конечно же, в прежней столице – Алма-Ате. Современное корейское население Казахстана примерно 100 тысяч человек, из которых более 40 тысяч проживает в Алма-Ате. Как мы можем догадаться по тому факту, что корейцы были первыми, кто во второй половине 20-х годов прошлого века привнес в Среднюю Азию технологию рисоводства, после принудительного переселения в 1937 году основным занятием корейцев стало выращивание риса.

Как мы уже говорили ранее, корейцы в суровой азиатской степи начали устраивать заливные рисовые поля, и благодаря их успехам в выращивании риса Казахстан стал рисовой житницей Советского Союза. Однако, отличаясь природным трудолюбием и жаждой знаний, местные корейцы стремились поступить в университет, чтобы получить перспективную специальность, поэтому в настоящее время доля людей с высшим образованием среди корейцев гораздо выше, чем среди представителей какого-либо иного народа Казахстана. Корейцев всегда отличала добросовестность и незаурядные способности. Благодаря этим качествам в советскую эпоху, равно как и сейчас, они не испытывали пренебрежения и дискриминации со стороны местного общества, вполне заслуженно встречая справедливое к себе отношение. Большую роль в том, что корейцы смогли проявить свои способности, сыграло то, что они с 1960-х годов стали уезжать из сельской местности и закрепляться в городах. В настоящее время подавляющее большинство казахстанских корейцев проживает в Алма-Ате и других крупных городах. Феномен урбанизации корейского населения, которое в начальный

Фотовыставка «Корейцы Казахстана», которая прошла с 26 октября по 8 ноября 2017 года в Национальном музее Республики Казахстан. (Фото: Корейский культурный центр в Казахстане)

период было исключительно сельским, свидетельствует о существенном изменении статуса корейцев в Казахстане.

Это подтверждается также тем, что представители корейского народа смогли пробиться в высшие слои местного общества. Самым ярким примером можно считать Владимира Кима, который, благодаря состоянию в несколько миллиардов долларов США, вошел в число богатейших людей Казахстана. Миллиардер, президент и крупный акционер группы «KAZ Minerals», Владимир Ким является одним из самых известных людей в стране. Многие считают, что своим богатством он обязан принадлежностью к ближайшему окружению президента Казахстана Нурсултана Назарбаева, но, как бы то ни было, если человек не обладает личными способностями, то никакой покровитель не поможет ему подняться так высоко. Успех Владимира Кима, ставшего одним из богатейших людей Казахстана, говорит о том, что положение корейцев в высших слоях общества этой страны заметно изменилось и укрепилось.

В бывшей столице Алма-Ате в настоящее время работает

Ассоциация корейцев Казахстана (АКК). Эта организация взяла под свое крыло корейскоязычную газету «Корё ильбо», корейский театр и еще несколько творческих коллективов и учреждений. Можно считать, что центром корейской культуры, которым в начальный период после принудительного переселения была Кызылорда, сегодня стала Алма-Ата. Вышеназванная ассоциация начала свою работу в 1989 году под названием «Культурный центр корейцев Казахстана», собрав вокруг себя корейцев, представлявших политические, деловые и научные круги. При Ассоциации корейцев Казахстана, которая имеет свои отделения в различных районах страны, действует Союз молодежи, Федерация развития малого и среднего бизнеса, а с 2000 года ассоциация начала издавать газету «Корё ильбо». В 2003 году Ассоциация корейцев Казахстана своими силами построила Корейский дом, приютивший под своей крышей редакцию «Корё ильбо», Союз молодежи, библиотеку, танцевальную студию, а также ресторан Korean House. Ассоциация корейцев Казахстана в сентябре каждого года отмечает годовщину корейского переселения в Казахстан и проводит конгрессы корейцев по всей стране. Обычно мероприятия длятся неделю, в течение которой проводятся выездные пленумы правления в регионах, песенные конкурсы, научные конференции, конкурс красоты «Мисс Корея-Казахстан» и многое другое.

Отдельного внимания заслуживает Союз молодежи при АКК или, как его еще называют, «Молодежное движение корейцев Казахстана». Нас особенно впечатлило наличие налаженной системы по воспитанию элиты нового поколения, которой в будущем отведена замечательная роль наведения мостов между молодым поколением жителей Южной Кореи и Казахстана,

Интерьер корейского ресторана Korean House, которым управляет Ассоциация корейцев Казахстана. (Фото: ИРИ)

между государствами, между народами и культурами. Данная система позволяет активным представителям корейской молодежи по мере накопления опыта в качестве рядовых членов союза вырасти в руководителей среднего звена, а затем подняться и до должности главы организации, став молодежным лидером. Пройдя именно через такой процесс органического и системного воспитания элиты, достойные места в Совете Молодежного движения корейцев Казахстана смогли занять Сергей Огай и Денис Ким.

Члены Молодежного движения корейцев Казахстана не ограничиваются лишь участием в различных молодежных проектах, принимая участие в издании «Корё ильбо», активно подключаясь к организации любых мероприятий, проводимых Ассоциацией корейцев Казахстана, и тем самым обретая богатый опыт. Кроме того, Союз молодежи глубоко связан с проектами международного обмена с Южной Кореей, активно содействуя корейской молодежи Казахстана, желающей пройти стажировку или обучение в Южной Корее.

Вице-президенты Ассоциации корейцев Казахстана Денис Ким и Сергей Огай. (Фото: ИРИ)

В рамках международного сотрудничества Союз молодежи полностью взял на себя проведение образовательных программ, призванных познакомить казахстанских корейцев с южнокорейской культурой. Тем не менее, на наш взгляд, эта организация не в состоянии проводить крупные проекты по культурному обмену исключительно собственными силами, поэтому она нуждается в содействии и финансовой поддержке со стороны южнокорейских университетов и правительственных органов.

Председатель Совета Молодежного движения корейцев Казахстана Денис Ким проявляет огромное желание отправлять студентов в южнокорейские вузы, чтобы они могли обрести хороший опыт, но полное отсутствие официально установленных каналов обмена и сотрудничества приводит к тому, что студенческие стажировки на данный момент в основном осуществляются на частном неофициальном уровне.

Одной из ведущих стран Средней Азии наряду с Казахстаном является Узбекистан, который среди других зарубежных стран отличается самой многочисленной корейской диаспорой. Было время, когда корейское население Узбекистана достигало 230 тысяч человек, но сейчас, по приблизительной оценке, оно сократилось до 180 тысяч. Главной причиной этого является выезд в другие страны. После распада СССР в 1991 году Узбекистан стал независимым государством, однако нельзя сказать, что это обстоятельство привело к улучшению жизни проживающих там корейцев. По сравнению с советским периодом, в Узбекистане окрепли националистические силы и участились случаи дискриминации корейцев. В советские годы корейцы в Узбекистане изначально занимались рисоводством, а после Второй мировой войны – хлопководством. Благодаря исконно корейскому трудолюбию они смогли завоевать признание в местном обществе и выйти на передовые позиции, встречая достойное отношение к себе. В поздний период советской эпохи наблюдалась стремительная урбанизация и индустриализация, корейское общество быстро развивалось, следуя веяниям эпохи. В этом процессе важную роль сыграло получение высшего образования. Другими словами, в Узбекистане корейцы отличались трудолюбием и добросовестностью не только в сельскохозяйственном труде, но и в сфере образования, прилагая все силы, чтобы дать своим детям самые лучшие знания, которые позволили бы им пробиться в элиту местного общества. В результате в советские годы корейцы благодаря высокому уровню образования и активному восприятию русской культуры открыли для себя новые пути и смогли успешно реализоваться в различных сферах деятельности помимо сельского хозяйства.

После распада Советского Союза в Узбекистане статус корейцев, как и представителей других национальных меньшинств, в том числе русских, претерпел существенное понижение. Началось их вытеснение из высших слоев общества. К тому же распались колхозы, которые в советские годы для корейцев были прочной экономической опорой. Столкнувшись с экономическими и бытовыми трудностями, корейцы стали уезжать на Дальний Восток или в южные регионы России. Молодежь, для которой не нашлось подходящих рабочих мест, отправилась в поисках работы в крупные российские города или же в Алма-Ату, которая располагается недалеко от Ташкента. Немало и тех, кто в поисках новой жизни отправился в Южную Корею. В настоящее время корейцы составляют менее одного процента от всего населения Узбекистана, к тому же они рассеяны по различным районам проживания. Но большая часть корейского населения все же сосредоточена в Ташкенте и прилегающих к нему районах.

3 июля 2017 года в Сеульском парке в Ташкенте при участии мэра Сеула г-на Пак Вон Суна состоялась церемония открытия памятника, посвященного 80-летию проживания корейцев в Узбекистане. На памятнике на корейском, узбекском и русском

Работник Колхоза имени Калинина в Узбекистане в 1969 году, радующийся богатому урожаю. (Фото: Корейский Национальный архив)

Церемония открытия мемориального памятника, посвященного 80-летию принудительного переселения корейцев, в столице Узбекистана – Ташкенте. (Фото: Газета «Корё ильбо»)

языках высечены слова глубокой благодарности жителям Узбекистана за то, что они тепло, как друзья, приняли корейцев на своей земле.

Немало корейцев живет и в Киргизии. История появления их в этой стране немного отличается от истории корейцев, поселившихся в Казахстане и Узбекистане. В 1937 году, во время принудительного выселения из Приморья, их не вывозили в Киргизию. В эту республику с 1938 по 1940 год перебралась часть переселенцев из Казахстана. Изначально они закреплялись в сельской местности, но со временем постепенно стали перемещаться в город, стараясь дать своим детям хорошее образование. В настоящее время численность корейского населения Киргизии составляет чуть более 16 тысяч человек, большая часть которых сосредоточена в Бишкеке и других крупных городах. Примечательно, что корейцы не используют киргизский язык, разговаривая на русском языке. Это обусловлено тем, что корейцы продолжают следовать традиции советской эпохи, когда русский язык был доминирующим.

Международная научная конференция «Национальные блюда корейцев в Центральной Азии и кимчи» в Бишкеке, Киргизстан. (Фото: Газета «Нонгсу чуксан синмун»)

Проживают корейцы и в такой среднеазиатской стране, как Таджикистан. В настоящее время корейское население этой страны не превышает одной тысячи человек, сократившись по сравнению с советской эпохой примерно на 90 процентов. После распада Советского Союза в Таджикистане вспыхнула гражданская война, поэтому тысячи корейцев выехали в другие страны в поисках безопасной жизни, одни – в Казахстан, другие – в Москву, Приморский край и другие регионы России. Оставшиеся в Таджикистане корейцы в настоящее время живут там как полноценные члены местного общества. Однако благодаря прямым и косвенным контактам с Южной Кореей они начинают переосмыслять свою национальную идентичность, по-новому осознавая принадлежность к корейскому народу.

В Южной Корее в 2017 году Комитет по организации памятных мероприятий не оставил без внимания 80-ю годовщину принудительного переселения корейцев. Так, 2 сентября 2017 года в городе Кванджу, в Центре азиатской культуры, был проведен «Культурный фестиваль памяти 80-летия принудительного переселения корейцев». В рамках этого мероприятия состоялся концерт «Я – кореец!», посвященный жизни корейской диаспоры в России. Там же была организована выставка «История скитаний, 15 тысяч километров: точки, линии, плоскости», рассказывающая о скитаниях корейцев на российских просторах от Приморья до Средней Азии. Театральное представление, выступление хора и видеоряд наглядно продемонстрировали зрителям жизнь корейских деятелей искусства на долгом пути с 1937 по 2017 год из Приморья, через Среднюю Азию и до Кванджу. Выставка проходила в Центре азиатской культуры со 2 по 30 сентября 2017 года. Ее экспонаты были отобраны из примерно десяти тысяч предметов, часть которых была собрана поэтом Ким Бён Хаком в течение 25 лет жизни в Казахстане, часть была предоставлена коллекционером корейских реликвий Анитой Цой. Некоторые материалы были подарены потомками драматурга Хан Чжина. В ходе фестиваля была проведена научная конференция, в рамках которой обсуждалось положение корейцев, широко расселившихся на просторах Евразии, и планы по защите их прав и интересов.

Скорбную дату насильственного переселения корейцев отметили не только в Южной Корее. 21 сентября 2017 года во Дворце Республики в Алма-Ате прошел трехчасовой концерт, посвященный 80-летию переселения корейцев в Казахстане, который был открыт речью президента Республики Казахстан Нурсултана Назарбаева. В этот день во Дворце Республики собралось примерно 1500 корейцев, среди которых были как граждане Казахстана, например, председатель Ассоциации корейцев Казахстана Роман Ким, так и граждане Республики Корея, например, посол Республики Корея Ким Дэ Сик и генеральный консул Чон Сын Мин. Присутствующие имели

Постеры Культурного фестиваля к 80-летию со дня принудительного переселения корейцев в Среднюю Азию. (Фото: Центр азиатской культуры в городе Кванджу)

возможность обсудить современное положение самой активной части корейского населения Казахстана и еще раз пересмотреть историю и значение принудительного переселения корейцев. Было показано видеообращение президента Республики Корея Мун Чжэ Ина, который поблагодарил всех присутствующих за развитие дружеских отношений между Южной Кореей и Казахстаном в политической, культурной, спортивной и других сферах. Президент Мун Чжэ Ин добавил, что граждане Республики Корея гордятся своими соотечественниками, которые закрепились и преуспели в местном обществе. В продолжение своей речи президент Республики Корея сказал: «Мы гордимся подвигом героев, которые принесли себя в жертву во имя независимости нашего Отечества. Республика Корея будет вечно помнить о них. Я разделяю с вами тоску и чаяния и надеюсь, что сегодняшнее мероприятие вдохнет в наши сердца еще большую надежду на будущее».

Вместе с 80-й годовщиной переселения корейцев в Казахстан и

другие страны Средней Азии наступил момент, когда необходимо подготовить условия для нового рывка вперед. Вместе с тем внимания заслуживает организованное Международным фондом корейского народа мероприятие «Одиссея «Шелковый путь» через Дальний Восток и Сибирь в память о 80-летии принудительного переселения корейцев в Среднюю Азию», которое было проведено с 23 июля по 4 августа 2017 года. Целью данного мероприятия было на «Поезде памяти» повторить сложный путь корейских переселенцев из Владивостока через Иркутск, Байкал, Новосибирск до Уштобе в Казахстане и далее до Алма-Аты, чтобы жители современной Южной Кореи, проделав путь длиною в 6500 километров, смогли прочувствовать всю глубину исторического потрясения, пережитого их соотечественниками в те суровые годы.

Пассажиры «Поезда памяти» 23 июля 2017 года вылетели

Постер «Съезда Корёсарам, посвященного 80-летию депортации и обновлению особого закона о статусе корё сарам». (Фото: koreanclub.ru)

из аэропорта Инчхон рейсом до Владивостока, где осмотрели месторасположение Новокорейской слободки. Во Владивостоке они сели на «Поезд памяти», чтобы совершить двухнедельное путешествие по Транссибу через Уссурийск, Хабаровск, Иркутск, Красноярск, Новосибирск, который во время принудительного переселения был пересадочной станцией, с конечным пунктом в Алма-Ате.

Захватывающее дух путешествие увенчалось «Всемирным форумом корейского народа», главной темой которого было современное положение и будущее Корейского полуострова. Для участия в форуме в Алма-Ату приехали корейские ученые и специалисты из 15 стран мира. Участники в полной мере ощутили боль переселения корейцев в Среднюю Азию, вспомнили их мужество в преодолении трудностей и последовавшие успехи в развитии экономики, а также обсудили такой животрепещущий вопрос, как мир на Корейском полуострове и объединение Кореи. В этом мы видим главное значение мероприятия «Поезд памяти».

В Российской Федерации корейцы расселились от Камчатки на самом востоке страны до Калининграда на западе. Удивительно, что в отличие от наших представлений о том, что корейцы в России в основном проживают в Приморском крае, а также в Москве и в центральной части страны, в действительности многие из них живут в южных регионах – в Волгограде, Астрахани, Ростове, на Северном Кавказе, а также в таких уральских городах, как Екатеринбург, Пермь и других. На юг России корейцы начали приходить в 30-х годы XX века на сезонные сельскохозяйственные работы, некоторые из них оставались там жить, а после распада Советского Союза к ним присоединились те, кто выехал из Узбекистана, Таджикистана и других бывших республик СССР.

30 июня 2017 года в Сеуле была открыта церемония запуска шелкового пути «Дальний Восток – Сибирь». (Фото: Международный фонд корейского народа)

Если в Москве, Санкт-Петербурге и других крупных городах численность корейцев в настоящее время увеличивается, то в Волгограде, Ростове-на-Дону и других южных городах она сокращается с каждым годом. Главной причиной такого сокращения является отток молодежи из сельской местности, поскольку занятие земледелием уже давно не привлекает корейцев. В 90-е годы после распада СССР корейцы из различных бывших республик стали стекаться в Приморский край, предпочитая селиться во Владивостоке и Уссурийске. Примечательно, что к ним добавились корейцы из соседних провинций Китая. Таким образом в Приморье формируется уникальная корейская диаспора. В последнее время в категорию русских корейцев стали включаться северокорейские рабочие и их потомки, живущие в Приморском крае и на Камчатке.

В настоящее время в Москве и ее пригородах проживает более 20 тысяч корейцев. Считается, что среди них присутствует значительное число нелегалов, не имеющих регистрации.

Кореянка (справа) в национальной одежде ханбок на праздновании Дня народного единства 4 ноября 2017 года в Петропавловске-Камчатском. (Фото: ТАСС)

Кореец, продающий фрукты, овощи, кимчи и другие закуски на рынке Уссурийска. (Фото: ИРИ)

В Санкт-Петербурге и прилегающих к нему районах предположительно проживает от 3 до 5 тысяч корейцев. Третье и четвертое поколение русских корейцев, осевших в Москве и Санкт-Петербурге, отличается от корейцев из других регионов более высоким уровнем образования. Многие из них работают инженерами, офисными служащими и специалистами. Однако в сферах деятельности, которые позволили бы войти в элиту российского общества, их пока занято не много.

11 декабря 2017 года на Таганско-Краснопресненской линии Московского метро в честь дней Дальнего Востока был запущен «Дальневосточный экспресс». Праздничное мероприятие открылось в торжественной обстановке при участии заместителя председателя правительства РФ и полномочного представителя президента РФ в Дальневосточном федеральном округе Юрия Трутнева, а также министра РФ по развитию Дальнего Востока Александра Галушки. Каждый вагон состава представлял отдельный регион: Амурскую область, Еврейскую автономную область, Камчатский край, Магаданскую область, Приморский край, Республику Саха, Сахалинскую область, Хабаровский край и Чукотский автономный округ. Вагон каждого отдельно взятого региона был оформлен

Кореянки в «Дальневосточном экспрессе» в московском метро. (Фото: ТАСС)

изображениями местных достопримечательностей, деликатесов и объектов культурного наследия.

В вагонах работали представители регионов, которые в традиционных народных костюмах с удовольствием знакомили пассажиров «Дальневосточного экспресса» со своим регионом. Например, в вагоне, представлявшем Республику Саха, которая гордится самой обширной территорией в Российской Федерации, якуты в ярких национальных нарядах с воодушевлением рассказывали о родном крае. В «чукотском» вагоне можно было наблюдать не менее воодушевленных представителей коренного северного народа. В «сахалинском» вагоне внимание пассажиров привлекали обаятельные улыбки русских и корейских девушек-барабанщиц, на головах которых были корейские шляпы с длинной лентой на макушке.

Такой интернациональный состав был не случаен, поскольку

Сахалинские корейцы - неотъемлемая часть местного общества. (Фото: Sakhalin.info)

структуру сахалинского общества как раз составляют русские и корейцы. Особенно порадовало то, что они представляли именно молодое поколение. Их праздничный наряд, который в Корее во время выступлений носят барабанщики из так называемых крестьянских ансамблей, в Московском метро выглядел весьма оригинально и непривычно, но в то же время он являлся красноречивым подтверждением тому, что сегодня корейцы занимают достойное место в сахалинском обществе. Другими словами, сахалинские корейцы стали важной частью местного общества и, если можно так выразиться, «могучим меньшинством», которое нельзя игнорировать.

Памятник на горе Печали в Корсакове на Сахалине. (Фото: ok.ru)

Часть 2

# Корейская культура и искусство в России

## Глава 5

# Корея и корейцы в глазах россиян

13 октября 2017 года в Санкт-Петербургском государственном университете открылась научная конференция, посвященная 120-летию российского корееведения. В торжественном мероприятии приняли участие ученые-корееведы из России и Европы, а также немалое число южнокорейских исследователей. Эта конференция была призвана почтить историю открытия первых курсов корейского языка в высшем учебном заведении России. И тут самое время вспомнить, по какой же причине в конце XIX века в известном университете на самой западной окраине северной страны, вдали от Сеула, были организованы курсы корейского языка? Какие зигзаги перемен были начертаны в истории российского корееведения, когда после крушения царской России в результате большевистской революции появился СССР, когда между двумя странами, которые в эпоху холодной войны оказались по разные стороны баррикад, практически не существовало непосредственных контактов? Российское корееведение гордится длинной историей и богатыми традициями, но в каком положении оно пребывает

Участники научной конференции в честь 120-летнего юбилея основания кафедры корейских исследований в Санкт-Петербургском государственном университете. (Фото: ИРИ)

сегодня, спустя без малого тридцать лет, что истекли с момента установления официальных дипломатических отношений между Южной Кореей и Россией (в то время – СССР)?

В России практический интерес к Корее появился во второй половине XIX столетия, когда между двумя странами была установлена общая граница по реке Туманная. Примерно на протяжении пятнадцати лет, с 1890 по 1905 год, Россия вела на Корейском полуострове особо активную дипломатическую, военную и торговую деятельность. Однако после поражения в русско-японской войне, в связи с утратой влияния на Корею, в России наблюдалось угасание интереса к своему восточному соседу. Это привело к значительному сокращению числа посвященных этой стране исследований.

На первоначальном этапе изучение Кореи осуществлялись участниками различных экспедиций, путешественниками, военными разведчиками и православными миссионерами, после которых осталось множество отчетов, донесений и путевых заметок. Русские исследователи Кореи занимались сбором, переводом и систематизацией различных письменных материалов. Среди главных работ этого периода особый интерес для нас представляют записки известного русского писателя Николая Гарина-Михайловского, а также этнографические труды выдающегося востоковеда Николая Конрада. Гарин-Михайловский в качестве участника экспедиции, возглавляемой Александром Звегинцовым, в 1898 году совершил путешествие по северным районам Корейского полуострова. Во время экспедиции был собран богатый материал о народных обычаях жителей Страны утренней свежести, записано более шестидесяти народных преданий и сказок. Опубликовав свои записи, Гарин-Михайловский внес большой вклад в знакомство русских читателей с Кореей.

Конрад свое путешествие по южным районам Кореи совершил в 1914–1915 годах, передвигаясь пешком или на лошадях. Во время своего путешествия он, как и Гарин-Михайловский, делал записи об образе жизни корейцев. В отличие от материалов и отчетов предшественников, Конрад в своих удивительных исследованиях предпринял попытку дать глубокий анализ основ материальной и духовной культуры корейцев. Его личные полевые наблюдения долгое время хранились в виде рукописей, пока в 1996 году не была издана монография «Очерки социальной организации и духовной культуры корейцев на рубеже XIX–XX веков». Она содержит шесть глав с подробным описанием социальной организации корейцев того времени, их семейного быта, религиозных взглядов, сезонных обрядов и народной медицины, способов проведения досуга и развлечений. Эта монография является выдающимся трудом в области корееведения.

Среди материалов о Корее, которые выходили в России на первом этапе становления корееведения, было много записей об истории страны, а также о современном положении дел, оставленных русскими офицерами, командированными в Корею по заданию правительства и военных ведомств. Часть опубликованных путевых дневников этого периода нашла отображение в изданной в 1958 году книге Галины Тягай «По Корее: путешествия, 1885–1896 гг.».

Глубокий интерес к Корее в тот период был обусловлен, с одной стороны, политической и экономической экспансией Российской Империи, а с другой – необходимостью поиска подхода к управлению корейскими переселенцами, которые, начиная с 60-х годов XIX века, массово переходили через границу и оставались на российской территории. С точки зрения местной власти и православных священников, чтобы наладить должное попечение о корейских переселенцах и обратить их к православной вере, прежде всего было необходимо составить о них правильное понимание.

В таком же контексте можно дать объяснение изданию в 1874 году первого русско-корейского словаря Михаила Пуцилло, включившего примерно 3400 слов. Будучи чиновником, которому было поручено проследить за обустройством корейских переселенцев в окрестностях Владивостока, Михаил Пуцилло, видимо, приступил к составлению словаря в процессе взаимодействия со своими подопечными.

Русские чиновники, путешественники и православные

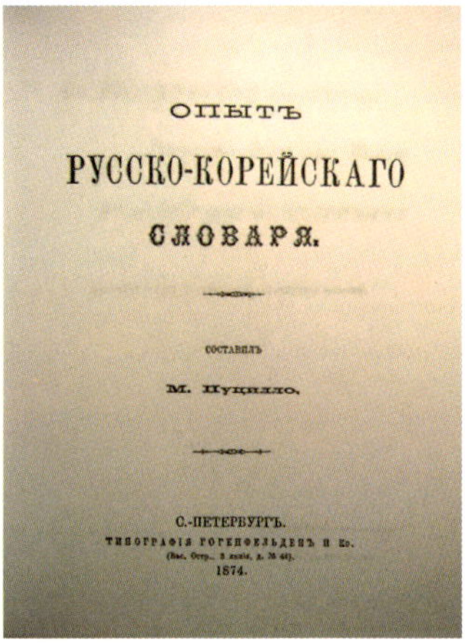

ОПЫТЪ

РУССКО-КОРЕЙСКАГО

СЛОВАРЯ.

СОСТАВИЛЪ

М. Пуцилло.

С.-ПЕТЕРБУРГЪ.

ТИПОГРАФІЯ ГОГЕНФЕЛЬДЕНЪ И Ко.

1874.

Первый русско-корейский словарь М. П. Пуцилло. (Фото: ИРИ)

священники, общавшиеся в то же время с корейскими переселенцами, оставили удивительные записи о жизни корейцев, которые начали селиться на российской земле.

Было опубликовано несколько книг, дающих конкретное описание событий и обстоятельств, связанных с деятельностью Русской Православной Церкви в Корее. В 1897 году Святейший Синод принял решение об учреждении Российской Духовной Миссии в Корее в ведении Санкт-Петербургского митрополита. В феврале 1900 года в Корее освятили первую русскую православную церковь.

Однако систематическое исследование истории Российской Духовной Миссии в Корее началось сравнительно недавно. В качестве важных источников, освещающих деятельность Русской Православной Церкви в Корее в то время, можно назвать книгу Павла Ивановского «Современное положение христианских миссий в Корее», а также работы архимандрита Хрисанфа «Из писем корейского миссионера» и «От Сеула до Владивостока». После окончания в 1899 году Казанской духовной академии Хрисанф был возведен в сан архимандрита и назначен начальником Российской Духовной Миссии в Корее. Краткое изложение истории корейского православия можно найти в статье Семена Недачина «Православная церковь в Корее. К 10-летию ее существования. Исторический очерк». Более подробные сведения содержатся в изданной в Харькове книге «Русская духовная миссия в Японии и Корее», в книге «Верования Японии и Кореи» и в других источниках. Примечательно, что в те годы в Казани, которая в царской России являлась центром востоковедческих исследований, действовало Православное миссионерское общество, по инициативе которого были подготовлены учебники русского языка для корейцев.

В 1897 году в столице Российской империи Санкт-Петербурге впервые в истории российских высших учебных заведений началось преподавание корейского языка непосредственно корейцем. Когда за год до этого, в 1896 году, в Москву на коронацию Императора Николая II прибыла корейская делегация, возглавляемая полномочным посланником Мин Ёнхваном, российское правительство обратилось с просьбой прислать учителя корейского языка. Уже в мае 1897 года в Санкт-Петербурге свою работу начала корейская дипломатическая миссия, а переводчик миссии Ким Пёнок стал преподавать корейский язык в Санкт-Петербургском университете. Удивительно, что Ким Пёнок для обучения студентов использовал «Повесть о Чхунхян» и другие древние корейские классические произведения. Однако последовавшее вскоре угасание интереса к Корейскому полуострову привело к сокращению числа слушателей лекций по корейскому языку, а в 1907 году курс и вовсе был закрыт. После 1910 года предпринимались попытки

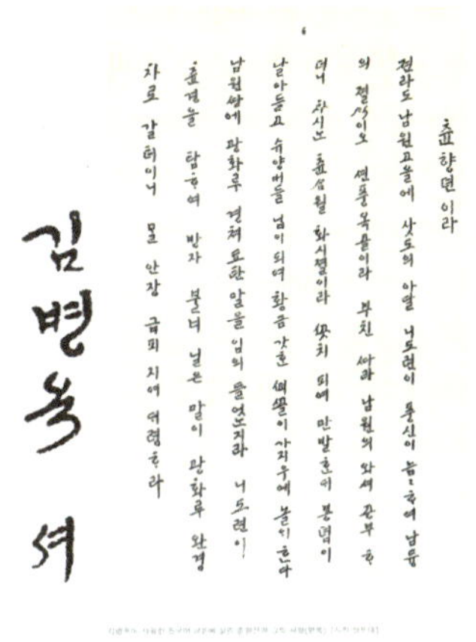


Текст повести о Чхун Хян, которым пользовался Ким Бёнг Ок, и его подпись. (Фото: ИРИ)

Обложка книги Н. И. Конрада, в которой содержатся наблюдения за повседневной жизнью и обычаями корейцев. (Фото: ИРИ)

восстановить корейское отделение на факультете восточных языков Санкт-Петербургского университета. С целью подготовки русских преподавателей корейского языка были отобраны лучшие выпускники университета для отправки в Корею. Одним из них был и Николай Конрад. Однако в конечном итоге он был командирован в Японию, став впоследствии выдающимся ученым-японистом. Тем не менее, совершив несколько поездок в Корею, Конрад составил систематическое описание корейских традиций и образа жизни. Эти труды российского ученого поражают даже корейских исследователей глубокомыслием и широтой познаний.

Иная ситуация наблюдалась во Владивостоке, географически близком к Корейскому полуострову. Если в российской столице интерес к восточному соседу остыл, то на Дальнем Востоке он не ослабевал. По мере стремительного увеличения численности корейских переселенцев практический интерес со стороны

Григорий Подставин (1875-1924). С 1899 по 1922 год профессор кафедры корейской словесности Восточного института во Владивостоке. В 1922 году эмигрировал в Корею, затем в Китай. (Фото: Koryo-saram.ru)

местной власти к ним не мог не возрастать. Вследствие этого в 1899 году во Владивостоке был основан Восточный институт, где в 1900 году было открыто корейско-китайское отделение под руководством Григория Подставина, который стал первым в мире заведующим кафедрой корейского языка. В 1920 году Восточный институт был преобразован в Государственный Дальневосточный университет.

Главные достижения российского корееведения в дореволюционный период представлены путевыми дневниками офицеров русской армии и путешественников, а также докладами русских дипломатов в Сеуле. Все эти материалы имеют большую ценность для понимания корейской действительности конца XIX века. Корейским ученым желательно помнить, что российские исследователи собрали в Корее значительное количество письменных памятников, которые находятся на хранении в Институте восточных рукописей и Музее антропологии и этнографии имени Петра Великого (Кунсткамера) Российской академии наук в Санкт-Петербурге. Высшим достижением корееведения в царской России можно считать трехтомное энциклопедическое издание «Описание Кореи», выпущенное в 1900 году. Заметную роль в подготовке этого труда сыграл Дмитрий Позднеев.

В числе ведущих российских корееведов дореволюционного периода можно назвать также Григория Подставина и Николая Кюнера, который был автором исторической части «Описания Кореи». До переезда в Ленинград в 1925 году Кюнер работал во Владивостоке, посвятив несколько трудов колониальной Корее. К сожалению, его научный интерес постепенно переместился на Китай и Японию. Когда в России установилась большевистская власть, часть востоковедов, чувствуя угрозу собственной жизни, была вынуждена покинуть страну. Крупнейший кореевед из Владивостока Григорий Подставин тоже выбрал этот путь, выехав в 1922 году в Корею под предлогом полевых исследований. Позже он перебрался из Сеула в Китай, где и провел остаток своей жизни.

После революции у Советской России не было объективных причин уделять особое внимание исследованиям в области корееведения. С оккупацией Кореи Японией прежнее влияние России на Корейский полуостров было утрачено, а Россия еще долгое время была вынуждена заниматься решением собственных внутренних проблем. На изучение зарубежных регионов не хватало ни времени, ни ресурсов. Пристальное внимание на Корейский полуостров Советский Союз обратил лишь после освобождения Кореи от японской оккупации, когда страна была разделена на две части, а в Северной Корее установилась просоветская власть. В такой обстановке корееведческие исследования были ограничены определенной областью, к тому же в этот период в них наблюдался заметный перекос в идеологическую сторону. Тем не менее, результаты практических исследований демонстрируют, что семена, заложенные корееведами царского времени, дали хорошие всходы.

Возобновленные после 1921 года исследования Кореи велись в основном по трем направлениям. Первое касалось жизни корейцев, которые, покинув свою родину, поселились на Дальнем Востоке России, а также участию некоторых из них в коммунистическом движении. В основном это были люди, в свое время боровшиеся за независимость Кореи от Японии, которые, обосновавшись на Дальнем Востоке, поддерживали сотрудничество с советской властью. Советские исследования деятельности корейских коммунистов главным образом выходили в виде статей. В качестве показательных примеров можно назвать работу И. Гоженского «Участие корейской эмиграции в революционном движении на Дальнем Востоке» и «Доклад на учредительном съезде Корейской коммунистической партии о международном положении Кореи и об очередных задачах партии» Б. Шумяцкого. В работах С. Аносова «Корейцы в Уссурийском крае», А. Петрова «Корейцы и их значение в экономике Дальневосточного края», С. Бельденинова «К вопросу о развитии рисосеяния в Приморье» рассматривается положение корейцев, которые во второй половине XIX века переселились в Россию и занялись земледелием, а также анализируется их влияние на местное общество.

Второе направление корейских исследований затрагивало освободительное движение в Корее, развернувшееся против японских захватчиков. Было опубликовано несколько работ о трудностях корейского народа в условиях японской оккупации, о Первомартовском движении 1919 года и о других проявлениях антияпонской борьбы. В качестве примера исследований данной направленности можно привести статьи Н. Гранда «Этапы освободительного движения в Корее», Л. Кауфмана «Японский империализм и Корея», М. Лукьянова «Колониальная политика Японии в Корее».

Третье направление корейских исследований, сосредоточившись на изучении корейского языка и литературы, древней истории и народных обычаев, носило характер гуманитарной науки. Нельзя сказать, что по сравнению с дореволюционным периодом исследовательские условия улучшились, однако труды советских корееведов-гуманитариев этого периода имеют огромное научное значение. Основы советского корееведения были заложены Евгением Поливановым и Александром Холодовичем.

Обладатель редкого таланта, полиглот, говоривший на 36 языках, Поливанов стал одним из самых выдающихся лингвистов первой трети XX столетия. В 1927 году была опубликована его статья «К вопросу о родственных отношениях корейского и «алтайских» языков», в которой выдвигалась гипотеза о принадлежности корейского языка к алтайской языковой семье. К сожалению, Поливанов был расстрелян во время сталинских репрессий, в результате чего его исследовательская традиция прервалась, а многие статьи постигла печальная участь: они были либо утрачены, либо пылятся где-то в архивах.

Профессор Холодович преподавал корейский язык на Восточном факультете Ленинградского университета. Его работа «Строй корейского языка», учитывая уровень зарубежного корееведения тех лет, оценивается как труд, далеко опередивший свое время.

В послереволюционный период относительное повышение

Выпускники педагогического института Корё. (Фото: koryo-saram.ru)

интереса к Корее наблюдалось в Приморском крае. В конце 20-х годов XX века, по причине значительного увеличения численности проживающих в крае корейцев, с целью подготовки учителей для начальных и средних школ стали внедряться программы по изучению корейского языка, культуры и истории. В это время в школах, где обучались корейские дети, преподавание большинства предметов велось на корейском языке. В 1931 году во Владивостоке был создан Дальневосточный интернациональный педагогический институт, где обучали корейскому и китайскому языкам. В 1933 году он

Александр Холодович (1906-1977). В 1950-е годы он заведовал кафедрами корейской и китайской филологии в Ленинградском университете. (Фото: peoples.ru)

был переименован в Корейский педагогический институт и сосредоточился на подготовке учителей для корейских школ. В 1937 году в этом институте насчитывалось более четырехсот студентов. Особое значение для корейских исследователей имеет тот факт, что это было единственное в мире высшее учебное заведение, где обучение велось на корейском языке.

Известный корееввед Холодович в 1930-х годах приложил немало усилий, чтобы возобновить в Ленинградском университете преподавание корейского языка. Этот талантливый ученый составил несколько словарей корейского языка, учебник по грамматике и едва ли не исключительно собственными силами заведовал всей программой корееведения. Однако к 1940 году преподавание корейского языка в Ленинградском университете осуществлялось в виде нерегулярных занятий, которые посещали единицы студентов.

При сталинском режиме ряд научных областей, включая востоковедение, были объявлены политически вредными, став объектом политической чистки, и большинство ученых, обвиненных в связях с царизмом, подверглись репрессиям. Отвечавшего за издание «Описания Кореи» Позднеева расстреляли. Конрад был арестован, несколько лет провел в лагерях, после освобождения стал видным специалистом в области истории Японии. Кюнеру и Холодовичу, к счастью, удалось избежать репрессий. Чтобы не быть перемолотыми в жерновах политической борьбы, единственным выходом для ученых было уйти с шаткой почвы изучения политической проблематики и сконцентрироваться на изучении древней и средневековой литературы и письменных памятников, что предполагало большую свободу действий. Именно по этой причине в корееведении советского периода львиная доля исследований приходилась на древнюю и средневековую литературу.

Такая политическая обстановка, естественно, сказалась и на Приморском крае, где массово проживали корейцы. Как известно, в 1937 году приморские корейцы были депортированы в Среднюю Азию. После депортации все образование для корейцев было переведено исключительно на русский язык. В 1923 году в Приморье под названием «Первое марта» вышел первый номер газеты на корейском языке, которая потом стала называться «Сэнбон». В 1937 году газету закрыли, и после насильственной высылки корейцев в Среднюю Азию ее традиции продолжила газета «Ленин кичи».

Образованный на базе Восточного института Государственный Дальневосточный университет был ликвидирован. Профессор Подставин – выпускник Восточного факультета Санкт-Петербургского университета, сыгравший главную роль в открытии кафедры корейского языка в ГДУ, был вынужден уехать из страны. Так во Владивостоке была оборвана традиция корееведения. Таким образом, мы видим, что до середины 1940-х годов в круговороте политических перемен, перевернувших все советское общество, корееведение испытывало огромные сложности. Большинство российских востоковедов и корееведов пало жертвой ликвидации наследия царской России. Существенное ограничение в исследование Кореи в этот период вносило сокращение каналов для прямых контактов между Советским Союзом и Корейским полуостровом.

В дальнейшем, в условиях холодной войны, начавшейся после окончания Второй мировой войны, Советский Союз стал основным оплотом коммунистическо движения, и в советском востоковедении, включая корееведение, начались перемены. Если ранее востоковедение, занимавшееся изучением стран Азии и Среднего Востока, подвергалось критике за приверженность к империалистическим взглядам, то теперь советская система почувствовала необходимость развития этой научной области, поставив перед ней новую задачу по распространению коммунистической идеологии в мировом масштабе. На этом фоне в 1944 году в Ленинградском университете был реанимирован Восточный факультет, а в 1956 году при Московском университете создан Институт восточных языков. В осуществлении советской внешней политики значительно возросла важность азиатского и африканского регионов, а подготовка специалистов по их языкам стала государственной задачей. В условиях холодной войны и конфронтации между Западом и Востоком советские ученые не могли не придерживаться двойственных взглядов на Южную и Северную Корею. Тем не менее, в области гуманитарных наук, сравнительно свободных от влияния идеологии, исследования велись довольно активно. В этот период советские корееведы, обучавшиеся в Северной Корее и контактирующие с северокорейскими учеными, заложили прочный фундамент в области изучения и преподавания корейского языка. В сфере лингвистики центральную роль играл профессор Московского государственного университета Юрий Мазур. В Ленинградском университете ведущим в преподавании корейского языка стал профессор Холодович. Большой вклад в этом направлении внес профессор Института иностранных языков МГУ Леонид Никольский. В результате совместной работы советских специалистов с северокорейскими учеными в 1951 году был издан корейско-русский словарь, включающий 10 тысяч слов, а позже вышел русско-корейский словарь на 30 тысяч слов.

В качестве нового движения, характеризующего российское корееведение 1950-х годов, можно назвать активную работу по переводу на русский язык произведений классической корейской литературы. Во многом этому способствовал возросший в условиях «хрущевской оттепели» интерес советских издательств к переводам иностранной литературы. Но более важная причина заключалась в том, что специалисты по иностранным языкам и писатели перевод зарубежных классических произведений считали более безопасной сферой деятельности. На всем

Обложка сборника стихотворений «Корейская классическая поэзия». (Фото: vnikitskom.ru)

Ольга Кардовская, «Портрет Анны Ахматовой», 1914. (Фото: shkolazhizni.ru)

протяжении 1950-х годов основным центром переводов корейской литературы был Владивосток. Сборники произведений корейской литературы, издававшиеся здесь без указания имен переводчиков, в большинстве своем содержали традиционные сказки и предания.

После 1956 года появились переводы корейской поэзии в жанре *сиджо* и древней прозы в жанре *сосоль*. К владивостокским издательствам, выпускающим переводную корейскую литературу, добавились алма-атинские и московские. Особенно примечательны переводы Анны Ахматовой. В период, когда свобода ее личного творчества была ограничена, Анна Андреевна взялась за перевод корейской поэзии, опираясь на подстрочники, выполненные профессором Холодовичем. В 1956 году был выпущен сборник «Корейская классическая поэзия», в который вошли *сиджо* таких корейских авторов, как Чон Чхоль, Нам И, Ким Чон Со, Пак Пхэн Нён, Сон Сам Мун, Чон Мон Чжу, а также поэма Юн Сон До «Времена года рыбака» и песня «Согён Пёльгок». Благодаря славе Ахматовой этот сборник пользовался огромной популярностью у читателей, особенно в среде советской интеллигенции. Кроме того, упоминания заслуживает антология старинной корейской поэзии «Корейские шестистишия», выпущенная педагогом и переводчиком А. Л. Жовтисом в соавторстве с Пак Иром, и книга Дмитрия Алексеева «Корейские новеллы XIX века».

В это время в ряде институтов Академии наук СССР велись активные исследования, посвященные Корее. В Советском Союзе существовала система, при которой преподавание велось в университетах, а исследования – в различных институтах при Академии наук, поэтому основные исследовательские работы в области корееведения проводились сотрудниками исследовательских институтов, которые могли целиком и полностью сосредоточиться на своих исследованиях. Отделы корейских исследований были в таких институтах АН СССР, как Институт востоковедения в Москве и его филиал в Ленинграде, а также Институт Дальнего Востока в Москве. В ленинградском филиале Института востоковедения прослеживалась тенденция к сосредоточению на исследованиях культуры и истории Кореи до нового времени, которые велись при активном использовании рукописных памятников, находящихся там на хранении. Сотрудники отдела Кореи этого института традиционно важное значение придавали способности к пониманию иероглифических текстов на *ханмуне* – кореизированной форме древнекитайского письменного языка *вэньянь*. Санкт-Петербургская школа до сих пор сохраняет приверженность этой традиции. Институт Дальнего Востока был учрежден в 1966 году с целью изучения проблем Китая, который Советским Союзом в то время стал восприниматься в качестве внешней угрозы. В этом институте существовал отдел корейских исследований, которые главным образом были сосредоточены на современной истории и положении дел на Корейском полуострове. На раннем этапе своего существования этот отдел основное внимание уделял политическим и экономическим проблемам, но с течением времени расширил сферу своих интересов на историю и культуру и перерос в отдельный Центр корейских исследований в Москве. Среди ученых корейского происхождения необходимо назвать заместителя директора Института востоковедения АН СССР Георгия Кима и главного научного сотрудника, возглавлявшего в этом институте отдел Кореи и Монголии, Бориса Пака,

Логотип Института Востоковедения РАН. (Фото: ИВ РАН)

Фасад здания Института Востоковедения РАН. (Фото: ru.esosedi.org)

который ранее был заведующим одной из кафедр пединститута в Иркутске.

После Второй мировой войны Корея в силу своего геополитического положения вновь стала объектом пристального внимания компетентных советских органов, а корееведение приобрело ряд специфических особенностей. Если до смерти Сталина наблюдалась сильная тенденция к рассмотрению узко ограниченной тематики, отвечающей стратегии политической и дипломатической пропаганды, то после – благодаря действию таких факторов, как относительное смягчение идеологического влияния на науку, стабильное государственное финансирование исследований в области фундаментальных наук, повышение социального статуса и уровня зарплаты ученых, – сформировались условия для постоянного притока научных сотрудников даже в области редких наук. Начала действовать система, позволяющая независимо от рыночной логики обеспечивать непрерывную просветительскую и исследовательскую деятельность в тех областях, необходимость которых была признана компетентными органами. Этот период можно назвать «золотым веком» преподавателей и исследователей, поскольку они могли с головой погрузиться в свою работу. Именно по этой причине в Ленинградском и Московском университетах можно было изучать редкие языки, а также культуру и историю соответствующих регионов, не задаваясь вопросом об их практической целесообразности.

Еще одна особенность советского востоковедения заключалась в том, что основное внимание уделялось не новому времени и современности, а древности, средневековью и классической литературе. История и классическая литература до нового времени для преподавателей и исследователей, которые могли почти не беспокоиться о таких практических проблемах, как набор студентов и их трудоустройство после получения диплома, были заманчивой сферой, позволяющей постоянно вести исследования без оглядки на конъюнктуру. В результате советское корееведение по сравнению с корееведением в других странах в этот период добилось выдающихся достижений в исследовании древней классической литературы и культуры. В ленинградском филиале Института востоковедения АН СССР ведущими учеными-корееведами были Марианна Никитина и Аделаида Троцевич. Никитина играла ведущую роль в изучении древней корейской поэзии, а Троцевич – в области исследований средневековой прозы XVII–XVIII вв. в жанре *сосоль*, записанной посредством корейской письменности ханглыль, внеся значительный вклад в повышение уровня российского корееведения. Кроме того, в этот период в Ленинграде в гуманитарной сфере корееведения трудились такие ученые, как Лариса Жданова, занимавшаяся исследованием поэзии на *ханмуне* эпохи государства Корё, Дмитрий Елисеев, изучавший иероглифическую *ханмунную* прозу в жанре *сосоль* этого же периода, археолог Михаил Воробьев, исследовавший Корейский полуостров и прилегающие к нему территории, культурный антрополог Юндвига Ионова, посвятившая себя изучению государства Чосон, преподаватель корейского языка и собиратель корейских пословиц и поговорок Лим Су, а также профессор Анатолий Васильев – автор трудов по грамматике корейского языка и истории Кореи.

В приближенном к центру советской власти московском корееведении наблюдалась иная ситуация: в отличие от Ленинграда исследования часто касались политических проблем. Тем не менее, и в московском корееведении в сравнении с корееведением в европейских странах период до нового времени занимал относительно большую долю в исследованиях. В Институте востоковедения АН СССР в Москве трудилось несколько исследователей-корееведов такой направленности. Юрий Ванин, впоследствии ставший заведующим сектором Кореи, в 1960–1970-х годах изучал Корею до нового времени, опубликовав несколько работ об экономике государства Корё и государства Чосон. Лингвист Лев Концевич оставил богатое научное наследие в области истории корейского языка и истории Кореи до нового времени. Также мы должны помнить таких московских ученых, как Сергей Волков, добившийся достойных упоминания результатов в области истории корейского буддизма и изучения чиновничества и аристократии в ранней истории Кореи, Галина Тягай, занимавшаяся исследованием идейного течения сирхак в период государства Чосон и историей общественной мысли в Корее эпохи позднего феодализма, а также Роза Джарылгасинова, изучавшая Корею с точки зрения культурного антрополога и этнографа.

Особого упоминания заслуживает профессор Михаил Пак, долгое время работавший в Московском университете. Этот ученый уделял пристальное внимание изучению корейской истории периода Трех государств и государства Силла. В многотомной Советской исторической энциклопедии, которая вышла в начале 1960-х годов, содержится составленная Михаилом Паком статья о древней истории Кореи. Эта статья памятна тем, что она подверглась шквалу критики со стороны северокорейских ученых за умалчивание мифа о Тангуне. Переведенная Михаилом Паком корейская летопись XII века «Самгук саги» является одним из главных достижений российского корееведения.

В Москве в то же время велись корейские исследования относительно нового и новейшего периодов. Ведущим специалистом в этом направлении был Георгий Ким, которого считали вероятным кандидатом на пост директора Института востоковедения. Георгий Ким был достаточно талантливым ученым и к тому же выдающимся и весьма влиятельным администратором, чтобы претендовать на пост, который считался трамплином для выдвижения в политическую элиту страны. Под его руководством проводились масштабные исследования, рассматривающие политическое и социальное положение в странах Азии и Африки с точки зрения официальной советской идеологии, а относительно Кореи интересы этого видного ученого лежали в сфере коммунистического и рабочего движения. Виктор Сиваев из этого же института специализировался на изучении экономики Южной Кореи.

Основная сложность, с которой сталкивались советские корееведы, заключалась в том, что возможности для

Обложка книги А. Ф. Троцевич. (Фото: orientalstudies.ru)

непосредственных контактов с изучаемой страной были либо существенно ограничены, либо отсутствовали вовсе. О контактах с южнокорейскими учеными и посещении Сеула даже и говорить не стоит, поскольку до Сеульской олимпиады 1988 года они были полностью запрещены, однако и с другом Советского Союза – Северной Кореей – научный обмен не всегда проходил гладко. После Корейской войны и до конца 1950-х годов двери в Северную Корею были открыты для советских ученых, некоторые из них даже получали возможность пройти семестровую или годичную языковую стажировку в Университете имени Ким Ир Сена. Во взявшем «ревизионистский» курс Советском Союзе начали отзывать своих студентов из Северной Кореи, а с начала 1960-х годов двери для советских студентов и аспирантов в северокорейские учебные заведения были закрыты. В результате на протяжении 1960–1970-х годов разрешение на посещение Северной Кореи с целью научного обмена могли получить только зрелые ученые. В крупнейших советских библиотеках хранились северокорейские публикации, но при этом библиотеки не имели возможности системного обеспечения материалами о

Южной Корее. Таким образом, на протяжении большого периода советские исследования в области корееведения осуществлялись в условиях определенной изоляции без непосредственного взаимодействия с изучаемым предметом. Такое положение частично изменилось в начале 1980-х годов, когда советские специалисты-корееведы и их молодые преемники получили возможность посещать Северную Корею и, в частности, проходить стажировки в Университете имени Ким Ир Сена.

Без налаженных каналов непрерывного взаимодействия с Северной и Южной Кореей советское корееведение испытывало некоторые ограничения в формировании сбалансированного взгляда на оба государства Корейского полуострова. Особый дефицит доступных для использования первоисточников испытывали исследования, касающиеся новейшего периода. Ученые были вынуждены опираться исключительно на новостные репортажи в СМИ о Южной Корее и на официальные северокорейские издания. Гораздо лучше дела обстояли с изучением периода до нового времени, где советское корееведение достигло блестящих результатов. В итоге после 1960 года советские корееведы опубликовали десятки томов научных трудов по культурным, социальным и другим проблемам Кореи до нового времени. Профессор Ванин написал три книги об экономическом развитии страны в эпоху государств Корё и Чосон, а Волков провел исследование сословной и бюрократической системы в государстве Корё, используя инновационные для своего времени методы статистического анализа обширного материала, содержащего персональные данные корейских чиновников. В числе важных трудов, демонстрирующих достижения российского корееведения, мы оцениваем работы профессора Никитиной, которая свои исследования начала с такого литературного жанра классической корейской поэзии эпохи Силла, как *хянга*, а затем приступила к реконструкции ранних корейских мифов, а также перевод на русский язык корейских хроник «Самгук саги», выполненный профессором Михаилом Паком.

В 1980-х годах в корееведческих исследованиях начался период перемен, которым способствовали такие значимые в международной обстановке события, как перестройка и политика гласности, начавшиеся в Советском Союзе в середине 1980-х годов, проведение Сеульской олимпиады в 1988 году и установление официальных дипломатических отношений между Республикой Корея и СССР в 1990 году. Если раньше советские корееведы больше внимания уделяли проблемам Северной

Профессора секции корейского языка на кафедре японского, корейского, индонезийского и монгольского языков МГИМО. Валерий Сухинин, Валентина Дмитриева и Татьяна Новикова (справа налево). (Фото: ИРИ)

Кореи, то теперь их взоры все чаще привлекала Южная Корея. Все это создало необходимые условия для изменения и взлета российского корееведения.

Симптомы перемен в советском корееведении после середины 1980-х годов проявились и в том, что объектом пристального внимания стала южнокорейская экономика. Работа Светланы Суслиной «Промышленность Южной Кореи», в которой рассматривается роль международной торговли в экономическом развитии Южной Кореи в 1960–1980-х годах, книга Андрея Бучкина «Социальная эволюция современной Южной Кореи», освещающая с социалистической точки зрения социальные проблемы Южной Кореи, проявившиеся в процессе индустриализации в 1960–1970-е годы, стали первым сигналом, известившим о частичном перемещении интереса советских корееведов на южнокорейскую модель экономического развития. После установления дипотношений в 1990 году Южная Корея представляла интерес для Советского Союза в первую очередь с экономической точки зрения. Дело в том, что относительно Южной Кореи в сознании россиян сложился образ экономически развитой страны, и после распада СССР в попытке резкого перехода на рельсы рыночной экономики Россия искала подходящую модель экономического развития. Как бы то ни было, после 1990 года издававшиеся в России работы по южнокорейской экономике, на наш взгляд, опирались на сравнительно точные статистические данные и отличались достаточной объективностью. Авторы этих работ затрагивали присущие южнокорейской экономической модели проблемы, а также уделяли должное внимание рискам, которые могли возникнуть в случае применения этой модели другой

Логотип Национального исследовательского института мировой экономики и международных отношений имени. Е. М. Примакова РАН (ИМЭМО). (Фото: ИМЭМО)

страной. Среди видных корееведов, научная карьера которых начиналась в этот период, можно назвать действующего ректора МГИМО Анатолия Торкунова, руководителя Центра корейских исследований ИДВ РАН Вадима Ткаченко, члена-корреспондента РАН, заместителя директора Института мировой экономики и международных отношений РАН Василия Михеева, а также Александра Жебина, Александра Воронцова и Георгия Толорая, имеющих опыт дипломатической службы в Сеуле или Пхеньяне.

На протяжении без малого тридцати лет, истекших после установления в 1990 году дипломатических отношений, российское корееведение претерпело существенные перемены. И самая значительная из них заключается в том, что стали возможны непосредственные межличностные контакты между гражданами Южной Кореи и России, и вместе с тем у российских исследователей и студентов появились возможности посещать Южную Корею, проходить в этой стране стажировки и обучение с последующим получением ученой степени. Корейский фонд международных обменов и ряд других организаций разработали различные программы пребывания в Корее для ученых и исследователей, также возросло число российских студентов, обучающихся в южнокорейских вузах по различным программам межуниверситетского обмена. Однако это автоматически не означало начало расцвета российского корееведения. В предпринявшей неожиданный переход на рельсы рыночной экономики России университеты и исследовательские институты, всецело зависящие от государственного финансирования, получили самый болезненный удар с экономической точки зрения. Активизация прямых контактов с Южной Корее привела к очевидному повышению интереса к ней, однако российские преподаватели и ученые в атмосфере всеобщей неразберихи и нестабильности, порожденной переходным периодом, испытывали большие трудности в продолжении своей работы. Большинство абитуриентов устремилась на изучение тех специальностей, которые считались перспективными с точки зрения будущего трудоустройства. А студенты, выбравшие специализацию, связанную с Кореей, после получения диплома обычно предпочитали уходить в сферу бизнеса, предлагавшую более высокую зарплату. На волне этой тенденции одни корееведы меняли профессию, другие – область исследований, а некоторые продолжили свою научную деятельность в зарубежных

Обложка книги «На островах Уллындо и Докдо в Восточном море» профессора Московского государственного университета путей сообщения В. В. Глушкова. (Фото: vts.mybb.ru)

университетах. Российскому корееведению, зависимому от государственного финансирования, требовалось время для адаптации своей программы под стремительные изменения обстановки в стране.

Вопреки всем сложностям традиции российского корееведения нашли свое продолжение, а на авансцену вышла группа молодых ученых. Новые веяния в сфере изучения истории Кореи связаны с такими именами, как Сергей Волков, Андрей Ланьков, Владимир Тихонов, Сергей Курбанов, Татьяна Симбирцева и Константин Асмолов. Они специализировались соответственно на истории буддизма, истории партийной борьбы во времена династии Ли, истории Кая, истории периода Трех государств, истории государства Корё, истории русско-корейских отношений в конце XIX века, на оружии и военной системе Южной Кореи. В отличие от «старой гвардии» большинство представителей молодого поколения корееведов проводило свои исследования, находясь в Южной Корее и взаимодействуя с южнокорейскими учеными. Если прежние корееведы советских времен, осуществляя свои полевые исследования в Северной Корее, соприкасались исключительно с северокорейским языком, то в отличие от них молодые ученые получили возможность в совершенстве овладеть современным южнокорейским языком.

Другая важная перемена заключалась в том, что произошло расширение сферы научных интересов, которая в советском прошлом ограничивалась политикой и международными отношениями. Сформировалась группа молодых ученых, занявшихся исследованием корейской культуры, искусства и общества в целом. Сейчас наблюдается процесс неуклонного углубления и расширения научного кругозора корееведов:

Обложка серии книг «Российское корееведение в прошлом и настоящем», выпущеной под руководством профессора Л. Р. Концевича совместно с Культурным центром «Самил» в Москве и Институтом востоковедения РАН. (Фото: ИРИ)

они исследуют современное корейское искусство, а также предпринимают попытки анализа особенностей южнокорейского общества посредством изучения кулинарной культуры. Значительно активизировались работы по переводу на русский язык корейской художественной литературы. При этом происходит сдвиг с древней классической литературы к современной. На первых порах переводческие работы осуществлялись при сотрудничестве российских переводчиков и южнокорейских знатоков русского языка, тогда как теперь появилось достаточное число профессиональных российских переводчиков, которые целиком и полностью могут взять эту работу в свои руки. В Сеуле функционирует Корейский институт литературных переводов, в котором проводятся двухгодичные курсы по подготовке молодых литературных переводчиков. Среди желающих поступить на эти курсы каждый год разворачивается горячая конкуренция, при этом в интеллектуальной и творческой

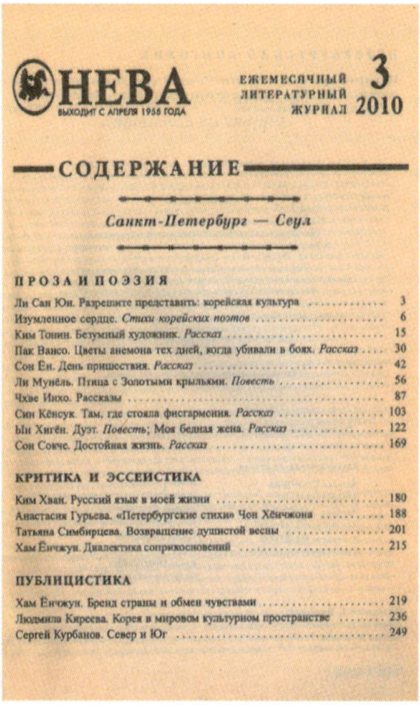

НЕВА
ВЫХОДИТ С АПРЕЛЯ 1955 ГОДА
ЕЖЕМЕСЯЧНЫЙ ЛИТЕРАТУРНЫЙ ЖУРНАЛ
3
2010

СОДЕРЖАНИЕ

*Санкт-Петербург — Сеул*



Журнал «Нева». Специальный номер, посвященный о корейской литературе. (Фото: ИРИ)

борьбе принимают участие лучшие выпускники не только московских и санкт-петербургских вузов, но и ряда региональных университетов.

Во время установления дипломатических отношений с Россией Южная Корея в глазах россиян предстала в качестве экономически развитой страны, а с течением времени привлекательность Страны утренней свежести поднялась на новый уровень благодаря комплексному действию таких факторов, как положительный имидж высококачественных продуктов, растущая любовь российской молодежи к поп-культуре Южной Кореи и наблюдающийся в последнее время рост популярности корейской кухни. Подтверждение этому можно найти в наблюдающемся на всей территории России взрывном росте числа изучающих корейский язык. Различные курсы корейского языка в столичном регионе посещает более трех тысяч человек, а в целом по России – более пятнадцати тысяч человек. В некоторых вузах студенты, изучающие корейский язык, по своей численности обошли изучающих японский язык, а в редких случаях – даже приблизились к изучающим китайский язык.

Ректор Северо-Восточного федерального университета (СВФУ) Евгения Исаевна Михайлова внесла большой вклад в изучение Кореи и популяризацию корейского языка на Дальнем Востоке и в Сибири. В частности, в 1994 году, по инициативе Евгении Исаевны, в то время занимавшей должность начальника управления образования города Якутска, была создана Саха-корейская школа, в которой начали преподавать корейский язык и культуру Кореи. Являясь специальной школой для одаренных детей, Саха-корейская средняя общеобразовательная школа - первая в мире корейская школа, которая была построена на средства бюджета местных органов власти. Эта школа послужила

Выступление ректора Северо-Восточного федерального университета Евгении Исаевны Михайловой на конференции. (Фото: ИРИ)

отправной точкой корейских исследований в Республике Саха (Якутия), которой в этом году со дня ее основания исполнилось 24 года. Кобякова Ульяна, выпускница 2002 года корейского отделения факультета иностранных языков Якутского государственного университета (ныне - СВФУ), после окончания поступила в университет в Корее и защитила докторскую диссертацию на тему древней корейской литературы. Сейчас она является профессором кафедры преподавания корейского языка в Университете Кемён в городе Тэгу. В то же время, ректор СВФУ Евгения Исаевна, являясь знатоком Кореи в Республике Саха, служит опорой и поддержкой для тех, кто занимается наукой в области корейских исследований. В корейском отделении СВФУ существуют программы бакалавриата и магистратуры. Каждый год на корейское отделение поступают 10-15 студентов, что аналогично количеству студентов на китайском отделении и в два раза больше, чем на японском отделении. Северо-Восточный федеральный университет продвигает идею создания Центра корейских исследований, как главного центра на северо-востоке России, который будет способствовать развитию исследований в этой сфере.

Из вышесказанного, однако, напрямую не следует, что российское корееведение ждет светлое будущее. Потому что для истинного развития корееведения, во-первых, необходимо создать базу для подготовки квалифицированных специалистов, которые будут продвигать как теоретическую, так и практическую науку, а, во-вторых, наладить процесс взаимодействия российских корееведов с корейскими специалистами в соответствующих областях. В свою очередь, для подготовки квалифицированных специалистов следует разработать оптимальные учебные курсы,

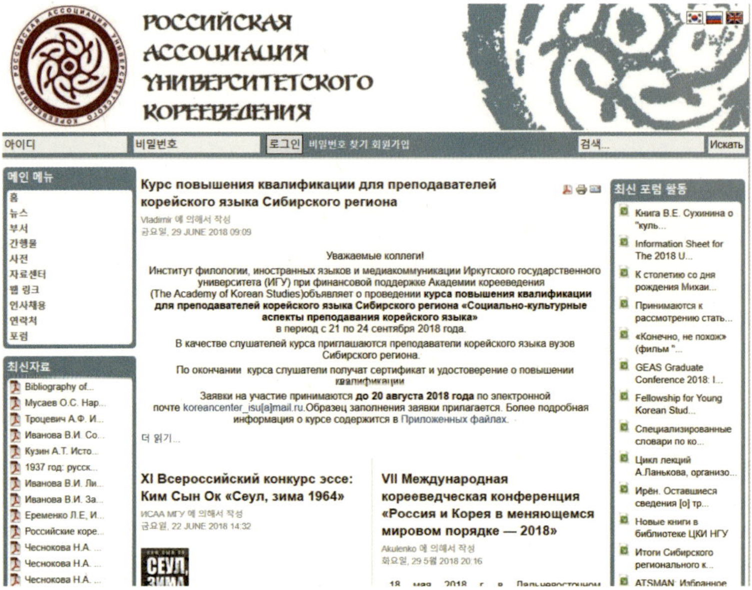

Начальная страница сайта Российской ассоциации университского корееведении. (Фото: ИРИ)

которые будут отвечать требованиям изменившегося времени. Кроме того, нужно обеспечить условия, которые позволят молодым талантливым ученым полностью сконцентрироваться на своей исследовательской и преподавательской деятельности. Мы глубоко убеждены, что активное сотрудничество между российскими и корейскими учеными самым благотворным образом скажется на повышении уровня исследований, проводимых обеими сторонами.

В настоящее время в России от Сахалина до самых западных окраин насчитывается в общей сложности 36 вузов, предлагающих корееведческие программы, включая преподавание корейского языка. В двух из них (СПбГУ и ДВФУ) учреждены отдельные кафедры корееведения. В 12 университетах обучение позволяет получить степень бакалавра по специальности корееведа и переводчика корейского языка, а такие вузы, как Московский государственный университет, Санкт-Петербургский государственный университет, Дальневосточный федеральный университет и Новосибирский государственный университет, выпускают магистров и кандидатов наук по интересующей нас специальности. Очевидно наличие самых важнейших предпосылок для вывода российского корееведения на новую высоту. Для реализации имеющегося потенциала настоятельно требуется всеобъемлющая поддержка с прицелом на будущее, а также создание каналов для тесного сотрудничества между учеными и учебными заведениями обеих стран.

# Глава 6

# Россияне, познавшие и полюбившие Корею

Отношения между Кореей и Россией в перипетиях истории претерпели ряд изменений. Начавшееся в середине 1860-х годов переселение корейцев из самых северных районов Корейского полуострова на Дальний Восток России положило начало прямым контактам между населением двух стран, в результате чего российское правительство стало проявлять интерес к Корее и корейцам. Когда в конце XIX века между мировыми державами разгорелась ожесточенная борьба за влияние на Корейский полуостров, интерес России к Корее стал на порядок выше. Русские экспедиции исследовали лежащую на другом краю света страну. Активно велось изучение письменных памятников.

Однако после Русско-японской войны российское влияние на Дальнем Востоке было значительно ослаблено. Вместе с тем наступило своего рода затишье и в исследованиях Корейского полуострова.

В период колониального господства Японии часть корейских борцов за независимость поддерживала прямые и косвенные отношения с Коммунистической партией Советского Союза,

Российские корееведы, принявшие участие в работе форума «Корейско-российский гуманитарный мост дружбы» в Дипломатической академии МИД России в 2016. (Фото: ИРИ)

оказывавшей активную помощь освободительному движению. После наступления периода холодной войны корееведческие исследования в России, за исключением некоторых гуманитарных наук, неизбежно были подвергнуты сильному идеологическому диктату.

Когда в 1990 году между Республикой Корея и СССР были заключены официальные дипломатические отношения, российские корееведы, в центре внимания которых раньше находилась Северная Корея, наконец-то обратили свой взор и в сторону Юга. В результате российские ученые стали посещать Южную Корею, студенты смогли проходить стажировки и полноценное обучение в изучаемой стране, развернулся активный обмен между учеными двух стран. Российское корееведение вступило в новую эпоху.

В столь сложной истории русско-корейских отношений особенно удивительной представляется нам деятельность

Собрание представителей «Российской ассоциации университетского корееведения», организованное Корейским фондом. (Фото: ИРИ)

ученых, которые, проникнувшись симпатией к Корее, посвятили свою жизнь изучению далекого восточного соседа, знакомя своих соотечественников с Кореей и корейцами. Записи россиян, имевших возможность видеть вблизи жизнь корейских переселенцев, а также наблюдения и размышления о тогдашней корейской действительности и образе жизни, записанные русскими путешественниками, пешком исходивших корейскую землю вдоль и поперек, являются ценными первоисточниками. Кроме того, самой высокой оценки заслуживают труды советских ученых, которые, вопреки полному отсутствию прямых контактов с изучаемой и полюбившейся им страны, опираясь на письменные материалы, добились выдающихся результатов в области изучения корейской истории, культуры и языка. Заслуживают внимания и многочисленные работы российских ученых, которые после установления дипотношений между Республикой Корея и СССР нашли спасительный выход для кореееведческих исследований, устремив свой взор не только на Северную, но и на Южную Корею. Благодаря таким усилиям дружественных по отношению к Корее ученых с эпохи царской России и до сегодняшних дней знания о Корейском полуострове и Корее непрестанно накапливались и обогащались, способствуя углублению взаимопонимания между народами двух стран и укреплению фундамента для международного сотрудничества.

Как было упомянуто выше, полноценные контакты между Кореей и Россией начались в середине 1860-х годов, когда корейские земледельцы из провинции Хамгён-Пукто стали переселяться в российское Приморье. В это время во Владивостоке сформировался район компактного проживания корейцев, открылись школы для их детей. Согласно записям тех лет, прибывшие на новые земли корейцы снискали сочувствие и поддержку у находящихся на Дальнем Востоке ссыльных писателей и ученых, а также у революционеров и священнослужителей. Для общения с корейцами требовалось знание корейского языка, поэтому чиновник по особым поручениям Михаил Пуцилло в 1874 году выпустил первый словарь «Опыт русско-корейского словаря». Содержащий в общей сложности 5500 слов, словарь был составлен на основании карточек, которые Михаил Пуцилло заполнял в ходе своего взаимодействия с приморскими корейцами. Этот словарь стал помощником в административной, миссионерской и торговой деятельности двух стран и положил начало работе над подготовкой систематизированного русско-корейского словаря.

В Санкт-Петербурге была опубликована книга Николая Пржевальского «Путешествие в Уссурийском крае», содержащая воспоминания об образе жизни корейских переселенцев и обстоятельствах их переселения, услышанные из первых уст. Свое путешествие по Приморью этот великий исследователь Азии совершил в 1867–1869 годах. В своей книге Пржевальский писал, что в последнее время на Дальнем Востоке наблюдается такое удивительное явление, как переселение корейцев и основание ими новых деревень. Главные причины переселения, по его мнению, заключались в крайней перенаселенности Корейского полуострова, вытекающей из этого бедности населения и притеснении крестьян. Подробно описывая образ жизни корейских переселенцев и способы, применяемые ими в земледелии и скотоводстве, автор отметил, что услужливость, вежливость и трудолюбие составляют отличительную черту корейцев. Пржевальский отмечает, что многие корейцы охотно принимали русскую православную веру.

7 июля 1884 года между Россией и Кореей был подписан договор о дружбе и торговле, согласно которому русские получили право на осуществление торговли, а также на приобретение земельных участков под строительство заводов и фабрик в Инчхоне, Вонсане, Янхвачжине и Сеуле. Вместе с тем было разрешено передвижение без паспорта в радиусе 100 ли от открытых для иностранцев портов, а при наличии выданного русским консулом паспорта с печатью и подписью корейского представителя власти разрешалось путешествовать по всей территории Кореи. Первым русским, совершившим сухопутное путешествие по стране, стал купец Павел Делоткевич, который был послан одним из русских предпринимателей, задумавшим построить пристани, конторские и складские помещения в Вонсане, Пусане и других портовых городах Кореи после того, как получил известие об установлении официальных торговых

отношений между Россией и Кореей. Делоткевич в декабре 1885 года отплыл из Нагасаки и прибыл в корейский порт Пусан, а затем в Инчхон, откуда пешком отправился в Сеул. Затем Делоткевич направился на север и посетил Кэсон, Вонсан, Хамхын, Хончён, Пукчхен, Танчхен, Кильчжу, Менгчхен и ряд других городов. Выйдя из Сеула 6 декабря 1885 года, русский купец прибыл в небольшой дальневосточный порт Посьет 29 февраля 1886 года. Свое путешествие он описал в «Дневнике П.М. Делоткевича на пути пешком из Сеула в Посьет через северную Корею». Дневник содержит сведения о торговых отношениях тех лет, природе и образе жизни корейцев в приграничных районах. Делоткевич особенно подчеркивал, что корейцы проявляют глубокий интерес к России. Каждый раз, когда он вступал в очередной корейский город, со всех сторон с криком «ораси» (русский) к нему сбегались местные жители. Он также писал, что в хорошую погоду корейцы часто совершают четырех-пятидневные пешие переходы во Владивосток и обратно.

В 1885 году Корею посетил князь Константин Дадешкалиани, состоявший при канцелярии приамурского генерал-губернатора. После путешествия был опубликован составленный им «Краткий очерк современного состояния Кореи». Первая его часть содержит краткое изложение древней и средневековой истории Кореи, вторая – описание морского пути из Нагасаки в Инчхон, а также флоры и фауны средней части Корейского полуострова, третья – описание природного распределения полезных ископаемых. Особенно Дадешкалиани был впечатлен тем, с каким радушием и заботой корейцы встречают иностранных гостей. О своем личном визите к начальнику округа Кёнсон он писал, что его встретил чрезвычайно заботливый старец, который затем несколько раз посылал к нему подчиненных, чтобы осведомиться о состоянии его здоровья и о том, нет ли проблем с питанием. Собралось так много желающих поглазеть на русского офицера, что оконная и дверная бумага порвались. Тогда щепетильный хозяин послал двух корейских офицеров, велев им по очереди охранять покой русских гостей. Зевак разогнали. Дадешкалиани отметил, что таким образом корейцы проявляли интерес к ранее невиданным иноземцам. По наблюдениям русского офицера, «корейцы остроумны, подвижны, впечатлительны, любознательны. Отличительная черта корейцев – миролюбие, добродушие...» Дадешкалиани выразил предположение, что люди, которые в Приморье благодаря своему прилежанию и трудолюбию завоевали симпатию у разных народов, смогут превратиться в замечательных работников, если только изменятся условия жизни в их отечестве.

Среди участников русских экспедиций на Корейский полуостров было много офицеров. Так, подполковник Фердинанд Вебель в 1889 году пересек русско-корейскую границу и через Вонсан и Пхеньян совершил путешествие до Сеула. Вебель оставил ценные материалы о социально-экономическом положении и жизни крестьян в Корее в 1880-х годах. Он лично наблюдал, как в части горных районов крестьяне вынуждены заниматься возделыванием так называемых «огненных полей», и, подробно изложив свои наблюдения, заметил, что урожая с них едва хватает на полуголодное существование. Русский офицер был глубоко тронут, когда житель одной деревушки накрыл стол под тенистым деревом для русских гостей. Вебель отмечал исключительное трудолюбие корейских земледельцев, обрабатывающих свои участки с помощью самых примитивных сельскохозяйственных орудий: «Труд, которым кореец добывает свой хлеб от земли, действительно велик». Русский путешественник писал, что «вся земля, пригодная для земледелия, была засеяна и распахана; даже крутые склоны гор не оставались без обработки крестьянами, боровшимися с голодом. Малейший клочок земли считался драгоценностью».

К середине 1890-х годов русские экспедиции побывали не только в северных, но и в южных районах Корейского полуострова. В 1895 году экспедиция Географического общества, возглавляемая Анатолием Лубенцовым, внимательно обследовала территории северных провинций Хамгёндо и Пхёнандо. В том же году партия подполковника Карнеева отплыла из Владивостока и через Нагасаки прибыла в Пусан, откуда направилась в Сеул, а затем через Инчхон, Сувон и Кончжу достигла Начжу в провинции Чолладо.

В ходе весьма длительного путешествия Карнеев посетил со спутниками 72 корейских города и более трех тысяч деревень. В Чончжу за русскими путешественниками следовала толпа корейцев, которые выкрикивали: «Араса, араса чотха!» (Русские, хорошо, хорошо!) Вероятно, местные жители в отличие от той враждебности, которую у них вызывала готовящаяся к экспансии Япония, к России испытывали интуитивную симпатию. Записи об экспедиции Карнеева содержат живое описание ситуации, которая наблюдалась в провинции Чолладо после подавления крестьянского восстания Тонхак, а также о бегстве корейского короля Коджона в русскую дипломатическую миссию, имевшем место быть в начале 1896 года. Эти сведения весьма полезны для исследования истории Кореи конца XIX века. О том дне в дневнике Карнеева сообщается следующее:

Улицы Сеула во время пребывания в Корее полковника Генерального штаба В. П. Карнеева. (Фото: koryo-saram.ru)

30 января в 7 часов утра перед боковой калиткой в восточной стороне ограды показалось двое носилок. Живший в миссии И-Пом-Тин ранним утром предупредил, что, по полученным им сведениям, король бежал из дворца и направился в нашу миссию. Калитка была немедленно открыта, и в переднюю миссии внесли обе носилки. В одних носилках был король с одной из фрейлин, в другой – наследник, также с фрейлиной. При зорком наблюдении за королем ему удалось бежать из дворца лишь при содействии преданных фрейлин и офицера Ни-Ки-Тонга. План бегства был такой: при гробе королевы дежурили фрейлины, носилки которых вносились

во внутренний двор. Фрейлины сменялись рано утром. По обычаям страны, женские носилки неприкосновенны. Король обыкновенно вставал около полудня, так как имел обыкновение работать по ночам и ложился очень поздно. Поэтому привыкшие к обычному образу жизни короля ранним утром за ним не наблюдали. План удался превосходно, так как был сохранен в строгой тайне до того, что носильщики узнали о короле только в миссии.

Среди всех записей, оставленных русскими путешественниками, особое положение занимают путевые заметки известного писателя Николая Гарина-Михайловского, а также сборник корейских народных сказок. Отряд из двадцати человек под руководством Гарина-Михайловского, согласившегося с предложением ботаника и геолога Александра Звегинцова, в сентябре-октябре 1898 года пересек реку Туманган. После исследования ее русла партия через Кёнхын, Хверён и Мусан направилась к горе Пэктусан, а затем обследовала Маньчжурию и Ляодунский полуостров. Главной задачей, возложенной на инженера и специалиста по строительству железных дорог Гарина-Михайловского, было отмечать на карте маршрут для прокладки железной дороги и месторождения полезных ископаемых. Помимо своей основной задачи он, проявив писательский талант, записал свои удивительные впечатления о Корее. Гарин-Михайловский также собрал много народных сказок, которые издал отдельным сборником после возвращения в Россию. Благодаря славе составителя этот сборник пользовался популярностью и неоднократно переиздавался, внеся весомый вклад в знакомство россиян с духовным миром и исконным менталитетом корейского народа.

На пути из Владивостока в Луйшунь экспедиционная партия Гарина-Михайловского передвигалась, главным образом, на лошадях. Вместо прямого маршрута был выбран окружной путь, пролегавший через Корею и Маньчжурию. Следуя из одной деревни на севере Кореи в другую, Гарин-Михайловский слушал и записывал сказки, передаваемые корейскими сказочниками из уст в уста. Такие эпизоды и корейскую природу в предисловии к сборнику «Корейские сказки» он описывает следующим образом:

> Двадцать-тридцать корейцев, в своих дамских белых кофточках, в дамских шляпах с широкими полями и высокими узкими тульями, окружали нас, присаживаясь на корточках, и лучший сказочник рассказывал, а остальные курили свои тонкие трубочки и внимательно слушали.
>
> Мой переводчик г. Ким, сам кореец, прекрасно владеющий и корейским, и русским языком, учитель по специальности, переводил; я быстро, фраза за фразой, записывал, стараясь сохранить простоту речи, никогда не прибавляя ничего своего.
>
> За это я ручаюсь и не сомневаюсь, что будущие исследователи подтвердят истину моих слов.
>
> Я слушал эти сказки то вечером, после гостеприимного ужина, – то во время отдыха на перевалах, откуда раскрывалась перед нами далёкая панорама долин и гор в осеннем, нежном, как старые персидские ковры, узоре. Целые снопы фиолетовых и оранжевых лучей заходящего во всём своём величии жёлтого солнца заливали эту даль, и она сверкала, вспыхивала в последний раз и уже исчезала, как видение в

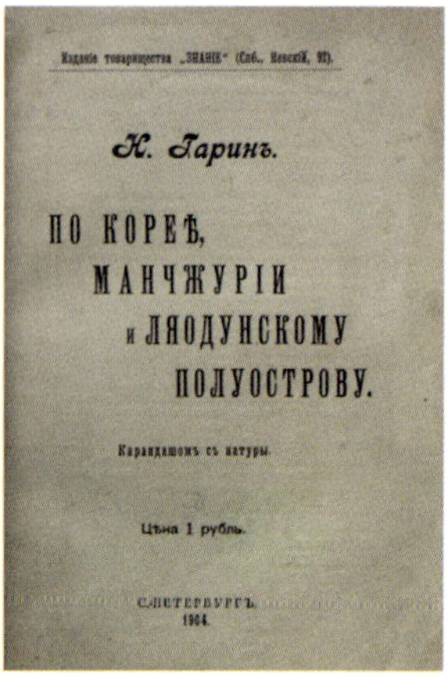


Обложка книги Н. Г. Гарина-Михайловского «По Корее, Манчжурии и Ляодунскому полуострову». (Фото: rusbibliophile.ru)

> просвете быстро наступавших сумерек. И всё кругом – и эта даль, и эти люди, и их жизнь – казались тоже сказкой.

В предисловии к «Корейским сказкам» Гарин-Михайловский трогательно описывает красоту образа и благородство корейца, на которого визит европейцев накликал смертельную беду:

> Я стою над умирающим корейцем, впервые увидевшем нас, белокожих. В его доме на нас произвели нападение, его смертельно ранила одна из пуль нападавших хунхузов.
> Темное, красивое, иконописное лицо; чудные большие глаза; черная борода, напоминающая индуса. Спокойствие, величие простоты...
> – Я исполнил только свой долг гостеприимства... Но уходите скорее отсюда... Оставьте нас... Нет, не надо золота, потому что оно привлечет опять злых людей и погубит нас...
> Корейцев называют трусами. За белые костюмы, за робость – русские называют корейцев белыми лебедями.

Да, как лебеди, корейцы не могут драться, проливать человеческую кровь; как лебеди, они могут только петь свои песни и сказки.

Книги Гарина-Михайловского в глазах россиян создали образ Кореи как далекой и изолированной от мирового течения перемен страны, бесконечно удивительного края, населенного людьми, сохранившими свой древний облик, доброту и душевную чистоту.

Огромное число представителей русской интеллигенции, читая корейские стихи в переводе Анны Ахматовой, а также корейские народные сказки и предания, собранные Гариным-Михайловским, смогло живо представить себе ранее неведомую страну, проникаясь к ней симпатией. Это в очередной раз подтверждает важность той роли, которую художественная литература играет в формировании духовной

Обложка книги «Корейские сказки» Н. Г. Гарина-Михайловского. (Фото: ИРИ)

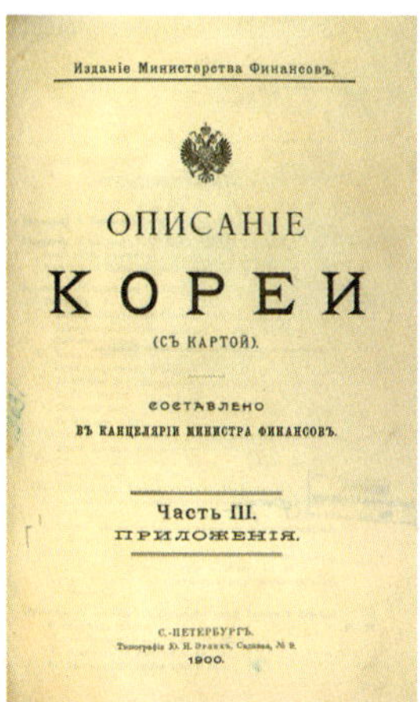

Обложка 3-й части книги «Описание Кореи», изданной Министерством финансов России в 1900 г. (Фото: ИРИ)

комплементарности между людьми, принадлежащими к разным культурам. Замечательных русских писателей, которые, не зная корейского языка и не имея особых связей с этой страной, благодаря помощи письменных и устных переводчиков, смогли проникнуть своим чутким и проницательным взглядом в духовный мир корейцев и познакомить русского читателя с образом жизни корейского народа, мы, корейцы, можем считать самыми настоящими доброжелателями нашей страны.

Как мы рассмотрели ранее, российские корееведческие исследования, начавшиеся во второй половине XIX века, проявлялись в основном в виде путевых дневников, переводов зарубежной литературы, а также докладов и отчетов практических экспедиций и разведчиков. Накапливаемые таким образом знания, наблюдения и впечатления впоследствии использовались в качестве материала для написания работ, составляющих общую картину Кореи. Самым полным таким трудом является трехтомное «Описание Кореи», изданное Министерством финансов России в 1900 году.

«Описание Кореи» стало первой энциклопедией о Корее, изданной на европейском языке. В трехтомном труде не только обобщались зарубежные труды по демографии, политике, экономике, географии, истории, культуре, религиям, традициям и языку Кореи конца XIX столетия, но и охватывалось содержание последних полевых исследований, осуществленных русскими в Корее. Это было удивительным достижением, учитывая уровень европейского корееведения того времени. В составлении энциклопедии принимали участие Дмитрий Позднеев, Евгений Спальвин, молодой ученый Николай Кюнер и другие видные востоковеды. Издатели «Описания Кореи» ставили перед собой цель изложить содержание всех возможных первоисточников, чтобы люди, интересующиеся этой страной, могли без лишней траты времени и усилий получить о ней всю необходимую информацию. Третий том с приложениями содержит богатый эмпирический материал: карты Кореи, тексты заключенных ею международных договоров, список иностранных концессий, данные о финансовом состоянии между 1896 и 1900 годами, традиционном летосчислении и т.д.

Мы обязательно должны помнить такую выдающуюся личность в истории российского корееведения, как Кюнер, который был составителем исторической части «Описания Кореи». Уроженец грузинского города Тбилиси, этот выдающийся востоковед в начале XX века провел ряд полевых исследований в Китае, Маньчжурии, Японии и Корее. До 1925 года он читал лекции по истории и географии Востока в Государственном Дальневосточном университете во Владивостоке. Затем он переехал в Ленинград. После себя Кюнер оставил богатое научное наследие и достойных учеников. Одним из них был Александр Холодович, заложивший основы преподавания корейского языка и литературы в России. К тому же именно под его научным руководством писала свою дипломную работу Юндвига Ионова – первый российский этнограф Кореи.

В 1937 году во время насильственного переселения приморских корейцев Кюнер лично посетил Приморье и ревностно приступил к сбору и сохранению предметов, связанных с Кореей и имеющих большую историческую ценность. Во время Второй мировой войны, в тот период, когда он пребывал в Казахстане после эвакуации из Ленинграда, Кюнер руководил работой по приведению в порядок материалов о Корее, хранившихся в

Николай Васильевич Кюнер.
(Фото: kunstkamera.ru)

Обложка книги Ю. В. Ионовой.
(Фото: ИРИ)

архиве Алма-Аты. Известно, что значительная часть экспонатов, связанных с Кореей, в современном Российском этнографическом музее в Санкт-Петербурге своим существованием также обязана стараниям Кюнера.

Среди русских, побывавших в Корее в начале XX века и оставивших записи о своих наблюдениях за общественным положением и бытом корейцев того времени, было много священнослужителей. Среди них архимандрит Хрисанф (Щетковский), назначенный настоятелем русской церкви, открытой в Корее в 1901 году, и его преемник о. Павел (Ивановский), который начал миссионерскую деятельность в Корее четыре года спустя.

Эти священнослужители довольно подробно записали свои личные впечатления об общественном положении, взаимоотношениях между русской православной церковью и корейцами, о деятельности церкви в Корее. Согласно их воспоминаниям, религиозные проповеди, осуществляемые при помощи корейского переводчика из Уссурийска, в Сеуле

Еписков Хрисанф (Щетковский). (Фото: ИРИ)

Епископ Павел (Ивановский). (Фото: ИРИ)

и провинции Хванхэдо слушали многие корейцы. Считалось, что русское православие может найти отклик в душах корейцев благодаря таким факторам, как допустимость молитв о покойниках, которые были запрещены в протестантских церквях, молитва о покойном на сороковой день после смерти, панихида, поминальные дни.

Во время Русско-японской войны и в период протектората Японии деятельность русской православной церкви в Корее, казалось, должна была испытывать большие сложности, однако, согласно сохранившимся записям, школа при русской церкви не могла вместить всех корейцев, желавших в ней учиться. Возможно, это объяснялось противлением местных жителей Японии.

Книга архимандрита Хрисанфа «От Сеула до Владивостока», повествующая о его путешествии через провинцию Хамгёндо, позволяет нам заглянуть в прошлое и узнать о торговых сношениях и о культурном влиянии двух народов в приграничных районах. В книге содержится следующее описание:

> В северной, прилегающей к России, провинции (Хамгён), которую я прошел всю, начиная с юга, я заметил сильное влияние России, благодаря частым коммерческим сношениям корейцев с русскими, – влияние при этом самое благотворное, ибо о русских здесь самого лестного мнения и отзывы самые хорошие. Во мне всегда узнавали русского священника и относились ко мне с видимым почтением и уважением. Некоторые из корейцев владеют русским языком, в корейских магазинах встречается русский товар, носят русские костюмы, купленные во Владивостоке на толкучке старые солдатские мундиры, шинели и блестящие цилиндры какого-либо пропившегося актера. Сочетание очень красивое и оригинальное...

В своей книге архимандрит Хрисанф описывает весь свой долгий путь, пролегавший через центральную и северную Корею, делится впечатлениями от бесед с буддийскими монахами из крупнейших храмов в горах Кымгансан. Кроме того, Хрисанф сравнивает работу американских и европейских миссионеров в Корее с деятельностью Русской духовной миссии и подчеркивает острую необходимость в переводах церковной литературы на корейский язык для того, чтобы найти путь к душе корейцев. Прибыв в порт Чемульпо для отплытия в Китай в 1904 году, архимандрит Хрисанф стал очевидцем исторического морского сражения русской эскадры с японской. Во время своего путешествия по Корее отец Хрисанф заметил разницу в характере между жителями центральных и северных провинций страны:

Обложка книги епископа Хрисанфа «От Сеула до Владивостока». (Фото: ИРИ)

> Характер народа северной провинции значительно разнится от характера корейцев центральных провинций; тогда как последние производят впечатление – да и на самом деле они таковы – забитых и робких существ, первые, напротив, держат себя с достоинством и даже с некоторою гордостью. Среди корейцев центральных губерний я никогда не встречал и не слыхал никаких противоречий, и все, что говорит европеец, они принимают на веру без всяких рассуждений; корейцы Хамгён, напротив, всегда, о чем бы вы с ними ни заговорили, сначала обдумают, переспросят несколько раз и непременно выскажут свое мнение, а то и вступят в спор.

В начале XX века русские священники, отправленные в Корею, совершали миссионерские путешествия по разным провинциям, записывая свои наблюдения о социальной ситуации, о жилищах и их санитарном состоянии, о непривычной культуре питания, об отличительных чертах корейцев и многом другом.

Оставленные ими записи содержат конкретную информацию о тесных отношениях между русской православной церковью и корейцами, переселившимися в Уссурийский край и другие районы Приморья.

Однако по мере укрепления японского колониального режима на Корейском полуострове позиции России существенно ослаблялись, и нога русского человека все реже стала ступать на корейскую землю.

После революции 1917 года, по мере развития успеха Красной армии в гражданской войне, некоторые белогвардейцы вынуждены были покинуть свое Отечество. Небольшая часть русских эмигрантов поселилась на севере Кореи. Среди прочих спасшихся от большевистских репрессий на корейской земле нашла убежище семья Янковских, бежавшая из Владивостока в 1922 году. Янковские о Корее оставили много дневников, воспоминаний и литературных произведений. Второй сын Валерий Янковский, вспоминая жизнь в Корее, писал следующее:

Обложка книги В. Ю. Янковского. (Фото: ИРИ)

Валерий Юрьевич Янковский. (Фото: ИРИ)

Шел одиннадцатый год массовой российской эмиграции с Дальнего Востока. Многие осенью 1922 года бежали в Маньчжурию и Китай, некоторые – в Корею, состоявшую под протекторатом Японии, по сути, ее колонию. В северокорейском городишке Сейсин осело несколько семейств, в центре их – наше. Перестроенная большая фанза на высоком холме над просторной гаванью являлась оплотом «русской колонии». Большой участок со службами и гаражом был обнесен высоким забором. В доме стоял телефон под номером 347, в гараже старенький автомобиль «Шевроле» (номер 267), получивший кличку Старя. По этим номерам можно судить – сколько телефонов было в городе и машин во всей провинции, центром которой являлся еще меньший Ранан – резиденция губернатора.

Янковские жили в Корее до 1946 года. Вблизи от Сейсина в провинции Хамгёндо они на русский лад устроили поместье Новина и дачный поселок Лукоморье. Располагавшееся на лоне прекрасной природы в окружении сосновой и березовой рощи поместье и дачный поселок пользовались тогда большой популярностью в качестве курорта у русских, проживавших в Корее и даже в Китае. Имя Янковских тогда было широко известно среди собирателей редких бабочек и жуков даже далеко за океаном. Вот что об этом писали:

В начале 30-х годов XX века семья белоэмигрантов, бежавшая в Страну утренней прохлады, активно занималась сбором энтомологических коллекций. Украшать свои гостиные и кабинеты было очень модно среди богатых людей довоенной Европы.

Таким образом, фамилия далеких «энтомологов» стала настолько популярной среди энтузиастов-любителей роскошных корейских бабочек, что даже письма-заказы на жуков и чешуекрылых с таким лаконичным адресом, как «Корея, Янковскому» безошибочно находили своего адресата...

После революции 1917 года традиции российского корееведения едва не прервались. В исследованиях, центром которых был Владивосток, наступил длительный перерыв. Период новых перемен наступил лишь в 1947 году, когда на восточный факультет Ленинградского университета набрали двадцать студентов, для которых началась основательная подготовка по специальности корееведение. Корея, освобожденная от японской оккупации, раскололась на две части: Южную и Северную. С провозглашением в Северной Корее коммунистической власти, Южная Корея стала объектом пристального внимания со стороны Советского Союза. Как раз тогда и возникла необходимость в знатоках этой страны. Среди двадцати студентов одну половину составляли советские корейцы из Средней Азии, а вторую – собственно русские. Преподавание корейского языка и других предметов связано с Александром Холодовичем. Сам он был родом из Кронштадта, но вслед за отцом, который был военным, отправился на Дальний Восток, учился в школе в Иркутске и Владивостоке. Поступив в Восточный институт во Владивостоке на японоведение, Холодович слушал лекции таких известных востоковедов, как Кюнер и Спальвин. Вскоре Холодович сменил

Фотография студентов по специальности «Корейская филология» Ленинградского государственного университета в 1947 г. (Фото: Аделаида Трочевич)

свою специализацию, выбрав корейский язык. Именно им были заложены важные основы корееведения.

В первое время Холодовичу приходилось обучать студентов в сложных условиях, когда не было приличного словаря и учебников по корейскому языку. В 1937 году вышла его работа «Строй корейского языка», в 1951 году увидел свет корейско-русский словарь, в 1954 году был опубликован «Очерк грамматики корейского языка». Под руководством Холодовича выросло целое поколение талантливых ученых: Дмитрий Елисеев, Марианна Никитина, Аделаида Троцевич, Анатолий Васильев, Геннадий Рачков, Лим Су и другие. В то время в Ленинградском университете обучалось несколько студентов из Северной Кореи, к которым можно было обратиться за помощью, но чаще всего русские студенты корейского отделения были вынуждены проводить бессонные ночи, один на один постигая первоисточники на языке страны, которая тогда была совсем незнакома большинству советских людей. Однако усилия изучавших корейский язык принесли удивительные плоды: когда в 1950 годы в читательских кругах начался бум восточной литературы, члены Ленинградской корееведческой школы перевели и издали значительное число произведений корейской классической литературы. В этом процессе сформировалась характерная для ленинградского корееведения традиция: при переводе произведений литературы сосредотачиваться на анализе внутреннего смысла текста, основываясь на вдумчивом понимании оригинала. Поэтому деление истории российского корееведения на периоды до и после появления первого поколения учеников Холодовича нам представляется не лишенным здравого смысла.

После 1960 года в российских корееведческих исследованиях наступил своего рода расцвет. Между 1945 и 1948 годами, в период пребывания советских войск на территории Северной Кореи, значительно возросла важность Корейского полуострова, поэтому в Москве и в Ленинграде были запущены новые образовательные программы по подготовке специалистов по данному региону. В институтах при Академии наук начались серьезные исследования. Подготовленные в это время ученые именно в 1960-х годах добились достойных упоминания результатов в таких областях, как изучение корейского языка, литературы, истории и этнографии. Большинство из этих ученых проходили языковые стажировки в Северной Корее, но, за исключением исследований в области социологии и частично истории, большая часть исследований отличалась

М. И. Никитина, посвятившая свою жизнь исследованиям древней корейской литературы. (Фото: publ.lib.ru)

М. И. Никитина и обложка ее книги «Древняя корейская поэзия в связи с ритуалом и мифом». (Фото: publ.lib.ru)

оригинальностью и научной объективностью. С течением времени по мере накопления детальных исследований в отдельных научных областях регулярно стали выходить различные монографии, основанные на оригинальных гипотезах и методиках. В итоге, даже вопреки полному отсутствию прямых контактов с Кореей, в России появилась целая плеяда ученых, полюбивших эту страну.

В первую очередь, необходимо отметить появление новых ученых в области изучения корейского языка, ставших достойной сменой Александру Холодовичу и Юрию Мазуру. Это Леонид Никольский, который выучил корейский язык в военной школе иностранных языков, служил в посольстве в Пхеньяне, а после читал лекции в Московском государственном институте иностранных языков. Это Лев Концевич, прославившийся как крупный ученый благодаря исследованию корейской фонетической письменности «хунмин чоным». Достойными учениками профессора Холодовича показали себя и Валентина Дмитриева, получившая докторскую степень в МГИМО,

Обложка книг о Корее, выпущенных издательством «Гиперион» в Санкт-Петербурге. (Фото: hyperion-book.ru)

Геннадий Рачков, Анатолий Васильев и многие другие. Большинство этих молодых ученых изучало корейский язык в Москве или Ленинграде и имело опыт полевых исследований в Северной Корее. Если Холодович и Мазур сосредоточили свой интерес на грамматике корейского языка и на его преподавании, то, в отличие от них, у следующего поколения корееведов наблюдалась сегментация и специализация в области исследования. В 1960-е годы было опубликовано более 140 диссертаций и монографий по фонетике, морфологии, синтаксису, лексикологии и кириллизации корейского языка. Это подтверждает, что уровень исследований корейского языка в России был значительно выше, чем в Америке и Европе.

Переводческая деятельность Ленинградской корееведческой школы значительно активизировалась в 1960-х годах. К выполненным ранее переводам корейских сказок и поэзии в жанре сиджо добавились переводы классической прозы: «История о верности Чхунхян», «Облачный сон девяти», «Жизнеописание королевы Инхён» и другие произведения.

Портрет Ю. Н. Мазура в Корейском центре МГУ. (Фото: ИРИ)

Профессор Л. Р. Концевич. (Фото: ИРИ)

Появились глубокие исследования творчества отдельных корейских авторов. В этот период большой вклад в развитие российского корееведения внесли Никитина, Троцевич и Еременко. В первое время Никитина увлеклась изучением *сиджо*, а затем сфера ее научных интересов расширилась до песен *хянга*, записанных в «Истории Кюнё» и «Событиях, оставшихся от времен Трех государств» («Самгук юса»). Еременко в научной диссертации, рассматривающей творческий мир Чон Як Ёна и Пак Чи Вона, пристальное внимание обратил на реализм в классической корейской литературе. Троцевич после скрупулезного изучения «Истории о верности Чхунхян» опубликовала несколько статей о литературных особенностях исторической хроники «Самгук Саги», а также об идеях движения *Сирхак*, отраженных в корейской литературе XVIII века.

Не заставили себя ждать публикации докторских работ: «Средневековая корейская поэзия в жанрах сичжо и чан-сичжо» Никитиной, «История о верности Чхунхян» и жанр повести в корейской средневековой литературе» Троцевич, «Корейская средневековая литература пхэсоль: некоторые проблемы происхождения и жанра» Елисеева. По мере накопления переводов литературных произведений и исследований о творчестве отдельных корейских авторов открылись возможности для проведения масштабных исследований, посвященных описанию истории корейской классической литературы и составлению ее периодизации. В 1964 году была опубликована совместная работа Никитиной и Троцевич «Периодизация средневековой корейской литературы», а в 1969 году вышли написанные ими же «Очерки истории корейской литературы до XIV в.» Все эти работы демонстрируют то, что независимо от политической конъюнктуры тех лет, корееведческие исследования в области гуманитарных наук отличались высокой степенью систематизации.

Активная деятельность российских корееведов наблюдалась не только в языкознании и литературоведении, но и в археологии, религиоведении, этнографии и других науках. Была опубликована работа Антона Шокова «Археология Кореи: краткий очерк». В области изучения древней и средневековой истории Кореи взошла звезда таких молодых ученых, как Михаил Воробьев, Виталий Ларичев и Юрий Ванин, которые продолжили дело Михаила Пака. Воробьев написал монографию, в которой древняя история Кореи рассматривается с историко-антропологической точки зрения. Ларичев опубликовал статью о корейском палеолите. Специалист по экономической истории Ванин выпустил монографию с названием «Феодальная Корея в XIII–XIV веках».

Кроме того, предпринимались попытки изучения Кореи с

религиоведческой и этнографической точек зрения. Раньше в России публиковались путевые дневники и книги с описанием сезонных обрядов и образа жизни корейцев. Продолжая эту традицию, Роза Джарылгасинова и Юндвига Ионова во второй половине 1960-х годов приступили к системному исследованию духовного мира и быта корейцев. После исследования процесса исторической трансформации мифа о Тангуне и фона зарождения единой корейской нации Джарылгасинова сосредоточилась на исследовании вопроса о расовом происхождении корейцев. Кроме того, она изучала процессы трансформации и сохранения исконных особенностей корейского народа в ходе приспособления к новым условиям жизни на примере корейцев, переселенных в Среднюю Азию. Ионова предприняла попытку исследования исконно корейского религиозного мировоззрения, в центре которого стоял культ медведя. Ее исследование демонстрирует научные способности российских корееведов этого периода. Традиции российского корееведения в области гуманитарных и социальных наук благодаря появлению нового научного поколения продолжали развиваться, несмотря на наличие периодов взлетов и падений.

Если разделить российских корееведов по возрастному критерию, то большая часть исследователей, проявлявших наибольшую активность в 1960-е годы и заложивших важную основу корееведения, родились в 1930-е годы. В 1940-е годы родились такие специалисты по международным отношениям в регионе Корейского полуострова, как Валерий Денисов, Евгений Бажанов, Наталия Бажанова, Александр Жебин и другие. Выпускник МГИМО Денисов работал в посольстве в Пхеньяне. Директор Центра корейских исследований ИДВ РАН Жебин имел опыт работы корреспондентом ТАСС и дипломатом в Пхеньяне. Поэтому они прекрасно осведомлены о положении дел в Северной Корее.

Об особенности поколения корееведов, родившихся в 1950-е годы, можно сказать, что, во-первых, их стало гораздо больше, а, во-вторых, сфера их научных интересов по сравнению с прошлым стала гораздо более разнообразной. Среди них выделяются выпускник, а ныне ректор МГИМО Анатолий Торкунов; член-корреспондент РАН, заместитель директора Института мировой экономики и международных отношений РАН Василий Михеев; посол РФ в КНДР Александр Мацегора; Олег Давыдов и Георгий Толорая, имеющие опыт дипломатической службы в Сеуле и Пхеньяне; экономист Светлана Суслина и другие. К этому же поколению можно отнести Валерия Сухинина, Александра Тимонина, Александра Минаева, Александра Воронцова.

Посол Российской Федерации в КНДР (1996–2001) В. И. Денисов с супругой. (Фото: ИРИ)

Валерий Сухинин после окончания Института стран Азии и Африки при МГУ работал на дипломатической службе в Пхеньяне, а в настоящее время преподает корейский язык в МГИМО. Александр Тимонин был послом в Пхеньяне, а теперь служит послом в Сеуле. Александр Минаев имеет опыт дипломатической службы как в Сеуле, так и в Пхеньяне. Александр Воронцов проходил обучение в Институте имени Ким Ир Сена.

Институт стран Азии и Африки можно назвать еще одной колыбелью российского корееведения, которая выпускает специалистов по Корее в области литературы, истории и других гуманитарных наук. Среди выпускников этого института выделяются Ирина Касаткина, Татьяна Симбирцева и Сергей Волков. Так, Ирина Касаткина специализируется на современной корейской литературе. Татьяна Симбирцева после окончания магистратуры в Сеульском университете написала ряд работ по новой истории Кореи и истории русско-корейских отношений.

В. В. Михеев. Академик и замдиректор Института мировой экономики и международных отношений РАН. (Фото: ru.wikimedia.org)

А. А. Тимонин. Служил послом в КНДР (2012–2014) и в Республике Корея (2014–2018). (Фото: ИРИ)

Сергей Волков является специалистом по истории корейского буддизма, а также по социальному устройству и чиновничеству средневековой Кореи. Среди представителей этого поколения корееведов удивительный пример показали Тамара Каплан и Владимир Верхоляк, которые после окончания Ленинградского государственного университета перебрались во Владивосток, где внесли весомый вклад в активизацию программы практического корееведения с упором на овладение разговорным корейским языком.

Российские корееведы, рожденные в 1960-е годы, обучались в бывшем СССР в период перестройки и гласности, а также в переходный период после распада Советского Союза. В это время в российском обществе по мере увеличения открытости страны возрастал интерес к зарубежным странам. Но в процессе слома прежней системы было существенно сокращено государственное финансирование в сфере образования и науки, что в свою очередь привело к резкому уменьшению числа желающих поступать на востоковедческие специальности. Среди рожденных в 1960-е годы корееведов можно назвать дипломата Максима Волкова, политолога Александра Мансурова, историков Андрея Ланькова и Сергея Курбанова. Максим Волков и Александр Мансуров – выпускники МГИМО, Андрей Ланьков и Сергей Курбанов – выпускники Ленинградского государственного университета.

В одно время Мансуров привлек к себе внимание западных научных кругов, опубликовав аналитическую статью на английском языке, содержавшую новый взгляд на северокорейскую проблему. Ланьков, защитив диссертацию на тему «Дворцовые группировки и политическая борьба в Корее XVI–XVIII веков», расширил сферу своих научных интересов

Т. М. Симбирцева.
(Фото: koryo-saram.ru)

Обложка книги Т. М. Симбирцевой.
(Фото: labirint.ru)

до современной истории Кореи, активно публикуя статьи и монографии, посвященные обществу Южной и Северной Кореи. Профессор Курбанов, в настоящее время занимающий должность заведующего кафедрой корееведения в СПбГУ, а также должность директора Центра корейских исследований, добился выдающихся результатов в исследовании духовных традиций обоих корейских государств. Он является автором книги «История Кореи: с древности до начала XXI в.»

К этому же поколению относятся такие выпускники Дальневосточного государственного университета, как специалист по современной политике и экономике Южной Кореи Игорь Толстокулаков и специалист по северокорейской литературной политике Татьяна Габрусенко. Их успехи свидетельствуют о том, что во Владивостоке сформировалась новая корееведческая школа. К этому же поколению принадлежат выпускник Института стран Азии и Африки при МГУ Константин Асмолов, который после защиты научной диссертации о военной системе государства Чосон расширил сферу своих интересов на проблемы современного общества Южной Кореи и Корейского полуострова в целом, выпускница

Обложка книги профессора
А. Н. Ланькова. (Фото: ИРИ)

Обложка книги «История Кореи»
профессора С. О. Курбанова.
(Фото: ИРИ)

Высшей школы художественного перевода Литературного института имени А. М. Горького Лариса Писарева, исследовавшая современную корейскую поэзию и защитившая докторскую диссертацию в Сеульском университете, основатель Центра изучения Кореи в Новосибирском государственном университете Сергей Алкин, который ведет в Корее активные археологические исследования. Если большинство представителей предшествующего поколения проходило языковые стажировки в Северной Корее, то это поколение, как правило, имеет опыт двойного пребывания как в Южной, так и в Северной Корее.

Что касается корееведов, рожденных в 1970-х годах, то в глаза бросается то, что в сравнении с предыдущими поколениями они являются выпускниками большего числа университетов, и сфера их научных интересов стала еще более диверсифицированной. 120-летние корееведческие традиции Ленинградского государственного университета продолжили такие молодые ученые, как лингвист Алексей Васильев, в настоящее время работающий преподавателем в этом университете, Анастасия Гурьева, специализирующая на корейской поэзии, и Инна Цой, изучающая современную корейскую прозу. В Московском государственном лингвистическом университете (МГЛУ) работают Екатерина Похолкова, которая является специалистом по письменному и устному переводу, и Мария Солдатова, специализирующаяся на литературе нового и новейшего периода. Солдатова перебралась в Москву после окончания Дальневосточного государственного университета. Работающая на кафедре корейского языка в МГИМО, Ярослава Пакулова является выпускницей МГЛУ. Марина Кукла из Дальневосточного федерального университета специализируется на экономике, изучая проблемы экономического сотрудничества между Республикой Корея и Приморским краем России.

Среди выпускников Института стран Азии и Африки при МГУ можно выделить Олега Пироженко, находящегося в настоящее время на дипломатической службе, внучку Михаила Пака

Сергей Алкин, Алексей Старичков и Сергей Курбанов (слева направо). (Фото: ИРИ)

Декан переводческого факультета МГЛУ Е. А. Похолкова, посол Республики Корея в России У Юн Гын и ректор МГЛУ И. А. Краева (в центре). (Фото: МГЛУ)

Викторию Пироженко, которая изучает историю Бохай и сделала замечательный перевод книги «Ли Сун Син: военный дневник» («Нанчжун ильги»). Среди историков в этом поколении можно назвать Владимира Тихонова, известного корейским читателям под псевдонимом Пак Ноджа, Дениса Самсонова, который внес большой вклад в приведение в системный порядок материалов о Корее Музея антропологии и этнографии имени Петра Великого в Санкт-Петербурге. Они оба являются выпускниками Ленинградского государственного университета.

Специалист по истории каяских протогосударств Тихонов вызвал большой резонанс среди южнокорейской прогрессивной интеллигенции, опубликовав несколько книг на корейском языке, отличающихся острым взглядом на ряд социальных проблем Кореи. Преподаватель Российского государственного гуманитарного университета Елена Кондратьева исследует

Е. Н. Кондратьева. (Фото: ИРИ)

корейские документы XVIII века с точки зрения сравнительно-исторической лингвистики. В настоящее время она является председателем Объединения преподавателей корейского языка российских университетов. Вместе с этими молодыми учеными во многих российских университетах активно трудятся преподаватели и исследователи корейского происхождения.

Из выпускников Ленинградского государственного университета в настоящее время в Пусане работает собственным корреспондентом «Российской газеты» Олег Кирьянов, который окончил магистратуру в Южной Корее. Проживая здесь, Олег Кирьянов имел возможность наблюдать особенности корейского общества с самого близкого расстояния. Свои наблюдения он изложил в книге «Корея и корейцы. О чем молчат путеводители», которая была издана в Москве.

В последнее время рост популярности корейской поп-культуры

Обложка книги
Олега Кирьянова. (Фото: ИРИ)

М. Е. Осетрова. (Фото: ИРИ)

среди российской молодежи приводит к тому, что онлайн-СМИ, в основном в крупных городах, нередко выпускают различные программы собственного производства, посвященные корейской культуре и искусству. Такая атмосфера подстегивает молодых российских переводчиков браться за перевод современной художественной литературы Южной Кореи. Переведенные ими книги активно издаются в России.

Елена Хохлова из Московской высшей школы экономики и Мария Осетрова из ИДВ РАН вносят большой вклад в изучение современного изобразительного искусства и культуры питания Кореи, а раньше такого не было. Еще одним корееведом самого нового поколения является Ирина Коргун, выпускница СПбГУ, которая занималась исследованием роли внешней торговли в процессе экономического развития Республики Корея.

Кроме того, есть деятели науки, которые, не имея непосредственного отношения к корееведению, тем не менее приложили немало усилий для активизации российско-

Встреча ректора Сеульского национального университета Чон Унчхана, ректора Университета имени Ким Ир Сена Сон Джа Рипа и ректора Дальневосточного федерального университета (ДВГУ) В. И. Курилова на церемонии открытия ДВГУ. (Фото: Сеульский национальный Университет)

Генеральный директор кампании «Гохап» Джанг Чи Хёк с руководством Дальневосточного федерального университета. (Фото: ИРИ)

корейских отношений в сфере образования и науки. Именно таким человеком является ректор Дальневосточного государственного университета Владимир Курилов, который открыл Высший колледж корееведения. При спонсорской помощи южнокорейского бизнесмена Чанг Чихека для колледжа было построено новое здание, запущены разнообразные корееведческие программы обучения, благодаря которым в короткие сроки существенно возрос статус дальневосточного корееведения. Кроме того, Владимир Курилов активно поддерживал творческую деятельность ансамбля корейской традиционной барабанной музыки «Хэдон».

В 2004 году ректор ДВГУ на церемонию открытия Высшего колледжа корееведения пригласил ректора Сеульского университета и ректора Университета имени Ким Ир Сена, тем самым внеся вклад в открытие пути для контактов между южнокорейскими и северокорейскими вузами.

Ректор СПбГУ Николай Кропачев, став председателем российского координационного комитета форума «Диалог Россия – Республика Корея», прилагает много усилий для активизации и систематизации контактов между гражданскими обществами двух стран. В 2017 году, когда этот университет отметил 120-ю годовщину начала профессионального преподавания корейского языка, ректор Николай Кропачев принял решение о создании отдельной кафедры корееведения, тем самым подготовив базу для нового взлета корееведческих исследований и образовательных программ в стенах вуза, который является колыбелью российского корееведения.

Ректор Санкт-Петербургского государственного университета Н. М. Кропачев, бывший Посол Республики Корея в РФ господин Ли Гю Хён и новый Посол Республики Корея в РФ господин У Юн Гын рядом с офисом «Диалог Россия – Республика Корея». (Фото: ИРИ)

# Глава 7

# Корейские звезды в центре культуры и искусства России

Среди корейцев, переселившихся в Приморье во второй половине XIX века, и их потомков были и те, кто в 1920-х годах начали издавать газету на корейском языке «Сэнбон». В этой газете была литературная колонка, которая содержала новости тех далеких лет о деятельности корейского театра, в частности, о выходе фильма «Точжок» («Разбойник») – первом, снятом российскими корейцами.

После депортации 1937 года корейский театр и газета уже под другим названием продолжили свою деятельность в Алма-Ате, все более тяготея к русскому языку и русской культуре. Однако несколько писателей корейского происхождения продолжили создавать литературные произведения на своем родном языке. Некоторые из них смогли завоевать всенародную славу в Москве и других крупных городах европейской России. Корейские деятели культуры и искусства добились успеха не только в литературе, но и в музыкальном и изобразительном искусстве. Мы бы хотели рассказать нашим читателям о таких талантливейших людях, как Роман Ким, Юлий Ким, Анатолий

Ким, Виктор Цой, Николай Шин (Син Сун Нам) и некоторых других.

Роман Ким стал известен русским читателям в пятидесятых годах как автор шпионских романов о войне, которые пользовались тогда большой популярностью. Юлий Ким был одним из бардов, олицетворявших авторскую песню 1970-х и 1980-х годов. Он имел много поклонников среди советской интеллигенции. Анатолий Ким свой писательский талант проявил в 1970-х годах, а в период перестройки и гласности его творчество привлекло к себе мировое внимание. Виктор Цой, несмотря на преждевременную гибель в начале 1990-х годов, продолжает жить в сердцах многих людей как легенда русского рока. Николай Шин был гениальным художником. Живя в Узбекистане, он в своих творениях в уникальном стиле изображал страдания, выпавшие на долю корейцев. Его пронзительные картины несут отпечаток исконно корейского мировоззрения.

Активная деятельность в России писателей, поэтов, музыкантов и художников корейского происхождения привела к появлению среди них звезд кино, популярной и рок-музыки, отвечающих запросам молодого поколения. Как и в случае с корейской кулинарной культурой, которая из Приморья и Средней Азии распространилась по всей России, успехи корейских деятелей искусства и занимаемый ими статус в культурных кругах России весьма впечатляют, особенно, если учесть тот факт, что в России проживает не так уж и много корейцев. Однако их добросовестность, трудолюбие, невероятное стремление к знаниям и высокие достижения в различных профессиях сформировали в российском обществе позитивный имидж корейского народа. Успехи корейцев, сумевших занять достойное место в советской культуре и искусстве, несмотря на все трудности и высочайший уровень конкуренции, имеют особое значение и заслуживают всеобщего уважения.

Кроме того, нельзя не отметить южнокорейских деятелей искусства, которые прославились в России после установления дипломатических отношений между двумя странами в 1990 году. Это знаменательное событие открыло двери для непосредственного обмена в сфере культуры и искусства. Снятые Ким Ки Дуком и другими корейскими режиссерами фильмы, южнокорейские музыканты, исполняющие классические произведения русских композиторов, а также южнокорейские артисты балета смогли завоевать любовь российской публики. В одночасье народным героем стал южнокорейский спортсмен Ан Хён Су, который, получив российское гражданство и взяв себе русское имя Виктор, выступил на Зимних Олимпийских играх в Сочи и принес своей новой Родине сразу несколько золотых медалей. Потомки корейских переселенцев из маленькой страны на самой восточной окраине Евразии и граждане современной Южной Кореи не затерялись в необъятном пространстве русской культуры. Их стремление к диалогу и взаимодействию в процессе раскрытия собственного уникального творческого мира внесло большой вклад в подготовку важной духовной основы для развития отношений между Кореей и Россией.

Поэт, писатель и литературный критик Чо Мёнг Хи был первым проводником корейской культуры на советской земле. На своей Родине он активно боролся против японской оккупации, а затем, перебравшись в СССР, занялся литературной деятельностью, воспевая в своих произведениях борьбу за независимость Кореи и идеалы коммунизма. К сожалению, Чо Мёнг Хи, как и многие другие участники движения за освобождение Кореи, был арестован по обвинению в шпионаже в пользу Японии и погиб в застенках НКВД.

Корейские переселенцы, компактно проживавшие в Приморье, открыли несколько театров. Они показывали представления на родном языке, а в тексты сценария нередко включали строки из лирических стихов. Однако этот период продлился недолго: в одно недоброе утро 1937 года по приказу Сталина приморских корейцев погрузили в вагоны и отправили в Среднюю Азию, где высадили в чистом поле. Вопреки всем трудностям вынужденного переселения, корейские театральные труппы не распались, продолжив свои представления. Пьесы на корейском языке продолжили ставиться и в Средней Азии. Ведущими корейскими драматургами этого периода были Ён Сан Ён и Тхай Дян Чун.

Следующее поколение корейских писателей было представлено такими выходцами из Северной Кореи, как Ли Чжин, Хан Чжин, Хо Чжин и Мен Док У. Все они получили политическое убежище в СССР, когда в КНДР начали проводить десталинизацию, взамен насаждая культ Ким Ир Сена. Не владея в совершенстве русским языком, свои произведения опальные северокорейские интеллигенты в основном писали на родном языке. Необыкновенную жизнь прожил Ли Чжин: женившись на русской женщине и живя в русской деревне, он писал стихи на корейском языке. Литературная деятельность Ли Чжина – весьма уникальный случай: он не оставил свое поэтическое увлечение несмотря на то, что рядом не было ни одной души, способной хотя бы в малой степени понять смысл его стихов. После распада СССР случилось нечто похожее на чудо: в Южной Корее был издан сборник произведений Ли Чжина.

Другие писатели из этой группы, к сожалению, не имели счастья при жизни увидеть публикацию своих произведений. Последующие писатели корейского происхождения в большинстве своем были вынуждены заниматься литературным творчеством на русском языке, потому что школьное обучение на корейском языке оканчивалось в первом классе начальной школы, а последующее велось исключительно на русском языке.

До конца 1970-х годов, когда состоялся литературный дебют Анатолия Кима, из всех корейских писателей широкому русскому читателю хорошо известно было лишь имя Романа Кима. Он долго жил в Японии, а после переезда в СССР работал на советскую разведку. Свой опыт разведчика Роман Ким отобразил в шпионских романах на военную тему, густо пропитанных

Семейная фотография Анатолия Кима. (Фото: ИРИ)

официальной идеологией.

Успех Анатолия Кима можно отнести к исключительным случаям. Анатолий Ким родился в 1939 году в Казахстане в семье корейских переселенцев в третьем поколении. Писателю с корейской фамилией было сложно добиться признания в литературных кругах Советского Союза, отличавшихся особой консервативностью, тем не менее Анатолию Киму удалось привлечь внимание к своему творчеству не только в России, но и за сс пределами: его произведения переведены на двадцать три языка.

Дебютировал Анатолий Ким в 1973 году с рассказами «Акварель» и «Шиповник Мёко», несущими печать национального корейского миросозерцания. Следующие его повести и романы вызвали резонанс в литературных кругах, позволив Анатолию Киму занять достойное место среди видных современных писателей. Этот русский кореец, ставший писателем, создал свой уникальный литературный мир, пронзительно и по-новому заглянув в человеческую душу в тревожное время, когда в русском обществе и в искусстве витали признаки грядущих перемен.

Удивительные ключи к пониманию творчества Анатолия Кима можно найти в его биографии, полной драматических перемен и коллизий. Самую тесную связь с формированием художественного мира писателя имеют биографические факторы. Среди них – глубокий интерес к живописи и картинам, с которыми Анатолий соприкасался в детстве, кризис идентичности, пережитый им, чистокровным корейцем, которому капризной судьбой было уготовано родиться, жить и творить в России, странствия по просторам необъятной страны,

Картина Анатолия Кима «Побережье Чоллипо». (Фото: ИРИ)

в ходе которых он, художник кисти и слова, познал культур и природных пейзажей.

В рассказе «Акварель» отражен реальный эпизод из детства Анатолия Кима, когда он на Камчатке познакомился со стариком-корейцем, рисовавшим тигра. В результате этой случайной встречи мальчишка был заворожен изобразительным искусством, приняв твердое решение стать художником. Повзрослев, Анатолий отправился в долгий путь в Москву, чтобы там поступить в художественное училище. И его мечта сбылась. Когда он учился на третьем курсе Московского художественного

Анатолий Ким вместе со своей собакой на фоне картины, написанной им. (Фото: ИРИ)

Анатолий Ким при посещении кладбища родоначальников фамилии Ким. (Фото: ИРИ)

училища памяти 1905 года, уйдя с головой в творчество и чтение книг об искусстве, в его душе проснулся необъяснимый творческий порыв, который было невозможно выразить на ограниченном куске холста. И тогда Анатолий Ким начал сомневаться в своем выборе пути художника.

Кстати, заметим, что в жизни писателя, представляющего малый народ, но тем не менее каким-то чудом добившегося значительного успеха на литературном поприще, обнаруживается еще одна важная особенность – мучительные духовные терзания по поводу своей идентичности. Родившийся в семье не утративших еще родной язык корейцев, мальчик до восьми лет рос, воспитываясь на старинных корейских сказках. Но вот пришла пора поступать в школу с обучением исключительно на русском языке – и юный ум был «пересажен» на совершенно иную почву русской культуры. Не удивительно, что после того, как Анатолий Ким решил попробовать себя на литературном поприще, его неотступно мучили скептические взгляды окружающих, не веривших в то, что человек, в жилах которого на все сто процентов течет корейская кровь, сможет стать русским писателем. Анатолий и говорил, и думал, и писал на русском языке, всем своим существом чувствуя его богатство, выразительность и красоту, но в его жилах текла корейская кровь, и эта проблема казалась неразрешимой.

Оторвавшийся от родных корней и закрепившийся на чужой земле писатель по поводу своего противоречивого существования признался однажды, что воспитавшая и давшая ему образование Россия стала для него «страной-отцом», тогда как в родной для своей души Корее он видит «страну-мать», в своем сердце хранящую светлую любовь, а в глазах – сладкое утешение. Самого себя и свой тернистый путь в «стране-отце» и «стране-матери» писатель сравнивает с ребенком, растущим в разведенной семье, и его непрестанными метаниями между отцом и матерью, которых он любит одинаково горячо. Он вроде бы и русский, – и кореец, а вроде бы и не русский, – и не кореец. Врожденный кризис идентичности побудил Анатолия Кима выйти за рамки общепринятого мышления, когда народ определялся исходя из географических, расовых и исторических критериев, и заняться поиском нового взгляда на человека, народ и мир. В этом процессе перед писателем открывались новые горизонты сознания.

Немаловажную роль сыграли и постоянные переезды и странствия по огромной стране. Родившись в небольшом селении в Казахстане, Анатолий Ким в детстве вслед за отцом-учителем неоднократно переезжал с места на место: из Казахстана на Камчатку, оттуда – в Уссурийский край, затем на Сахалин и так далее – куда направит судьба. Его родители были лишены счастья строить спокойную жизнь где-нибудь в одном месте. В период скитаний по бескрайним просторам Средней Азии и Дальнего Востока будущий писатель Анатолий Ким своими глазами видел все невзгоды и радости соотечественников, живших на чужбине подчас жизнью граждан второго сорта.

Следующий период странствий начался после окончания средней школы на Сахалине. Загоревшись желанием поступить в художественное училище в Москве, вчерашний выпускник совершает длинное путешествие по Транссибу. Но Москвой все не закончилось. И если частые переезды на Дальнем Востоке нисколько не зависели от воли самого Анатолия Кима – он был лишь безропотной игрушкой в суровых руках судьбы, – то теперь Анатолий стал волен самостоятельно выбирать свой путь. Мечущейся творческой душе предстояло совершить паломничество длиною в жизнь.

После срочной службы в армии Анатолий Ким работает крановщиком башенных кранов, истопником, пробует себя еще во множестве рабочих профессий. Но такая черновая рабочая жизнь, она ведь для будущего писателя лучше всякого литературного института. Кстати, Литературный институт он тоже окончил, хоть и заочно.

Между тем будущему писателю представилась возможность побывать в различных уголках Советского Союза, когда он устроился распространителем плакатов с партийной агитацией. Тогда Анатолий Ким объездил почти всю страну, на юге побывав в Средней Азии, Крыму, на Кавказе, на севере – в Мурманске и Ленинграде, на западе – в Белоруссии, Украине, Прибалтике, на востоке – в Сибири, Туве, Бурятии, на Байкале. В результате

Анатолий Ким познакомился с разнообразием культур народов, населяющих бескрайние просторы Евразии.

В ходе своих путешествий писатель открыл для себя, что между отдаленными друг от друга территориями и их населением больше сходства, чем отличий. Жизнь нескольких регионов и их жителей благодаря впечатлениям автора была воссоздана затем в его рассказах.

Уникальное пространство и время, разворачивающиеся на страницах произведений Анатолия Кима, в 1980-х годах привлекли к нему внимание советских литераторов. Обретя признание, писатель посещает Болгарию, Финляндию, Германию, США, Марокко, Португалию, Испанию, Италию, Францию, Индию, Японию и другие страны. Во время Сеульской олимпиады 1988 года он впервые прибывает в свою материнскую страну – Корею, где смог, наконец, обратиться к своим духовным корням.

Перед писателем, для которого русский язык не является родным, стояла сложная задача – найти свой собственный голос. Анатолий Ким как-то признался, что сжег свои рукописи, когда явственно ощутил, что его первые рассказы о жизни россиян – не более чем подражание произведениям русских классиков. Предавшийся самобичеванию писатель все же смог найти свой собственный стиль. Откровение пришло неожиданно – с написанием рассказов о жизни камчатских и сахалинских корейцев.

Как мы знаем, Анатолия Кима долгое время терзал страх, что языковой барьер помешает ему получить признание в качестве русского писателя. Этот страх отпустил литератора корейского происхождения лишь тогда, когда один известный литературный критик отозвался о стиле двух его рассказов, опубликованных в журнале «Аврора», как о «красивом, хорошо отточенном русском языке». После этой похвалы у Анатолия Кима как будто гора с плеч свалилась.

В середине 1970-х годов писатель приобрел земельный участок в небольшой деревне Немятово Рязанской области, которая располагается к югу от Москвы. Десять лет творческой деятельности в затворничестве можно назвать золотым веком творчества Анатолия Кима. Его особенный литературный язык, проявившийся во время написания произведений о жизни дальневосточных корейцев, обогатился еще больше благодаря годам, проведенным среди деревенских жителей, сохранивших чистоту русского духа. Воспевая простоту и духовное богатство жителей русской деревни, писатель следующим образом описывает процесс постижения и совершенствования своего художественного языка.

> Там, на Мещере, я не насытился – насытиться в этой страсти невозможно – но почти насытился в своих охотничьих вожделениях во время сбора грибов. Это занятие стало для меня не только самым любимым в моей жизни, но и наиболее полезным в смысле уроков в науке познания природы и, через нее, – познания себя. Никогда ни при каких других состояниях и занятиях я не бывал столь глубоко погружен в себя и не открывал в своих глубинах столь неожиданные и значительные явления, виды и существа. Именно во время долгих, одиноких блужданий по лесам с корзиною на перевязи через плечо я озарялся и наполнялся тем внезапным свечением, которое потом переносилось через словесную

Анатолий Ким в деревне Немятово. (Фото: ИРИ)

Постер спектакля по одноименному роману Анатолия Кима. (Фото: ИРИ)

> ткань в тексты моих рассказов, повестей и романов. Во время грибных походов я обучался тому временному волшебству, которым можно воспользоваться лишь за рабочим столом, совершая свое литературное чудотворство. «Мое прошлое».

В 1980-х годах в Советском Союзе задул ветер перемен. В то время, когда большинство влиятельных литераторов, живя в бешенном столичном ритме, с жаром принялось писать об актуальных проблемах или встало на защиту прогрессивных политических сил, Анатолий Ким уединенно жил в деревенской глуши, полностью погрузившись в свой творческий мир. Собирая в лесу грибы и землянику, он постигал свою душу, а затем, сидя за хромоногим письменным столом, сделанным собственными руками, набрасывал на белую бумагу слова, которые всплывали сами собой из глубины сердца. В таком простом ритме прошло более двадцати лет. Именно на эти годы пришелся расцвет творчества Анатолия Кима. В обычной деревянной избе родились его лучшие произведения: повесть «Лотос», роман-сказка «Белка», роман-притча «Отец-Лес» и другие.

Писатели и деятели искусства корейского происхождения смогли заявить о своем таланте не только в узком кругу, ограниченном представителями своей малой народности, но в масштабе всей страны. Это объяснялось снижением уровня цензуры в сравнении с прошлыми годами, а также эпохальными переменами, подарившими, пусть и частичную, но свободу проявления творческой души.

Так, во второй половине 1960-х годов в мире культуры и искусства Советского Союза появилось новое течение – авторская песня. Поэты-музыканты, которых стали называть

Юлий Ким во время выступления. (Фото: indubnacity.ru)

бардами, под гитарный аккомпанемент исполняли песни собственного сочинения. В атмосфере так называемой оттепели, наступившей после смерти Сталина, кумирами тогдашних студентов стали такие авторы-исполнители, как Александр Галич, Владимир Высоцкий, Булат Окуджава. Был среди них и бард с корейской фамилией – Юлий Ким.

Родившийся в Москве в семье журналиста Ким Чер Сана и учительницы русского языка и литературы Нины Валентиновны Всесвятской, он на себе познал весь ужас сталинских репрессий. Отца расстреляли в 1938 году якобы за измену Родине и шпионаж в пользу Японии. Мать, как жена предателя, была приговорена к пяти годам пребывания в исправительно-трудовом лагере, после чего до 1946 года находилась в ссылке. Юлий Ким рос как сирота. Свою мать он снова увидел лишь в девятилетнем возрасте. В 1958 году во время хрущевской оттепели мать была реабилитирована, но ей было запрещено проживание в Москве.

В 1954 году Юлий Ким поступил в Московский государственный педагогический институт. В студенческие годы начал сочинять музыку и стихи. После окончания историко-филологического факультета уже приобретающий известность бард был распределен на самую восточную окраину Советского Союза – Камчатку, где проработал учителем три года. Юлий преподавал детям историю, литературу и географию, а во внеурочное время с большим энтузиазмом вместе с детьми разыгрывал на сцене постановки, музыку для которых, и, конечно же, песни сочинял сам. На Камчатке с ее буйством сил первозданной природы больше всего Юлий Ким был очарован морем. Именно поэтому главной темой многих его песен являются море и моряки.

После возвращения в Москву Юлий Ким, продолжая работать учителем, примкнул к диссидентскому движению. За активное участие в антисоветской деятельности, в частности, за то, что подписывал многочисленные коллективные письма в адрес Комитета по правам человека при ООН, Юлия Кима в 1968 году вынудили уйти из школы. Оставшись без постоянной работы, он вел жизнь свободного художника, сочиняя пьесы и песни для театра и кино. В это время он был вынужден публиковать свои произведения под вымышленным именем Ю. Михайлов.

Выступать на сцене под своим собственным именем Юлий Ким смог лишь после 1986 года, когда началась перестройка и гласность. Однако в истории он остался как андеграундный бард, который долгое время не мог вести публичную концертную деятельность.

После распада СССР Юлий Ким выступал с концертами в России, Европе, Америке и во многих русскоговорящих странах.

Обложка альбомов Юлия Кима. (Фото: zvuki.ru)

В 2015 году он был удостоен почетной премии имени Булата Окуджавы «Поэт», присуждаемой современным русским литераторам.

В дискографию Юлия Кима входит более двадцати наименований дисков, аудио- и видеокассет, его творческая деятельность широко известна благодаря DVD-дискам и видеохостингу Youtube, а песни этого барда вошли во все антологии современной русской поэзии.

Жена Юлия Кима Ирина Якир – внучка известного командарма Красной Армии Ионы Якира. Ее отец Петр Якир, как и отец Юлия, был репрессирован в сталинскую эпоху, но чудом остался жив, проведя долгие годы в тюремном заключении. Выйдя на свободу, Петр Якир стал активным борцом за права человека. Тогда с ним и познакомился Юлий Ким, который, узнав в студенческие годы всю правду о смерти отца, был одним из самых активных борцов за права человека в Советском Союзе. Вместе со своим тестем Юлий Ким стал соавтором обращения «К деятелям науки, культуры и искусства» о преследованиях инакомыслящих в СССР, в связи с чем оказался под пристальным наблюдением КГБ. Именно поэтому многие песни, написанные в тот период, были тематически связаны с судами, обысками, слежкой и другими проявлениями антидиссидентской деятельности властей.

В 1990 году супруги переехали в Израиль, в настоящее время Юлий Ким живет попеременно в Иерусалиме и в Москве. В 2005 году по приглашению русского культурно-образовательного центра «Пушкинский дом» Юлий Ким выступил с концертом в Южной Корее. В России он является широко известным исполнителем, композитором и поэтом. Стихам и песням Юлия Кима присущ широкий спектр от легкого юмора до острой политической сатиры. Особую любовь россияне питают к музыке этого композитора, которая звучит во многих спектаклях и более чем в пятидесяти кинофильмах.

Этот русский бард корейского происхождения дебютировал в начале 1960-х годов, исполняя для студенческой андерграундной аудитории песни, слова и музыку к которым он сочинял сам. И вскоре после дебюта Юлий Ким стал одним из самых известных бардов в Москве. Однако с 1968 года, попав под пристальное внимание компетентных органов, он долгое время был вынужден подписывать свои песни псевдонимом Ю. Михайлов. Его творчество пользовалось большой любовью у студентов и интеллигенции за социальную критику, за разоблачение пустых лозунгов коммунистической партии, сплошной лживости и лицемерия советской идеологии. Социальная критика Юлия Кима проявлялась в виде легкой шутовской иронии. В условиях, когда нельзя было открыто критиковать действительность, Юлий Ким в своих стихах надевает на себя маску циркового клоуна и своей шутовской игрой и юмором помогает читателям и слушателям излечить душевные раны, преодолеть внутреннюю трагедию, которую в Советском Союзе многие переживали, но не осмеливались о ней говорить.

Я – клоун!
Я затейник!
Я выбегаю на манеж не ради денег,
А только
Ради смеха:
Вот это клоун! Вот потеха! Вот чудной!
Быть может,
Когда я – вот он,
Одной печалью станет меньше у кого-то,
Выходит,
Ровным счетом
На свете больше станет радостью одной!

Я клоун!
Веселый клоун!
Я этой шапочкой навеки коронован:
Ну разве
Я не прекрасен?
Вот это клоун! Вот потеха! Вот чудной!
Давайте
Поля сражений
Объединим в один манеж для представлений,
Я выйду
На середину,
И вы, как дети, смейтесь, смейтесь надо мной!

В советскую эпоху цирк, сочетающий в себе танцевальные

и музыкальные представления, был жанром сценического искусства, который наряду с кино пользовался массовой популярностью у людей, живущих в закрытом обществе. Клоуны, которые заполняли паузы между основными номерами цирковых артистов, пользовались некоторой свободой слова, критикуя и высмеивая то, о чем запрещалось упоминать в официальных средствах массовой информации. Клоуны позволяли себе шутки, которые в иных условиях могли бы быть расценены как опасные высказывания, но это сходило им с рук, поскольку произносилось с цирковой арены как будто бы ради потехи, не всерьез. Клоунские шутки хотя бы ненадолго позволяли зрителям разрядить то напряжение, которое они испытывали в угнетенном обществе. И Юлий Ким тоже взял себе роль клоуна. Его искусство заключалось в том, чтобы, стоя на сцене перед зрителями в обличии клоуна, шутливо говорить о том, что они все чувствовали, но не могли выразить. Мир его слова, в основу

Концертный постер Юлия Кима. (Фото: bard.ru)

которого был положен ясный стиль русской классической литературы, отличаясь свободным смешением разнообразных тембров, тонов, неологизмов и уличного языка и сочетаясь с особой праздничной атмосферой постановки, несет глубокий философский посыл.

Юлий Ким – это живая легенда русской традиции авторской песни. В 1968 году он вместе с Александром Галичем был приглашен в Новосибирск для участия в фестивале, организованном в клубе «Под интегралом». Новосибирск был одним из ведущих научных центров страны, поэтому в клубе собралось много лучших умов Советского Союза. В фестивале участвовали признанные знаменитости, помимо концертной программы проводились свободные дискуссии. Именно в клубе «Под интегралом» состоялось первое, оно же и последнее, официальное выступление Галича, который вскоре был вынужден уехать из страны. Это мероприятие вызвало огромный интерес как в самом Советском Союзе, так и за его пределами. Галич исполнил песню «Памяти Б. Л. Пастернака» о трагическом выборе затравленного писателя, который был вынужден отказаться от Нобелевской премии, чтобы остаться на Родине. Фестиваль прошел с большим успехом, на всех концертах наблюдался аншлаг. Однако советские власти определили этот фестиваль как идеологически проблемное мероприятие, поэтому его постигла печальная участь: первый фестиваль оказался и самым последним. Лишь в 2008 году в Новосибирске собрался новый фестиваль авторской песни «Снова «Под интегралом» – 40 лет спустя», в котором принял участие Юлий Ким и другие живущие на тот момент ведущие барды. Многие артисты, с которыми Юлий Ким выступал в 1960-е годы, к сожалению уже покинули этот свет, но выход на сцену уже немолодого Юлия Кима помог воскресить в памяти многих людей далекие воспоминания о том историческом фестивале.

Авторская песня была продуктом так называемой оттепели, наступившей после смерти Сталина. Этот удивительный жанр стал попыткой критического анализа советской системы посредством стихов и музыки. Несмотря на существование различных тенденций, в основе творчества всех представителей этого жанра лежал дух сопротивления. Воспевая свободу личности, существенно ограничиваемую социалистической системой, барды находили отклик в сердцах многих людей. Большинство бардов пострадало от репрессий в сталинскую эпоху, или имело родственников, ставших жертвой политических чисток, поэтому в их песнях нередко звучал сильнейший душевный надрыв. Юлий Ким тоже прошел через трагические испытания, однако он выбрал музыку другого характера. Упрямый и неунывающий артист одиноко плывет навстречу будущему. И пусть его ждет океан трудностей и невзгод, артист будет обворожительно петь.

Пусть бесится ветер жестокий
В тумане житейских морей,
Белеет мой парус такой одинокий
На фоне стальных кораблей.

Из песни Остапа Бендера в фильме «12 стульев»

Среди корейцев, переселившихся из Приморья в Среднюю Азию, а затем в центральную Россию, были и выдающиеся

Николай Шин (Шин Сун Нам).
(Фото: koryo-saram.ru)

художники. В первую очередь нашего внимания заслуживают Варлен Пен и Син Сун Нам.

Варлен Пен родился в Приморье, учился в Свердловском художественном училище, затем в Ленинградском государственном академическом институте живописи, скульптуры и архитектуры имени И. Е. Репина, где впоследствии и преподавал. В 1947 году он стал членом Союза художников СССР, получив признание как мастер советского реализма.

В 1953 году по направлению Министерства культуры СССР Варлен Пен отправился в Северную Корею, где, получив должность директора Пхеньянского художественного училища, способствовал заложению основ северокорейского искусства. Во время пребывания в Северной Корее, которое длилось один год и три месяца, Варлен Пен написал ряд картин маслом и изготовил несколько гравюр с пейзажами Кэсона и Пхеньяна, в которых явственно ощущается сильная любовь художника к своей исторической Родине.

Син Сун Нам родился в городе Находка. Затем, уже взрослым, переехав в Ташкент, учился там в художественном училище имени П. П. Бенькова, затем в Ташкентском театрально-художественном институте имени А. Н. Островского. С 1962 года

Картина Николая Шина «Я и моя сестра». (Фото: Светлана Шин)

Син Сун Нам – член Союза художников СССР, а с 1990 года – член Союза художников Узбекистана. В 1987 году Син Сун Нам получил звание заслуженного деятеля искусств Узбекистана.

Как художник, он пользовался большим почетом: персональные выставки Син Сун Нама проходили в Третьяковской галерее и Государственном музее искусств Узбекистана. Впитавший в себя каноны как восточной, так и западной культуры, художник создал свой уникальный мир изобразительного искусства, отличающийся разнообразием стилей от реализма до абстракционизма. Когда в советском искусстве монопольно господствовал соцреализм, Син Сун Нам, используя полученные от государства материалы, рисовал то, что требовала от него система, однако по ночам творил картины по зову своей души. На сэкономленные с зарплаты деньги художник приобретал качественный инвентарь, с помощью которого он создал серию масштабных полотен, изображавших историю принудительного переселения малых народов. Поскольку тема депортации была запретной, Син Сун Нам трудился втайне от чужих глаз. Благодаря кисти художника невзгоды и беды, выпавшие на долю корейских переселенцев, их мытарства на огромных пространствах Евразии были сублимированы в изобразительном искусстве. Познакомившись с пронзительным творчеством Син Сун Нама, господин Им Ён Бан, занимавший тогда должность директора Национального музея современного искусства в Сеуле, лично приложил все усилия, чтобы организовать выставку его работ. Свои мотивы господин Им Ён Бан объяснил следующим образом:

«От произведений Син Сун Нама исходит особое очарование. Их животрепещущая народность, самобытность и лиричность вызывают в наших душах сильное сочувствие. К тому же в его картинах мы можем обнаружить то, в чем заключается истинность жизни. Они учат нас, что именно смелость и терпение, вера и труд, любовь и уважение возвышают и облагораживают человеческую жизнь... И тем самым эпические страдания и испытания венчаются победой и славой. Трагическая жизнь наших соотечественников на суровой русской земле благодаря художественному дару Син Сун Нама была запечатлена на его полотнах, став высоким искусством».

После выставки в 1997 году Син Сун Нам передал в дар Национальному музею современного искусства свой шедевр «Реквием, безмолвный крик, чума» и еще 64 картины. Его поступок южнокорейские художники до сих пор считают образцом для подражания.

Начатая Михаилом Горбачевым перестройка принесла

Картина Николая Шина «Сбор винограда». (Фото: Светлана Шин)

новые веяния в культуру и искусство. Расширение свободы творчества и слова вдохнуло новую жизнь в эту сферу. Ранее запретные темы нашли выражение в разных жанрах искусства. Активизировались международные контакты. Советские деятели культуры и искусства получили возможность чаще выезжать в зарубежные страны с концертами и частными визитами. В этот период советская молодежь сходила с ума по западной культуре, главным символом которой стали джинсы и пришедшая с Запада рок-музыка. А ярчайшей рок-звездой этого времени – музыкант

Почтовая марка России 1999 года, посвященная Виктору Цою. (Фото: ru.wikipedia.org)

корейского происхождения Виктор Цой.

Он родился в Ленинграде в семье инженера и преподавательницы физкультуры. Учился в средней художественной школе, затем в художественном училище, откуда был отчислен. Поступил в СГПТУ-61 на специальность резчика по дереву. Со школьных лет под влиянием творчества Владимира Высоцкого и Брюса Ли увлекался музыкой и восточными единоборствами. Создал свою рок-группу, назвав ее «Кино», и стал кумиром фанатов рок-музыки.

Весной 1983 года группа «Кино» участвовала во всероссийском рок-фестивале. На его открытии Виктор Цой исполнил песню «Я объявляю свой дом безъядерной зоной», которая была признана лучшей антивоенной песней, а группа «Кино» получила лауреатское звание. О рок-музыканте корейского происхождения заговорила вся страна. На фестивале в 1985 году группа «Кино» вновь получила лауреатское звание, в продажу поступил ее альбом. Популярность Виктора Цоя возрастала бешеными темпами.

Между тем рок-звезде по вечерам приходилось мыть баню или работать кочегаром в котельной. Ленинградская котельная «Камчатка» стала своего рода колыбелью русской рок-музыки, подарившей миру Виктора Цоя и еще нескольких рок-

Горельеф на стене котельной «Камчатка», где работал Виктор Цой. (Фото: fishki.net)

музыкантов. Фанаты до сих пор посещают это место как святыню рока.

В 1987 году группа «Кино» выступает блистательно. На фестивале рок-музыки она получает приз «За творческое совершеннолетие», приступает к записи альбома под названием «Группа крови», песня из которого с одноименным названием хорошо известна каждому жителю Южной Кореи благодаря исполнению Юн До Хёна.

Осенью этого же года Цой улетает в Алма-Ату, где снимается в фильме «Игла», ставшем его последним фильмом. Затем группа гастролирует по стране, собирая аншлаги на каждом концерте. В начале 1989 года Виктор Цой посещает Францию, а летом отправляется в Америку. В июне 1990 года на Большой спортивной арене Лужников при огромном стечении зрителей состоялся последний концерт группы «Кино», во время которого впервые после Олимпиады 1980 года в Олимпийской чаше был зажжен огонь.

Кадр из фильма-биографии «Лето» режиссера Кирилла Серебренникова о Викторе Цое. (Фото: iz.ru)

Жизнь легендарного певца, гитариста, автора песен и киноактера оборвалась трагически. В 1990 году Виктор Цой погиб в автоаварии на трассе недалеко от Риги.

Российская молодежь до сих пор любит песни Виктора Цоя. Его звезда взошла на закате советской эпохи, он стал культовой личностью благодаря свободолюбию, безрассудной смелости и нежеланию жить по шаблонам прежнего поколения. А ранняя смерть на пике популярности вознесла культ Виктора Цоя на недосягаемую высоту. На похоронах певца собрались тысячи поклонников его таланта, некоторые из них покончили свою жизнь самоубийством, не в силах пережить утрату кумира. До сих пор продолжают сниматься художественные и документальные фильмы о трагической жизни и творческом мире Виктора Цоя, а на Арбате в Москве в память о певце установлена «стена Цоя». Исписанная надписями, она стала популярным туристическим местом. У истинных поклонников творчества Виктора Цоя

Памятник Виктору Цою. (Фото: ru.wikipedia.org)

принято оставлять у стены надломленную прикуренную сигарету.

Переход на рельсы рыночной экономики после распада СССР повлек за собой кардинальные перемены в сфере поп-искусства. Настало время, когда деятели искусства остались без государственного финансирования и в своем творчестве должны были рассчитывать исключительно на собственные силы. В культуре и искусстве наступила эпоха так называемого коммерциализма, на смену эстрадному искусству пришел шоу-бизнес. Весьма в нем преуспела певица корейского происхождения Анита Цой.

Разносторонне одаренная девушка, окончившая юридический факультет МГУ, в 1997 году она официально начала выступать в жанре рок-музыки под сценическим именем Анита Цой. Под влиянием мамы, которая играла на фортепиано, Анита с детства обучалась игре на нескольких музыкальных инструментах.

Свою музыкальную деятельность она начала в 1986 году. В начале 1990-х годов Анита солировала в хоре корейской пресвитерианской церкви «Поющие ангелы». После окончания Вокального отделения ГИТИСА Анита уходит в бизнес, чтобы заработать денег на выпуск своего дебютного альбома. Этот факт красноречиво говорит нам об активной жизненной позиции певицы.

В 1991 году Анита выступила в Пхеньяне на фестивале, посвященном объединению Кореи. Там с певицей произошла занимательная история. За исполнение песни с признанием в любви к Ким Ир Сену Анита получила первое место и была награждена значком Ким Ир Сена, которым она не преминула тут же воспользоваться, застегнув им юбку, когда на ней сломалась молния. «За надругательство над ликом товарища Ким Ир Сена» незадачливая победительница фестиваля в течение двадцати четырех часов была выдворена из Северной Кореи.

Первый сольный альбом Аниты «Полет» вышел в 1997 году. Он был густо пропитан атмосферой музыки Виктора Цоя. Анита призналась, что с детства является страстной поклонницей рок-кумира, поэтому первую песню своего альбома она посвятила Виктору Цою. Многие песни Аниты стали хитами. Певица занимается благотворительностью и бизнесом, является успешной телеведущей. Своей активной деятельностью в различных сферах она вносит весомый вклад в улучшение имиджа корейцев в России. Приняв участие в телевизионном шоу «Цирк со звездами», Анита во время исполнения акробатического трюка упала с большой высоты и повредила спину, но нашла в себе силы встать и заново исполнить трюк. Героический поступок хрупкой женщины у многих российских зрителей остался ярким

Стена Виктора Цоя на Арбате в Москве. (Фото: ИРИ)

Анита Цой. (Фото: baba-deda.ru)

Анита Цой. (Фото: songkeybpm.com)

воспоминанием.

После 1990 года стали возможные прямые культурные контакты между Южной Кореей и Россией, поэтому, начиная с этого времени, постепенно активизируется деятельность южнокорейских артистов на российской сцене. В России с блеском выступали пианист Пэк Кон У, артист балета Ким Ки Мин и многие другие южнокорейские деятели культуры и искусства.

Пианист Пэк Кон У произвел мощнейшее впечатление на

Обложка альбома Пэк Кон У. (Фото: maniadb.com)

Совместная фотография Виктории Терёшкиной и Ким Ки Мин. (Фото: pp.vk.me)

российских любителей классической музыки великолепным исполнением произведений Рахманинова. Ким Ки Мин учился у русских мастеров балета и стал солистом балетной труппы Мариинского театра, выступая там с большим успехом.

Южнокорейские корпорации занимаются меценатской деятельностью в России, активно поддерживая культуру и искусство. Samsung Group выступает в качестве соучредителя литературной премии «Ясная Поляна», а Lotte Group является спонсором премии «Лицей» имени Александра Пушкина, которая призвана способствовать поиску и поддержке молодых талантливых авторов.

ЛИТЕРАТУРНАЯ ПРЕМИЯ
ЯСНАЯ ПОЛЯНА
ПРИ ПОДДЕРЖКЕ SAMSUNG
УЧРЕЖДЕНА В 2003 ГОДУ

Логотип литературной премии «Ясная Поляна». (Фото: yppremia.ru)

Церемония награждения литературной премией «Лицей» имени А. С. Пушкина для молодых писателей и поэтов, учрежденной группой компаний «ЛОТТЕ» в России. (Фото: ИРИ)

# Глава 8

# Корейцы – Герои Труда и звезды спорта, сиявшие на весь СССР

Когда война и разделение Кореи закрыли обратный путь на историческую родину проживавшим в Советском Союзе корейцам, они смогли органично влиться в советское общество и начали расширять свое поле деятельности. Один раз уже потеряв родину, они слишком хорошо знали, как сложно жить без отечества. Поэтому советские корейцы еще больше ценили новую родину, привыкая к незнакомым и порой даже суровым условиям своего существования. Несмотря на все трудности и препятствия, с которыми сталкивались представители малых народов и национальных меньшинств, корейцы, благодаря своему исконно корейскому трудолюбию и добросовестности, добились впечатляющих результатов в труде и других областях общественной жизни. Прежде всего корейцы во всеуслышание заявили о себе, дав стране многих Героев Социалистического Труда.

Звание Героя Социалистического Труда учредил 27 декабря 1938 года своим указом Президиум Верховного Совета СССР. Присвоение этого звания особо отличившимся труженикам было призвано стать наивысшим знаком отличия, честью и славой, как для самого труженика, так и для его коллектива. С 1940 года наряду с присвоением звания Героя Социалистического Труда стали вручать Золотую медаль «Серп и Молот». С 1938 по 1991 год Героями Социалистического Труда стали 20605 человек, из них 209 корейцев. И среди них – выдающийся человек, дважды Герой Социалистического Труда – председатель колхоза «Полярная звезда» Ким Пён Хва.

Большинство корейцев удостаивались звания Героя Социалистического Труда за особые успехи в животноводстве и в таких отраслях сельского хозяйства, как рисоводство, хлопководство и выращивание сахарной свеклы. Поскольку основная часть проживавших в Средней Азии корейцев была занята в сельском хозяйстве, в сознании советских людей укрепилось, что корейцы являются специалистами именно в этой области. Несмотря на то, что после переселения из Приморья в Среднюю Азию корейцы оказались в крайне критической ситуации, они, проявив невероятное упорство, постепенно справились с новыми и суровыми условиями, заняв достойное место в советском обществе. Например, один Каратальский район Талды-Курганской области Казахской ССР дал стране 31 Героя Социалистического Труда, причем 29 из них, то есть подавляющее большинство, были корейцами. Только в колхозе «Полярная звезда», которым руководил Ким Пён Хва, 26 корейцев получили звание Героя Социалистического Труда.

Жизнь Ким Пён Хва полностью отражает судьбу корейцев, переселившихся в Россию. Его отец в 1914 году, спасаясь от бедности, со всей семьей поселился в деревне Чапигоу Никольск-Уссурийского уезда, где семья получила российское подданство.

Герой Социалистического Труда Ким Пен Хва. (Фото: warheroes.ru)

После смерти отца в 1916 году вся забота о родных легла на плечи Ким Пён Хва. С юности он трудился, не покладая рук. Окрепнув морально и физически, вступил в Коммунистический союз молодежи. С 1924 по 1927 год Ким Пён Хва нес службу в Красной армии, где с целью продвижения по военной службе несколько раз пытался вступить в ряды ВКП(б), и в 1927 году его попытки наконец увенчались успехом.

В 1929 году Ким Пён Хва принимает участие в конфликте на КВЖД, таким образом подготовив основание для успеха в качестве военного. В 1931 году начинает получать офицерское образование в Московском военном пехотном училище имени В. И. Ленина, что было большой редкостью для представителя малых народов. Однако по мере накаления международной обстановки и возрастания угрозы государственной безопасности СССР, у Сталина прогрессировала шпиономания. На фоне охвативших страну репрессий Ким Пён Хва в 1939 году был арестован, исключен из партии и лишен офицерского звания. Вскоре его

Герои Социалистического Труда колхоза «Полярная звезда». (Фото: koryo-saram.ru)

освободили и даже восстановили в партии, но вслед за этим он получил приказ переехать на жительство в Узбекскую ССР.

Там Ким Пён Хва заведовал строительством колхоза «Новый Путь». В это время в Средней Азии наиболее остро стояла проблема отсутствия жилья для корейских переселенцев, которые были брошены буквально в чистом поле. Не хватало ни строительных материалов, ни транспорта, ни квалифицированных инженеров, но зато корейцам было не занимать целеустремленности и упорства. За короткий срок Ким Пён Хва благодаря грамотной организации труда сумел коренным образом изменить ситуацию. Это привлекло к нему внимание партийного руководства. В 1940 году по рекомендации местного райкома партии Ким Пён Хва был избран председателем колхоза «Полярная звезда». Под руководством нового председателя колхоз каждый год добивался высоких урожаев, превратив в плодороднейшие поля многие гектары целинной земли. Так под руководством Ким Пён Хва колхоз «Полярная звезда» стал

Музей Ким Пен Хва в Узбекистане. (Фото: koryo-saram.ru)

образцовым хозяйством в масштабах всего СССР.

В 40-е годы Ким Пён Хва приложил много сил для строительства жилья для колхозников «Полярной звезды», большая часть которых была вынуждена довольствоваться проживанием в казармах, бараках и времянках. Советское правительство в силу ограниченности бюджета не могло обеспечить их благоустроенным жильем. Желая решить эту проблему, Ким Пён Хва часть средств, получаемых колхозом от выращивания риса, направил на строительство домов, электростанции, школы, библиотеки, амбаров, складов, загонов для скота. В 1945 году, когда из-за прошедшей войны весь Советский Союз лежал в руинах, каждый колхозник «Полярной звезды» жил в собственном доме.

Когда грянула Великая Отечественная война, в Узбекской ССР,

как и по всей стране, началась кампания по сбору средств на нужды Красной армии. Большую роль в этой кампании сыграли корейские колхозы и, в частности, «Полярная звезда». В 1943 году труженики этого колхоза собрали более двух миллионов рублей на строительство самолетов, причем сто тысяч рублей внес лично Ким Пён Хва.

После окончания войны колхоз «Полярная звезда», постоянно собирая высокие урожаи, способствовал решению продовольственной проблемы. Несмотря на общую отсталость региона и нехватку как сельскохозяйственной техники, так и удобрений, колхоз давал рекордные урожаи, которые в три и более раз превышали производственное задание партии.

Корейские колхозы гордились грамотной организацией труда, позволявшей им выращивать рис даже в засушливых районах. Корейцы показывали удивительную преданность Советскому Союзу. Когда их новая родина оказалась в трудном положении, они единодушно и с полной самоотверженностью пришли на помощь. Даже несмотря на то, что корейцев согнали с насиженной земли в Приморье, они прикладывали все силы, чтобы обосноваться на новом месте, став членами большой советской семьи.

Жизнь не скупилась для них на сюрпризы. В начале 50-х, когда благодаря рисоводству в колхозе «Полярная звезда» наступила долгожданная стабильность, от Министерства сельского хозяйства СССР поступил приказ переориентироваться на выращивание хлопчатника. Для увеличения и поддержания плодородности земель корейцы использованию химических удобрений предпочитали натуральные органические удобрения. Вот и теперь, не выбирая легких путей, они, прежде чем

Колхоз «Полярная звезда». (Фото: koryo-saram.ru)

приступить к полноценному производству, приложили все усилия для подготовки необходимой базы, в первую очередь занявшись созданием ирригационной системы и высадкой лесозаграждений. Как и в рисоводстве, так и в выращивании хлопчатника они добились впечатляющих успехов, превысив план в несколько раз.

Колхоз «Полярная звезда» по праву мог гордиться самой высокой урожайностью во всем Советском Союзе. Уровень благосостояния колхозников также рос быстрыми темпами. Появились современные культурные учреждения, школа, амбулатория, детские ясли. Отстраивались жилые дома. В колхозе, где проживало более тысячи семей, было шесть школ, почтовое отделение, библиотека, баня с парикмахерской и аптека. В каждую семью пришло электричество и радио. Кроме того, была организована футбольная команда, построен стадион и клуб со зрительным залом. Председатель колхоза Ким Пён Хва дважды (в 1948 и 1951 годах) получил звание Героя Социалистического Труда. Среди колхозников «Полярной звезды» 15 человек в 1949 году удостоились этого высокого звания, а в 1957 году к ним прибавилось еще 11 односельчан – Героев Социалистического Труда.

В 1960-х годах Ким Пён Хва избирался депутатом Верховного Совета Узбекской ССР. Четырежды награждался орденом Ленина, дважды – орденом Трудового Красного Знамени. Кроме того, он был отмечен орденом Октябрьской Революции и орденом «Знак Почета». Обладая гибким мышлением и способностью быстро приспосабливаться к системе, Ким Пён Хва на протяжении 34 лет руководил колхозом, оставив большой след в истории советского общества. Он признавался, что обычно называет Советский Союз своей второй родиной, но, как истинный кореец, он не забыл свою первую родину и не хочет, чтобы ее забыли переселенцы и их дети. Благодаря Ким Пён Хва в колхозе была построена корейская школа, издавалась газета на корейском языке.

Кроме Ким Пён Хва, в Узбекской ССР руководили колхозами и другие корейцы, которые за высокие результаты, показанные в повышении производительности труда, были удостоены звания Героя Социалистического Труда. Упорство корейцев, этих представителей малого народа, было поистине невероятным. Их стараниями имидж корейцев в Советском Союзе существенно улучшился, более того – улучшился имидж всего Узбекистана в целом.

В СССР было принято в честь людей, получивших два и более раз звание Героя Социалистического Труда, сооружать на их

Герой Социалистического Труда Хван Ман Гым. (Фото: koryo-saram.ru)

родине бронзовый бюст, поэтому на въезде в колхоз «Полярная звезда» был установлен памятник Ким Пён Хва.

В деле создания образцового хозяйства на территории Узбекской ССР отличился и председатель другого колхоза – Хван Ман Гым. Родом из Приморья, среднее образование он получил в Хабаровске, собирался стать штурманом, но неожиданно вместе со всей семьей был депортирован в Узбекскую ССР. Намереваясь в будущем стать преподавателем в университете, Хван Ман Гым в 1938 году устроился на первую свою работу, став учителем корейского языка в школе. Однако в том же году использование корейского языка в Советском Союзе было запрещено, и Хван Ман Гым стал рабочим на Янгиюльском хлопковом заводе. С 1939 года занимал там различные хозяйственные должности, являясь кандидатом в члены Коммунистической партии. В 1947 году Хван Ман Гым был назначен председателем колхоза «Ленинский путь». С 1951 по 1953 год заведовал сельскохозяйственным отделом Верхне-Чирчирского райкома ВКП(б). В 1953 году был избран председателем разваливающегося колхоза «Политотдел».

Кардинально обновив методы управления, Хван Ман Гым за три года вывел его в число передовых хозяйств Ташкентской области.

В январе 1957 года Указом Верховного Совета СССР Хван Ман Гыму было присвоено звание Героя Социалистического Труда, кроме того, десять колхозников «Политотдела» наградили орденами. В последующие годы Хван Ман Гым был награжден орденом Ленина и орденом Октябрьской Революции, а в 1976 году возглавляемый им колхоз «Политотдел» был признан лучшим в СССР, став местом, которое обязательно показывали высокопоставленным иностранным гостям. В то время в колхозе был возведен Дворец культуры на 1200 мест, два стадиона, активно развивалась общественная инфраструктура, построены большой магазин, больница, школа.

В 1949 году звание Героя Социалистического Труда получил

Советская гимнастка Нелли Ким посетила колхоз «Политотдел». (Фото: koryo-saram.ru)

звеньевой колхоза «Авангард» Ким Ман Сам. Он начал заниматься рисоводством в Кызылординской области Казахской ССР в 1947 году и вскоре добился превосходных результатов.

Взрослые мужчины, которые являются главной производственной силой, в военные годы были мобилизованы, многие потом не вернулись с войны, отсутствовала государственная поддержка в сфере механизации, но даже в таких трудных условиях корейским колхозам, расположенным в Казахской ССР, удалось увеличить площадь рисовых полей в 3,5 раза и постоянно перевыполнять производственные задания. В корейском колхозе «Авангард», который изначально организовывался на целинных землях, не только возвели электростанцию, но и построили Дом культуры и школу, отремонтировали имеющиеся здания. Условия жизни постоянно улучшались. Звеньевой колхоза «Авангард» Ким Ман Сам и еще 18 колхозников-корейцев стали Героями Социалистического Труда.

Ким Ман Сама за рекордные урожаи прозвали королем

Советский рисовод Ким Ман Сам.
(Фото: koryo-saram.ru)

Кадры документального фильма о корейском колхозе «Авангард», снятого в 1946 году режиссером И. Верещагиным. (Фото: ИРИ)

Кадр из фильма, на котором запечатлены Ким Ман Сам и Ким Хон Бин. (Фото: ИРИ)

риса. Он вместе со своим сыном Ким Хон Бином прикладывал большие усилия для поисков способов повышения урожайности. Они выводили новые сорта и совершенствовали агротехнические методы. Экспериментальным путем Ким Ман Сама и Ким Хон Бин выяснили, в какой период следует подавать на поле воду, какие минеральные удобрения лучше всего подходят для рисовой культуры, ввели в практику прополку. Добившись повышения урожая, они распространили свою методику и на другие колхозы. Ким Ман Сам внес большой вклад в строительство ирригационной системы. Получив признание в Казахской ССР, разработанная Ким Ман Самом агротехника была представлена Совету казахского отделения Всесоюзной академии сельскохозяйственных наук имени Ленина, а также на Выставке достижений народного хозяйства. И везде получила высокую оценку и рекомендации к использованию.

Очередной наш герой – Цай Ден Хак, который, подбадривая людей, впавших в уныние после переселения из Приморья, не только организовал колхоз «III Интернационал», но и принял туда и обучал сельскому хозяйству месхетинских турок, которые, как и корейцы, подверглись депортации. Турки были упорными и физически крепкими, поэтому благодаря их участию в работе колхоза производительность труда увеличилась. Цай Ден Хак возглавлял колхоз «III Интернационал» с 1937 по 1984 год, будучи его идейным вдохновителем. Этот колхоз прославился на весь Советский Союз отсутствием безработных и бездомных. Цай Ден Хак дважды избирался депутатом Верховного Совета Казахской ССР, награжден многими орденами, в советском обществе пользовался глубоким уважением как народный герой.

Цай Ден Хак способствовал тому, чтобы жители многонационального поселения, которые говорили на казахском, корейском, русском и турецком языках, изучали языки друг друга и делились своими традициями. На наш взгляд, в этом заключается одна из самых главных заслуг Цай Ден Хака. Именно благодаря этому он был признан по-настоящему интернациональным лидером. Не ограждаясь от представителей

Герой Социалистического Труда Цай Ден Хак. (Фото: ru.wikipedia.org)

других народов, он сделал корейское общество более открытым и творческим. Несмотря на то, что колхоз «III Интернационал» представлял собой лишь небольшой аул, там была проведена асфальтированная дорога, построена больница и Дом культуры.

В 1950–60-е годы между корейскими колхозами развернулось негласное соревнование: кто соберет больше хлопка или кенафа, у кого лучший Дом культуры, чья футбольная команда сильнее. Такое соревнование способствовало стремительному развитию социалистической экономики и порождало здоровую конкуренцию между тружениками сельского хозяйства, приводившую к повышению их благосостояния. Корейцы быстро привыкали к новым условиям жизни, с гибкостью воспринимая чужую культуру. Им удавалось выполнить даже самые сложные и, казалось бы, невыполнимые распоряжения партии, в самые короткие сроки корейцы добивались многократного увеличения урожайности. Благодаря прогрессировавшим результатам труда с 1962 по 1970 год многие корейцы, начиная с депутата Верховного Совета СССР Любови Ли и сахалинской рыбачки Хан Шуры,

Герой Социалистического Труда Екатерина Ан (вторая справа), принявшая участие в Сельскохозяйственной выставке СССР 1953 года, рассказывает о своих достижениях комсомолкам. (Фото: newsland.com)

получили звание Героев Труда.

Призывая к строительству социализма, Сталин особо подчеркивал необходимость в быстрой и четкой работе. Трудолюбивые и усердные корейцы как нельзя лучше отвечали этим требованиям. С 1948 по 1951 год многие корейцы получили звание Героя Социалистического Труда, однако в следующее десятилетие их число постепенно снижалось. Председатели корейских колхозов, ставшие Героями Социалистического Труда в первое время, в большинстве своем были сыновьями первого поколения корейских переселенцев, депортированных из Приморья. Именно сельскохозяйственный опыт их отцов помог им возделать целинные земли в Средней Азии. Однако период, когда корейцы в основном заявляли о себе благодаря успехам в земледелии, прошел, и появлялись корейские герои нового типа.

Корейцы стали проявлять себя в культуре, искусстве и спорте, появился даже Герой Советского Союза – Александр Мин.

Родившийся в Приморье Александр Мин в 1941 году был призван в Красную армию. 5 июля 1943 во время Курской битвы он организовал круговую оборону и лично участвовал в отражении четырех немецких атак, поразив семерых врагов. За выдающуюся отвагу и личный пример бойцам Александр Мин 25 июня 1943 года был награжден орденом Красной Звезды, затем неоднократно награждался орденами за организацию взаимодействия между подразделениями во время боев с врагами. В январе 1944 года капитан Александр Мин был назначен командиром батальона 605-го стрелкового полка 132-й стрелковой дивизии 65-й армии 1-го Белорусского фронта. Отличился в боях за освобождение Украины на территории Волынской области. 4-5 июля 1944 года в боях за город Ковель батальон под командованием капитана Александра Мина отразил пять контратак и, преследуя отходящего противника, захватил село Старые Кошары. Однако 9 июля при прорыве сильно укрепленной обороны немцев в районе села Паридубы Александр Мин был убит.

24 марта 1945 года капитану Александру Мину было посмертно присвоено звание Героя Советского Союза «за образцовое выполнение боевых заданий командования на фронте борьбы с немецко-фашистскими захватчиками и проявленные при этом мужество и героизм». Так же посмертно он был награжден орденом Ленина и орденом Отечественной войны I степени. Александр Мин стал единственным корейцем, получившим звание Героя Советского Союза во время Второй мировой войны. Бюст Героя установлен у здания средней школы в селе Бурыл

Герой Советского Союза Александр Мин. (Фото: liveinternet.ru)

Надгробный памятник Александру Мину. (Фото: liveinternet.ru)

Жамбылской области Республики Казахстан и в мемориальном комплексе «Аллея Героев» Рязанского военно-пехотного училища. В Узбекистане именем Александра Мина названа школа и сад, а на здании средней школы № 254 острова Путятина установлена мемориальная доска в честь Героя Советского Союза А. П. Мина.

Среди советских корейцев были и прославленные литераторы. И в первую очередь хотелось бы рассказать о писателе, поэте и общественном критике Чо Мён Хи, которого называют отцом современной корейской литературы.

В отличие от других корейских писателей, которые родились и выросли в СССР, Чо Мён Хи родился в Корее, в уезде Чинчхон провинции Чхунчхон-Пукто. На протяжении восьми лет с 1920 по 1928 год Чо Мён Хи вел активную литературную деятельность у себя на Родине, публикуя стихи, романы, пьесы, критические статьи и произведения для детей.

Чо Мён Хи – корейский писатель, поэт. Он был одним из создателей современной корейской литературы и идеологом Корейской федерации пролетарского искусства. (Фото: koryo-saram.ru)

В 1928 году он эмигрировал в СССР, где в приморской деревне Пуциловка три года работал школьным учителем, затем переехал в Хабаровск. В 1934 году Чо Мён Хи возглавил Дальневосточное отделение Союза писателей СССР, работал ответственным редактором газеты на корейском языке «Сэнбон»(«Авангард») и журнала «Родина трудящихся», где также публиковал собственные литературные произведения. Его стихи и очерки этого периода были проникнуты радикальной пролетарской идеологией. Рассказывая о страданиях корейского народа под колониальным гнетом, Чо Мён Хи выражал стремление к освобождению Родины, а также воспевал достижения советского общества. В произведениях «Река Нактонган», «Под красным знаменем» и «Растоптанная Корея» Чо Мён Хи изображает жизнь и борьбу корейцев против захватнических действий японцев по экспроприации земель, воспевает идеалы свободных корейцев-коммунистов. Чо Мён Хи оценивают как истинного патриота, считавшего литературу оружием в борьбе за освобождение Родины.

Став членом Союза писателей СССР, Чо Мён Хи жил в Доме

писателей вместе с лучшими представителями советской литературы того времени, в числе которых был и хорошо извествный в Корее литератор Александр Фадеев. Однако в тот момент, когда Чо Мён Хи уже был готов подняться на уровень мировых писателей, он был подкошен безжалостной судьбой. В разгар сталинских репрессий 1937 года Чо Мён Хи арестовали, а 11 мая 1938 года по ложному обвинению в шпионаже в пользу Японии корейского писателя расстреляли. В 1956 году Чо Мён Хи реабилитировали за отсутствием состава преступления.

Обычно считают, что советская корейская литература берет свое начало 1 марта 1923 года, когда на Дальнем Востоке вышел первый номер корейской газеты «Сэнбон». В советские годы корейские писатели своим творчеством способствовали

Памятник Чо Мён Хи во Владивостоке. (Фото: ИРИ)

распространению коммунистической идеологии и пропаганде советской власти. В условиях советской системы корейская литература не выделялась в самостоятельное течение и без особых протестов со стороны корейских писателей использовалась в качестве инструмента государственной пропаганды. Однако особенность корейской литературы заключается в непрестанном поиске свободы, несмотря даже на то, что она находилась в оковах тоталитаризма. Ярким подтверждением тому служит творчество Романа Кима. Он был корейским писателем, свободным от догматики соцреализма.

Роман Ким родился в корейской семье, переселившейся из Кореи во Владивосток. Его мать была родственницей убитой в 1895 году корейской королевы Мин, выступавшей за сближение с Российской Империей. Его отец внешне был миролюбивым человеком и поддерживал отношения с японской элитой, однако внутри горячо ненавидел захватчиков своей Родины. Так, посылая своего сына на воспитание в Японию, он велел ему хорошо изучить врага, чтобы стать для того самым опасным врагом. Позже Роман Ким стал агентом советской тайной полиции ОГПУ, работавшим под именем Мартен.

В 1927 году, служа переводчиком у группы японских подводников, которые искали клад в Крыму, Роман Ким помог ОГПУ заполучить новейшие японские разработки в области подводного плавания. Будучи командированным на Лубянку в спецотдел ОГПУ, Роман Ким помог раскрыть японский военный и дипломатический код. В 1937 году он был арестован по обвинению в шпионаже в пользу Японии, но смог избежать печальной участи. Роман Ким так огорошил следователей признанием, что является не простым японским агентом, а

Обложка книги «Роман Ким» Александра из серии «Жизнь замечательных людей». (Фото: ИРИ)

ОБЩЕСТВО | СУДЬБА

САМУРАЙ ОСОБОГО НАЗНАЧЕНИЯ

В СЕРИИ «ЖИЗНЬ ЗАМЕЧАТЕЛЬНЫХ ЛЮДЕЙ» ВЫШЛА КНИГА О РОМАНЕ КИМЕ — ЭТО ПЕРВАЯ БИОГРАФИЯ ЯПОНОВЕДА В ИСТОРИИ ЖЗЛ. НО ЕСЛИ БЫ ТОЛЬКО ЯПОНОВЕДА… РОМАН НИКОЛАЕВИЧ КИМ — ЕЩЁ И ОДИН ИЗ СОЗДАТЕЛЕЙ ЖАНРА СОВЕТСКОГО ШПИОНСКОГО ДЕТЕКТИВА, ВЫДАЮЩИЙСЯ ЛИТЕРАТУРОВЕД, ПЕРЕВОДЧИК, А ГЛАВНОЕ — НАСТОЯЩИЙ СОВЕТСКИЙ… НИНДЗЯ. «ОГОНЁК» ПОПРОСИЛ АВТОРА КНИГИ ПРЕДСТАВИТЬ НАШИМ ЧИТАТЕЛЯМ СВОЕГО ГЕРОЯ

Статья Романа Кима (журнал «Огонёк», № 23, 13 июня 2016 года). (Фото: ИРИ)

резидентом Генерального штаба, что те не решились довести дело до расстрела.

Литературная деятельность Романа Кима началась в 1924

году, когда он перевел на русский язык несколько рассказов японского писателя Акутагава Рюносукэ. В 1927 году Роман Ким написал примечания к книге «Корни японского солнца» самого популярного писателя того времени Бориса Пильняка. Вплоть до 1945 года Роман Ким в основном был занят разведывательной деятельностью, но после ее завершения продемонстрировал необыкновенный литературный талант, когда увлекательнейшие события собственной жизни нашли отображение на страницах его произведений.

В литературе Советского Союза доминирующим течением был соцреализм, поэтому творчество Романа Кима, писавшего в основном шпионские романы, в принципе не могло получить высокую оценку со стороны литературных критиков. Однако в остросюжетных романах писателя проницательный читатель мог найти сложный подтекст. Писатель корейского происхождения, проведший долгие года жизни в сталинских лагерях, в своих произведениях указывает на ложность тоталитаризма. Иллюзорность тоталитарной системы разоблачается в романе «Школа призраков». Автор пишет, что все граждане тоталитарного государства – это не более чем призраки, изображающие солдат Красной армии, шпионов, идейных лидеров или авторов детективных романов, которые мечтают однажды стать настоящими людьми.

Корейские писатели, проявляя лояльность к идеям советской литературы, в то же время глубоко задумывались о собственной идентичности и душе, продолжающей метаться в поисках Родины. Порой они совершенно подстраивались под систему, ничем не отличаясь от ее представителей, а порой – вспоминали о собственных корнях и пытались нащупать новую, свою собственную литературу, которая позволила бы им избавиться от давления окружавшей их действительности и свободно вздохнуть. Рожденная в результате этих поисков корейская литература оставила яркий след в истории советской литературы, заняв место отдельного жанра.

Среди корейских художников выделяется творчество Пен Варлена. Он родился на далекой окраине России в корейской деревне в Приморской области. Но его природный талант не остался незамеченным, и Пен Варлена отправили учиться в Академию художеств имени И. Е. Репина, где он позже сам стал преподавателем.

Пен Варлен стал советским художником, получившим степень кандидата искусствоведения в лучшем художественном учебном заведении Советского Союза. И в 1953 году Пен Варлену наконец представился шанс побывать на своей исторической родине. Получив от советского правительства приказ возглавить развитие северокорейского изобразительного искусства, художник

Пен Варлен. (Фото: koryo-saram)

Автопортрет Пен Варлена. (Фото: koryo-saram)

отправился в Пхеньян, где провел один год и три месяца. Пен Варлен делился своим опытом и мастерством с северокорейскими художниками. Он написал несколько пейзажей Северной Кореи и портретов, выполненных в жанре реализма, в которых продемонстрировал выдающуюся работу с оттенками, сочетая смелые недомолвки с резкими мазками.

Творческий мир художника отличается глубиной и разнообразием. Пен Варлен написал много портретов коммунистических лидеров и Героев Социалистического Труда, что вполне типично для советской живописи. Кроме того, Пен Варлен рисовал портреты А. С. Пушкина, Б. Л. Пастернака и других великих русских писателей. Пен Варлен великолепно разбирался во всевозможных областях живописи, среди его произведений есть немало шедевров, написанных как маслом, так и акварелью. Кроме того, он создавал замечательные гравюры. Художник корейского происхождения, Пен Варлен способствовал развитию советского изобразительного искусства. И если прежде корейцы играли в советском обществе крайне ограниченную и даже пассивную роль, то о Пен Варлене можно сказать, что в своей области этот корейский художник значительно опережал многих своих советских соратников по творческому цеху.

Родившийся на окраине страны, кореец пробился в самый центр высокого советского искусства, оставив яркий след. Такое свершение по плечу только великому таланту. Будучи гражданином СССР, Пен Варлен однако старался не утратить свою корейскую идентичность. Хотя ему посчастливилось работать в Художественном институте Пхеньяна, но северокорейские власти отказали ему в гражданстве и выслали из страны. После этого дверь на историческую родину для

Пен Варлен. «Репатриация северокорейских военнопленных в Пханмунчжоме» (1953). На картине изображена сцена обмена военнопленными между Севером и Югом в начале августа 1953 года. (Фото: remch-ch.livejournal.com/1484538.html)

Пен Варлен. «Находка». (Фото: nimrah.ru)

Пен Варлена, который питал к ней необыкновенную любовь и интерес, захлопнулась навсегда. Живя в Пхеньяне, художник написал немало картин, запечатлевших корейскую природу, но и после возвращения в Советский Союз он продолжал тосковать по Корее. По этой причине Пен Варлен часто посещал Приморье, где зарисовывал пейзажи, до боли в сердце похожие на корейские. Творчество художника отличалось тематическим разнообразием. Есть в его коллекции и работы, вобравшие в себя горечь и боль Корейской войны и корейского раскола, и портреты выдающихся деятелей из третьего мира. Своим творчеством Пен Варлен повысил статус корейских деятелей искусства в Советском Союзе.

Далее речь пойдет о легендарной танцовщице Цой Сын Хи. Она была первой в Корее создательницей танцев, которые включали в себя элементы современной западной техники. В то время, когда многие на Западе мало что знали о такой стране, как Корея, Цой Сын Хи уже блистала на сцене лучших западных концертных залов, где ее звали не иначе как жемчужиной Востока или

Обложка книги «Искусство в свободной Корее» Виталия Латова, в которой содержится подробная информация о Цой Сын Хи. (Фото: koryo-saram.ru)

мировой примой.

Эпоха Цой Сын Хи началась в 1930–40-х годах, когда к ней пришла мировая слава. После выступления в Нью-Йорке в 1930 году ее даже назвали одной из десяти лучших танцовщиц мира. В 1938–41 годах Цой Сын Хи совершает мировое турне по странам Европы, Северной и Латинской Америки, в общей сложности дав 150 концертов. Приняв решение стать гражданкой КНДР, Цой Сын Хи вместе с мужем перебираются из Южной Кореи в Пхеньян, где лучшая танцовщица двух Корей открывает собственную танцевальную студию. Самые впечатляющие моменты творческой деятельности Цой Сын Хи в этот период связаны с зарубежными турне, включая выступления в Советском Союзе с участием в постановке балетных спектаклей и киносъемках. 7 июня 1950 года в СССР отправляется большой сводный художественный коллектив из Северной Кореи, основу которого составляли артисты Государственного художественного театра КНДР, Ансамбля Народной армии и танцевальной студии Цой Сын Хи. Таким образом, в коллектив из двухсот человек было включено двадцать пять артистов из танцевальной студии прославленной танцовщицы, включая ее дочь Ан Сон Хи.

Сводный северокорейский коллектив провел в Москве две недели, дав в общей сложности четыре концерта в Концертном зале имени П. И. Чайковского и в Московском музыкальном театре имени К. С. Станиславского и В. И. Немировича-Данченко. Кроме московских выступлений состоялось более десяти концертов в Ленинграде, Киеве, Новосибирске, Красноярске и других городах Советского Союза.

Вскоре после визита северокорейских артистов в Москву вспыхнула Корейская война. Несмотря на то, что Родина пылала

Танец «Будда в гроте» (слева) и «Танец с веером» (справа) в исполнении Цой Сын Хи (иллюстрации из книги «Искусство в свободной Корее»). (Фото: koryo-saram.ru)

в пожаре войны, Цой Сын Хи не прервала свое турне по СССР и КНР, за что подверглась резкой критике. Некоторые аналитики высказывают предположение, что советские гастроли сводного северокорейского коллектива с яркой звездой Цой Сын Хи были тактической уловкой, призванной отвести глаза мировой общественности от подготовки к развязыванию войны. Даже начало боевых действий 25 июня 1950 года не остановило эти выступления. Но сами артисты, в том числе и Цой Сын Хи, узнали об этой кровавой трагедии только после завершения гастролей.

Артисты вернулись в Пхеньян в августе, когда война была в самом разгаре. Танцевальная студия Цой Сын Хи была разрушена в ходе бомбардировки северокорейской столицы войсками ООН. В ноябре 1950 года Цой Сын Хи по настоянию своего

Во время выступления в Москве Ан Сон Хи (слева) и Ким Бэк Бонг (справа). (Фото: namu.wiki)

мужа Ан Мака бежала в Пекин, где открыла новую танцевальную студию, полностью посвятив себя обучению учеников, отобранных из разных районов Китая. В мае 1951 года Народный художественный молодежный ансамбль под руководством Цой Сын Хи принял участие в Третьем Всемирном фестивале молодежи и студентов в Восточном Берлине. И там Ан Сон Хи с номером «Танец с мечами» была удостоена главного приза фестиваля. Обратный путь лежал через Москву, где ансамбль дал концерт «Корейская ночь» в Театре имени Е. Б. Вахтангова. Затем ансамбль объехал с концертами еще несколько советских городов.

Когда Цой Сын Хи жила на юге Кореи, в центре ее выступлений в основном был собственно танец, однако после переезда в Северную Корею великая танцовщица сосредоточилась на

Портрет Цой Сын Хи с ее автографом для Маркса Хана, который работал переводчиком во время гастролей в Москве в 1951 г.
(Фото: koryo-saram.ru)

балетных спектаклях. Амбициозное произведение «Сказание о крепости Садо», мысли о создании которого Цой Сын Хи вынашивала долгое время, показало всему миру настоящее лицо так называемого корейского балета, получив высокую оценку за музыкальную составляющую, танцевальную технику и сценические декорации. Балетный спектакль «Сказание о крепости Садо» с успехом прошел в Советском Союзе и других зарубежных странах, получив множество лестных отзывов. В частности, солист Большого театра Евгений Белов в третьем номере популярного в Советском Союзе журнала «Огонек» от 15 января 1956 года следующим образом описал свои впечатления от просмотра «Сказания о крепости Садо» в театре «Моранбон» в Пхеньяне.

> Постановщик спектакля и исполнительница главной роли Цой Сын Хи – балерина, еще в тридцатых годах известная по выступлениям в странах трех материков. Организатор школы национального танца, она говорит, что только теперь обрела веру в жизненность своего искусства, в его необходимость народу. Каждая работа Цой Сын Хи, каждое ее выступление в балетных спектаклях и концертах – событие в художественной жизни Кореи. Таким событием был и упомянутый пятичастный балет Цой Ок Сан, поставленный Цой Сын Хи и ее труппой.

На Всемирном молодежном фестивале в Польше в 1955 году Цой Сын Хи участвовала уже в качестве члена жюри. Поставленный ею балетный спектакль «Мать Кореи» занял первое место в танцевальной номинации. Великая прима испытала двойную радость, когда главный приз фестиваля за «Танец с веером» был отдан танцевальной труппе китайских корейцев, которых она обучала танцевальному искусству во время проживания в Пекине.

С 20 сентября 1956 года по 22 января 1957 Цой Сын Хи совершила турне по Восточной Европе, посетив СССР, Болгарию, Румынию, Чехословакию, Албанию и другие страны.

В 1956 году в Северной Корее вышел фильм «Сказание о крепости Садо», который стал первым цветным фильмом и первым кинобалетом в стране. Фильм вызвал большой резонанс не только у себя на родине, но и в танцевальных кругах Восточной Европы во главе с Советским Союзом. Все сходились в оценке, что первый северокорейский кинобалет является высокохудожественным произведением, созданный лучшими

Советский постер фильма «Сказание о крепости Садо» (1956). (Фото: meshok.ru)

деятелями искусства своего времени и профессиональной съемочной группой. Однако на родине фильм стал основанием для шквала критики в адрес Цой Сын Хи, дескать, проявившей идеологическую ущербность, идеализируя в своем произведении распри дворцовых клик. Спустя два года после выхода фильма Цой Сын Хи исчезла со сцены.

В сентябре 1937 года мечтавшая о мировой сцене Цой Сын Хи дала в Токио прощальное выступление с новыми произведениями. Во время этого концерта на сцену вышла ее шестилетняя дочь Ан Сон Хи. Так состоялся дебют маленькой танцовщицы, унаследовавшей талант матери. Ан Сон Хи ждал удивительный взлет. В мае 1947 года на Первом Всемирном фестивале молодежи и студентов в Праге шестнадцатилетняя Ан

Сон Хи завоевала гран-при в танцевальном конкурсе.

В сентябре 1953 году Ан Сон Хи отправляется учиться в СССР. На протяжении четырех лет она обучалась балету и испанским танцам в Хореографическом училище при Большом театре и на балетмейстерском отделении ГИТИСа имени Луначарского. В сентябре 1955 года Ан Сон Хи в составе труппы «Мастера искусств Корейской Народно-Демократической Республики» отправляется на гастроли в страны Средней Азии. В Казахском театре оперы и балета в Алма-Ате она показывает свой танец с барабаном. Во время гастролей Ан Сон Хи принимает участие в съемках фильма советского кинорежиссера Александра Птушко «Илья Муромец», исполнив в нем танец тугарянки. 28 февраля 1956 года Ан Сон Хи с «Цыганским танцем» получила приз на Московском международном танцевальном конкурсе. В июне того же года обучение закончилось, и Ан Сон Хи вернулась в Северную Корею. В честь ее возвращения в театре «Моранбон» был устроен концерт, на котором Ан Сон Хи показала десять танцевальных номеров собственной постановки. Самых бурных и продолжительных оваций в этот день удостоился «Цыганский танец».

Ан Сон Хи снялась и в первом совместном советско-северокорейском фильме «Братья». Он готовился к 40-летию Октябрьской революции Корейской киностудией художественных фильмов и Киностудией имени М. Горького. Выступая в роли главной героини, Ан Сон Хи исполнила танец с веером и танец с барабаном. В этот период Ан Сон Хи вслед за своей матерью Цой Сын Хи получила мировое признание.

В съемках фильма «Братья» участвовала не только Ан Сон Хи со своей легендарной матерью, но и лучшие северокорейские актеры и творческая группа, работавшая рука об руку с коллективом

«Цыганский танец» в исполнении Ан Сон Хи. (Фото: m.sportsworld.com)

Танец «Синяя птица» в исполнении Ан Сон Хи. (Фото: m.sportsworld.com)

Киностудии имени М. Горького. Исполнение главных ролей было доверено северокорейским актерам, за съемки отвечала советская съемочная группа, в качестве режиссеров выступили И. В. Лукинский и Чон Сан Ин. В Пхеньяне премьера состоялась 23 августа 1957 года, московская же премьера из-за необходимости дублирования прошла позже – 12 апреля 1958 года.

«Танец с мечами» в исполнении Ан Сон Хи в фильме «Илья Муромец» (1956). (Фото: ИРИ)

В Северной Корее содержание и форма фильма подверглись неожиданной критике за догматизм и низкопоклонство. На фоне того, что северокорейское руководство взяло курс на минимизацию советского влияния, пленки с фильмом были изъяты из всех кинотеатров страны. Ответственность за провал была возложена на автора сценария Со Ман Иля. Он был самой подходящей персоной для этого, поскольку обучался в СССР и поддерживал тесные отношения с другими просоветски настроенными представителями северокорейской интеллигенции.

Творчество Ан Сон Хи отличалось от творчества ее матери. Если Цой Сын Хи в основу своего репертуара положила корейский национальный танец, то Ан Сон Хи в свое творчество охотно вводила танцы из репертуара Пекинской оперы, а также русские народные танцы и балет. Но в целом обе талантливейшие

Постер первого советско-северокорейского фильма «Братья» (1957). (Фото: remch-ch.livejournal.com)

Постер фильма «Братья», созданный Владимиром Сачковым. (Фото: rus-gal.ru)

корейские танцовщицы Цой Сын Хи и Ан Сон Хи в эпоху идеологической борьбы сумели познакомить весь мир с корейским танцем и оставили яркий след в истории советского искусства.

В советском спорте мы тоже можем найти несколько славных корейских имен. Не обладая выдающимися физическими данными, корейцы, благодаря феноменальному упорству, все же смогли проявить себя и в этой относительно трудной сфере. Среди них есть и спортивные звезды мирового класса.

В эпоху, когда для корейцев были перекрыты практически все пути к успеху, футболист Михаил Ан смог добиться выдающихся результатов и способствовал повышению престижа корейцев. Этот спортсмен обладал великолепным дриблингом и необыкновенным чувством паса. Играя на позиции полузащитника, он оставил яркий след в истории советского футбола. В то время советский футбол был настолько силен, что сборная СССР на Чемпионате Европы по футболу в 1960 году одержала победу, а в 1964 году – заняла второе место. У жителей СССР этот спорт пользовался бешенной популярностью.

Михаил Ан родился в колхозе имени Я. М. Свердлова в Верхнечирском районе Ташкентской области Узбекской ССР. Он

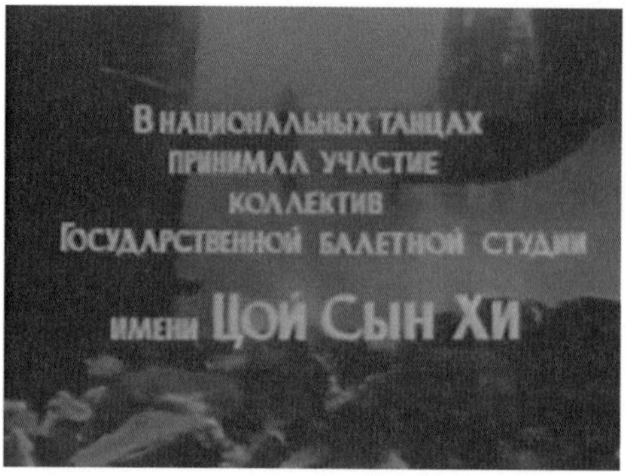


Фрагмент финальных титров фильма «Братья» с указанием участия в съемках коллектива Государственной балетной студии имени Цой Сын Хи. (Фото: ИРИ)

начал заниматься футболом в детском спортивном клубе при колхозе, где его талант быстро заметили. Подающего большие надежды мальчика отправили в школу-интернат спортивного профиля имени Г. Титова. В 1968 году семнадцатилетнего Михаила Ана включили в молодежную сборную СССР, состоявшую тогда в основном из русских футболистов. Тем не менее Михаил Ан был назначен капитаном команды, которая стала чемпионом Европы среди молодежных команд. На взрослом уровне Михаил Ан дебютировал в том же 1968 году, играя за футбольный клуб «Политотдел» из Ташкента. Через два года талантливый полузащитник стал играть за клуб «Пахтакор», слава которого тогда гремела не только на весь Советский Союз, но и на всю Европу.

В советских спортивных кругах Михаила Ана оценивали как гениального игрока, способствовавшего развитию советского

Михаил Ан (первый слева в первом ряду) в молодежной сборной СССР по футболу 1976 года. (Фото: footballinussr.fmbb.ru)

Михаил Ан с кубком победителя Чемпионата Европы по футболу 1976 года среди молодежных команд. (Фото: koryo-saram.ru)

футбола. В 1974 году Михаил Ан вошел в список 33 лучших футболистов сезона в СССР, показав по-настоящему звездную игру. Он – на секунду, полузащитник! – в 29 матчах высшей лиги чемпионата СССР забил 11 голов! В 1976 году Михаил Ан был выбран капитаном молодежной сборной СССР U-23.

11 августа 1979 года в небе над Украиной произошла страшная авиакатастрофа: самолет ТУ-134 с командой «Пахтакор» на борту столкнулся с другим самолетом. Все 178 пассажиров, включая 17 игроков команды, погибли. Таким образом, к сожалению, закончилась футбольная жизнь Михаила Ана, короткая, но очень яркая.

По мнению спортивных обозревателей, тренеров, болельщиков, всех любителей спорта, Михаил Ан был гениальным футболистом, блиставшим в составе сборной СССР. Он покорил всю Европу, нет – не мечом, а мячом. Он очаровал всех своей подвижностью, постоянным перемещением во время матча, умением читать ход игры, взаимопониманием с товарищами

Футбольная команда «Пахтакор», погибшая в авиакатастрофе 11 августа 1979 года. Михаил Ан второй справа в первом ряду. (Фото: prosports.kz)

по команде, точным и сильным ударом. Имя Михаила Ана с номером 8 на спине до сих пор сохранилось в памяти русских болельщиков. В детстве его прозвали Профессором за светлую голову. Он предугадывал все события текущего матча, работая на команду, мог вовремя отдать решающий пас, обладал прекрасным видением поля. Благодаря грамотному распределению мяча в центре поля и точному пасу он вел игру и всегда был на шаг впереди соперника.

В 1983 году именем Михаила Ана была названа улица в Ташкенте.

В Советском Союзе прославилась и гениальная гимнастка

Нелли Ким, которая в 1976 году на Олимпиаде в Монреале завоевала три золотые медали, а на московской Олимпиаде в 1980 году – еще два золота.

Нелли Ким родилась в городе Шураб Таджикской ССР в семье сахалинского корейца и волжской татарки. Затем семья переехала в Казахскую ССР. В возрасте девяти лет Нелли записалась в детско-юношескую спортивную школу города Чимкент, где тренировалась у Владимира Байдина и его супруги Галины Барковой. Вскоре юная гимнастка переросла республиканский уровень, сначала заявив о себе на весь Советский Союз, а затем – и на весь мир.

Нелли Ким в августе 1974 года заняла второе место в соревнованиях на кубок СССР, после чего до 1980 года неизменно добивалась успеха на всех крупнейших международных соревнованиях.

На Олимпийских играх 1976 года в Монреале в центре всеобщего внимания было соперничество между Нелли Ким и Надей Команечи в соревнованиях по гимнастике. В итоге советская гимнастка одержала победу в команде, опорном

Нелли Ким, завоевавшая три золотые медали на Олимпийских играх 1976 года в Монреале, Канада. (Фото: sportarena.com)

прыжке и вольных упражнениях. Судьи и публика отмечали ее красоту, изящность и яркую экспрессивность.

В следующем году Нелли Ким переехала в Белоруссию, выйдя замуж за белорусского гимнаста Владимира Ачасова, но продолжала выступать на соревнованиях. Абсолютная чемпионка СССР, на московской Олимпиаде 1980 года Нелли Ким за вольные упражнения получила от судей оценку 9,95 балла, разделив первое место с Надей Команечи, показавшей точно такой же результат. Одержав победу в команде, Нелли Ким добавила в свою копилку еще одну золотую олимпийскую медаль.

После завершения спортивной карьеры Нелли Ким стала тренером по гимнастике, работала также арбитром на соревнованиях. Тренировала национальную сборную Белоруссии по спортивной гимнастике. Заместитель председателя Белорусской ассоциации гимнастики Нелли Ким в 2004 году выбрана президентом женского технического комитета Международной федерации гимнастики. Начиная с 1984 года, судила все крупнейшие международные соревнования – Олимпийские игры, Чемпионаты мира и Европы. В 1999 году Нелли Ким была включена в Международный зал славы спортивной гимнастики.

В таком виде спорта, как бокс, с первой половины 1970-х годов до конца 1980-х годов блистал советский боксер корейского происхождения Владимир Шин. Член сборной СССР по боксу, он неоднократно становился чемпионом СССР в полутяжелой весовой категории. Бронзовый призер Чемпионата мира, обладатель Кубка мира, многократный чемпион Узбекской ССР, Владимир Шин в 1990 году стал заслуженным мастером спорта.

За свою долгую спортивную карьеру Владимир Шин провел

Нелли Ким во время выступления на бревне на Олимскийских играх 1980 года в Москве. (Фото: koryo-saram.ru)

Нелли Ким с белорусскими гимнастками в Минске (слева Анна Травкова и Дарья Громко). (Фото: koryo-saram.ru)

220 боев, 197 из которых увенчались его победой. В 1996 году он был назначен вице-президентом Федерации любительского бокса Азии и возглавил сборную Узбекистана по боксу. На летней Олимпиаде в Сиднее в 2000 году его подопечные спортсмены завоевали одну золотую и две бронзовые медали. В январе 2013 года Владимир Шин возглавил национальную сборную Белоруссии по боксу. Кроме того, он является культурологом, профессором, председателем Ассоциации корейских культурных центров Республики Узбекистан.

Наряду с Владимиром Шином еще одним известным боксером корейского происхождения является Костя Цзю. Его полное имя Константин Борисович Цзю. Он был членом сборной СССР по боксу, но затем уехал в Австралию, перейдя в профессиональный бокс. В обеих странах он стал легендой бокса.

Костя Цзю вырос в Советском Союзе. С 1989 по 1991 год он входил в сборную СССР по боксу и участвовал в международных соревнованиях. Победив в 1991 году в Чемпионате мира по боксу в Сиднее, новоиспеченный чемпион принял предложение австралийского скаута и с 1992 года стал выступать в Австралии в качестве профессионального боксера.

Владимир Шин во время интервью на Восьмой спартакиаде народов СССР, где он стал чемпионом Спартакиады. (Фото: visualrian.ru)

Владимир Шин во время церемонии принятия должности главного тренера сборной Белоруссии. (Фото: ru.wikipedia.org)

Легендарный боец, доминировавший целую эпоху, Костя Цзю в 2011 году был внесен в Международный зал боксерской славы. За свою карьеру, которая завершилась в 2005 году, Костя Цзю провел 34 боя, записав на свой счет 31 победу, 2 ничьи и всего одно поражение. Недавно Костя Цзю принял участие в австралийской версии телепроекта «Танцы со звездами», раскрыв еще и свой артистический талант, позволивший ему занять высокое второе место.

Как мы имели возможность убедиться, во многих сферах деятельности корейская стойкость и несгибаемое упорство принесли блестящие результаты, и в конце концов корейцы заняли достойное место в советском обществе, внеся свою лепту в его развитие.

Многие корейцы стали Героями Социалистического Труда и Героями Советского Союза, выдающимися деятелями культуры и искусства, звездами спорта. Они не только стали предметом гордости на своей новой Родине, но и взяли на себя важную роль знакомства советского общества с их исконной Родиной – Кореей.

Бой с участием Кости Цзю. (Фото: akboxing.ru)

Добиваясь выдающихся успехов, советские корейцы сначала прославились на своей второй родине, а затем – и на международной арене. Их достижения во многом способствовали возрастанию во всем мире интереса к стране, откуда эти замечательные люди берут свои корни. Были среди них и те, кто сохранил национальное самосознание в качестве корейца и гордость за свою историческую родину, были и те, кто ничего не знал о своем происхождении, но даже последние по мере того, как к ним приходила известность, вольно или невольно начинали интересоваться своими корнями.

Глядя на успехи своих зарубежных соотечественников, которые в водовороте истории давно покинули родину и обосновались на чужбине, южные корейцы тоже стали проявлять интерес к их судьбам. Эти люди с несгибаемой силой воли, эти люди, преодолевшие все трудности и не затерявшиеся на новой родине, именно они символизируют собой все лучшее, чем обладает корейский народ.

Открытие Зала славы бокса в Канастоте (Нью-Йорк), 2011 год. Главный герой фильма «Рокки» Сильвестер Сталлоне (пятый слева) и Костя Цзю (в центре) показывают памятные кольца. Рядом с ними мексиканский чемпион Хулио Сезар Чавес (второй слева) и «Железный кулак» Майк Тайсон. (Фото: akboxing.ru)

Костя Цзю в телешоу «Танцы со звездами». (Фото: kp.ru)

# Часть 3

# Корейская красота и вкус, пленившие Россию

# Глава 9

# «Новые корейцы» в Москве

Историю российско-корейских отношений обычно разделяют на три периода. Первый из них длился с 1860 по 1884 год, когда между двумя странами был заключен договор «О дружбе и торговле», благодаря которому Россия обеспечила свое присутствие на Корейском полуострове. Второй период длился с 1884 по 1894 год, когда после Японо-китайской войны Россия вступила в непосредственное противостояние с Японией за влияние на Корейском полуострове. Третий период проходил с 1894 по 1905 год, когда Россия после поражения в Русско-японской войне была вынуждена отказаться от притязаний на Корею. С 1905 года и вплоть до освобождения Кореи от японской оккупации в 1945 году непосредственных контактов между двумя странами не было. Тем не менее на неофициальном уровне отношения все-таки сохранялись благодаря взаимодействию русских с корейскими борцами за независимость и корейцами, угнанными японцами на принудительные работы на Сахалин.

В конце XIX столетия в результате добровольного переселения крестьян в Приморский край России и в период японской оккупации Корейского полуострова в результате угона на принудительные работы в России оказалось много выходцев из Кореи. На Родине их именуют *ханин*, но в России их стали называть корейцами. Таким образом, в России под именем корейцев появился новый малый народ. Конечно, в те далекие времена выходцы из Кореи даже представить себе не могли, что путь домой для них закроется раз и навсегда. Ведь до России, хоть по суше, хоть по морю, было рукой подать, новости из родных краев поступали с завидной регулярностью, и казалось, что в любой момент можно будет вернуться в родную страну. Но после долгожданного освобождения Кореи от японской оккупации из-за идеологических разногласий страна разделилась на Юг и Север, после чего для жителей Южной Кореи путь в Россию был закрыт абсолютно непроницаемым «железным занавесом».

Этнические корейцы в городе Волгограде. Несмотря на смену поколений после переселения в Россию, они по-прежнему сохраняют свои традиции и культуру. (Фото: nazaccent.ru)

Именно в силу отсутствия каких-либо контактов в этот период в Южной Корее ничего не было известно о Цой Чже Хён и о том, как он помогал Ан Чунгыну в его борьбе против японской оккупации. В эпоху СССР в Южной Корее не представлялось возможным получить материалы о корейских борцах за независимость, которые вели свою деятельность на территории России, более того – о существовании подобных материалов даже не слышали. Поэтому корейские герои, которые являются неотъемлемой частью корейской истории и предками русских корейцев, на своей Родине более полувека пребывали в полной безвестности. 30 сентября 1990 года Республика Корея и СССР установили официальные дипломатические отношения. На пороге этого знаменательного события ощущалось, что «железный занавес» постепенно поднимается. Так, в 1988 году в Южной Корее была провозглашена Шестая республика и был дан старт «Северной политике», а в сентябре того же года Михаил Горбачев в Красноярске выразил намерение установить активное экономическое сотрудничество с Южной Кореей. Таким образом воля политического руководства двух стран совпала, дав толчок стремительному развитию двусторонних отношений. Практически одновременно с этим в Москве появились «новые корейцы» из Южной Кореи.

В конце июня 1990 года в Москве высадился первый ученический «десант». Группа из пятнадцати студентов и аспирантов из четырех южнокорейских университетов, получив официальное разрешение от правительства СССР, прибыла в Государственный институт русского языка им.

А. С. Пушкина для прохождения месячной языковой стажировки. Справедливости ради стоит отметить, что и до

ГОСУДАРСТВЕННЫЙ
ИНСТИТУТ РУССКОГО ЯЗЫКА
им. А.С. ПУШКИНА

Логотип Государственного института русского языка имени А. С. Пушкина. (Фото: ИРИ)

Фасад Государственного института русского языка имени А. С. Пушкина. (Фото: ИРИ)

этого было несколько примеров, когда граждане Республики Корея через третьи страны въезжали в Советский Союз, но то были исключительные случаи. Падение социализма и распад СССР сопровождались тяжелой и длительной экономической лихорадкой. Россияне были бесконечно поражены необычным видом и поведением людей, прибывших из капиталистической страны, но и южные корейцы были не менее изумлены непривычной культурой первой в мире социалистической страны. Встреча различных менталитетов нередко приводила к возникновению любопытных ситуаций.

Участники первой корейской студенческой делегации 1990 года

горели желанием добиться максимального результата в изучении русского языка. Это страстное желание привело к тому, что между стажерами развернулась мощнейшая конкуренция. Ребята договорились в стенах института разговаривать друг с другом только на русском языке. В случае нарушения договоренности полагался штраф. Русский преподаватель просто не поверил своим ушам, когда узнал размер этого штрафа. Подумать только, на эти деньги можно было бы целый месяц пользоваться общественным транспортом! Для педагога советской закалки это было неслыханное и возмутительное расточительство.

В 1990 году курс южнокорейской воны к американскому доллару держался на отметке примерно 700 к 1 или чуть более того, в то время как советскими деньгами доллар стоил всего лишь шестьдесят копеек, поэтому цены в России были весьма низкими. Хлеб, картофель и другие продовольственные товары отпускались чуть ли не даром. Сейчас такие цены и представить сложно. «Единый проездной билет», дававший право на неограниченное использование в течение одного месяца любого общественного транспорта кроме такси, стоил в пересчете на американские деньги всего два доллара, а на южнокорейские – мизерные полторы тысячи вон. А одной тысячи южнокорейских вон хватило бы на то, чтобы совершить поездку на такси в любую точку в центре Москвы. Обычный гамбургер в «Макдональдс» стоил всего полтора рубля, а «Биг-Маком» можно было полакомиться при наличии трех рублей семидесяти пяти копеек. В общем, можно себе представить дешевизну тогдашних цен. Большинство советских граждан тогда получало зарплату в триста рублей, что в пересчете на южнокорейские деньги соответствовало сумме в триста пятьдесят тысяч вон. СССР балансировал на грани распада, наблюдались перебои в поставках любых товаров. Было сложно достать даже товары первой необходимости, опустели полки не только небольших магазинов, но и крупных универмагов.

В условиях тотального дефицита южнокорейские студенты в конце каждой недели всем коллективом бронировали весь ресторан в большой гостинице в центре Москвы, потому что это был единственный способ решить проблему питания. В магазинах продукты было не сыскать днем с огнем, столовых и ресторанчиков практически не было, поэтому лучшим выходом из сложившейся ситуации было заказать комплексный обед в гостиничном ресторане. В то время в Советском Союзе все было по предварительной записи, а в ресторанах бронирование было строго обязательным. В голове укладывается с трудом, как простые студенты могли позволить себе шикарную трапезу в лучшем ресторане. В действительности для них это было совершенно не накладно, поскольку все расходы на коллективный поход в ресторан не превышали десяти долларов. Студентам из Южной Кореи полюбился ресторан «Юджон» в гостинице «Международная». В этом ресторане готовили корейскую кухню, поэтому он и пользовался давней любовью у представителей корейской диаспоры, скучающих по родной еде.

В то время билет на поезд «Москва–Будапешт» в спальном вагоне повышенной комфортности стоил сто долларов. Многие корейцы добирались в Москву транзитом через Восточную Европу, поэтому москвичи часто могли наблюдать картину, как из вагонов СВ выходят иностранцы-азиаты, вынимающие из карманов толстые пачки долларов. В то время в российских банках невозможно было получить денежный перевод из-за границы, а международные кредитные карты даже и не снились. Южнокорейским студентам и туристам приходилось брать с собой либо наличную валюту по несколько тысяч долларов, либо дорожные чеки. В этой ситуации не могли не поползти слухи, что все южные корейцы – респектабельные толстосумы. С этой точки зрения о жизни в России девяностых корейцы вспоминают как о волшебном сне, а в наши дни цена на такой билет, увы, держится в районе двадцати тысяч рублей или четырехсот тысяч в пересчете на южнокорейские воны. Да уж, подобные перемены удручают.

Тогда южнокорейских студентов в недоумение приводили бесконечные очереди, которые приходилось выстаивать, чтобы купить любой товар. В советскую эпоху русские продавцы, не привыкшие к капиталистической конкуренции, работали неторопливо, не утруждая себя лишними движениями. Наблюдалась жуткая нехватка товаров, а у продавцов не было ни малейшего желания продать их как можно скорее. В ресторане ожидание заказа зачастую затягивалось на час и даже более из-за дефицита продуктов или из-за нерасторопности персонала. Ситуация ничем не отличалась даже в фастфудах, для которых скорость обслуживания – это жизнь.

За одним гамбургером тогда приходилось стоять в очереди по три, а то и по четыре часа. Глядя на это безобразие, корейцы стали проявлять присущую им находчивость. Чтобы каждый раз не мучиться в километровых очередях, они придумали закупать гамбургеры крупной партией. Глядя на невероятную покупательную способность корейцев, русские думали, что они приехали из очень богатой страны. С одной стороны, дешевизна продуктов позволяла корейцам свободно тратить деньги, а

«Макдональдс», который был открыт впервые в Москве на Пушкинской площади в 1991 году. Год, когда корейские студенты только начали учиться в России. (Фото: otzovikru.ru)

с другой – к этому их подталкивало отсутствие привычки к культуре стояния в очередях. Разве адепту капитализма возможно хотя бы на секунду представить, что для приобретения товара требуются прежде всего не деньги, а умение тупо ждать свою очередь? Пока у южных корейцев вырабатывался иммунитет к изнуряющим очередям, случалось много невеселых казусов. Раньше русские сталкивались только с корейцами из Северной Кореи, поэтому «новые корейцы» из Южной Кореи, бросавшиеся деньгами и выглядевшие даже более богатыми, чем японцы, вызывали несказанное удивление.

Разница в культуре была огромной. Корейцев шокировали строгие правила в русских магазинах. Однажды, выстояв очередь, кореец хотел купить сразу несколько коробков спичек, но неожиданная реакция продавщицы поразила его как гром среди ясного неба. Она заявила, что в одни руки за раз отпускается только один коробок, и, если он хочет купить еще, то ему снова нужно становиться в конец очереди. В родной Южной Корее продавец был бы на седьмом небе от счастья, что может быстрее все продать и пораньше уйти домой, однако по советской логике продавец должен был отработать положенное рабочее время и при этом проследить, чтобы товары были отпущены справедливо, то есть поровну всем покупателям. Для гостей из капиталистического мира такая логика была совершенно непонятной, поэтому им казалось невежливым, что их заставляют снова стоять в очереди, чтобы купить копеечный товар.

В эпоху тотального дефицита даже при наличии денег нельзя было приобрести нужную вещь. Настоящей палочкой-выручалочкой для южных корейцев стал валютный магазин «Березка». По размерам «Березка» соответствовала корейскому минимаркету, но один вид полных полок приводил корейцев в восторг. Русские люди порой испытывали смущение, когда видели, как непринужденно иностранцы расстаются со своими долларами, и с завистью поглядывали на жизнерадостных баловней судьбы. В аэропорту можно было часто увидеть корейских студентов, которые приехали, чтобы забрать вещи, переданные с попутчиком из Южной Кореи. Поскольку в России было сложно что-либо достать, ничего не оставалось кроме как просить родственников выслать самолетом корейские продукты, одежду и прочее. Советские граждане в то время едва сводили концы с концами и о заграничных путешествиях не могли даже и мечтать, поэтому они с изумлением наблюдали за тем, как часто корейцы «мотаются» в международный аэропорт.

Валютный магазин «Берёзка» в Москве во времена СССР. (Фото: myhistori.ru)

В предвкушении скорого открытия российского рынка КОТРА, «Самсунг», LG, «Чиндомопхи», «Корейские авиалинии» и другие корейские компании начали открывать свои представительства в Москве. Их основной целью было разведать деловую обстановку. Нередко такие представительства тогда могли похвастаться лишь одним-единственным сотрудником, по своему масштабу не имея ничего общего с сегодняшними отделениями компаний и напоминая скорее конспиративную квартиру. В качестве офисного помещения использовался один или два номера, снимаемых в известных гостиницах в центре Москвы. Перестройка и гласность наполняли сердца южнокорейских предпринимателей надеждами на скорое открытие российского рынка, однако агентам крупных корейских компаний пришлось приложить немало усилий и пройти через множество испытаний на земле с совершенно другой культурой, чтобы дело сдвинулось с мертвой точки.

После заключения дипломатических отношений перед корейскими студентами открылся путь для полноценного обучения в России. В южной части Москвы располагается Российский университет дружбы народов (РУДН). Миссия университета заключается в налаживании дружеских отношений со странами третьего мира, поэтому здесь можно встретить так много иностранцев, как ни в каком другом месте. Сейчас, правда, на московских улицах можно легко увидеть бизнесменов, туристов и студентов с любым цветом и оттенком кожи, однако в советскую эпоху чернокожих иностранцев можно было встретить исключительно в РУДН или его окрестностях. Прежняя система высшего образования в России несколько отличалась от корейской. После пяти лет обучения в университете выпускники

Первые корейские студенты Российского университета дружбы народов (РУДН) в день выпуска. (Фото: ИРИ)

Начало 90-х. Во время дружеской встречи на природе корейские студенты и практиканты готовят шашлыки. (Фото: ИРИ)

получали диплом специалиста, что соответствовало корейскому бакалавриату и магистратуре.

Поскольку РУДН в силу своей специфики имеет дело с иностранными студентами, то руководство университета раньше других увидело, что отличие советской системы от иностранной создает трудности при наборе зарубежных абитуриентов. Поэтому РУДН перешел на шестилетнее высшее образование, включающее четырехлетний бакалавриат и двухлетнюю магистратуру, взяв за образец американскую систему высшего образования. Благодаря этим нововведениям обучение в РУДН обрело привлекательность для южнокорейских абитуриентов, и уже в 1991 году шесть корейцев поступили в этот университет на программу бакалавриата. Внедрение системы, ориентированной на иностранцев, продемонстрировало, что советское общество постепенно избавляется от социалистического мышления.

Одним из впечатляющих зрелищ в России девяностых был катастрофический развал торговой системы. Это обернулось тотальным дефицитом. Полки магазинов все время пустовали, вместе с тем можно было наблюдать, как повсюду стали появляться «черные рынки», где продавались привезенные из-за рубежа товары. Как грибы после дождя стали появляться так называемые «коммерческие» магазины, основной ассортимент которых составляли импортные товары. В частных магазинах они продавались втридорога. Кто не мог открыть свой магазин, использовал уличные палатки. Ярким примером была Тверская улица в центре Москвы, которая ныне преобразилась в выставку известных брендов, тогда как в то время там в длинную шеренгу выстраивались девицы, продающие французскую косметику. А на блошином рынке в Измайлово можно было легко увидеть людей, которые продавали принесенный из дома антиквариат и предметы первой необходимости. Среди людей, торгующих на улице, конечно попадались и профессиональные торговцы, но нередко обычные люди продавали личные вещи, бывшие в употреблении, чтобы протянуть до следующей получки. Корейцы сразу полюбили Измайловский рынок: еще бы, ведь там совсем недорого можно было купить матрешки и другие ремесленные изделия, а в удачные дни – раритет или даже вещь, представляющую собой культурную ценность. В то время еще не существовало строгого ограничения на вывоз за рубеж таких предметов, поэтому корейцы скупали коллекции мраморных яиц, меховые шапки и тому подобное. Можно было часто наблюдать, как «новые корейцы» подчистую сметают с прилавков меховые шапки, военные головные уборы с приколотыми орденами и значками с изображением советского флага, а также матрешки.

Еще одним излюбленным местом отдыха для гостей из Южной Кореи стали Воробьевы горы. Они также назывались Ленинскими горами. Это место возвышается над Москвой-рекой, позволяя насладиться прекрасными пейзажами. Ведь с Воробьевых гор весь центр Москвы виден как на ладони. Недалеко располагается Московский государственный университет. Внимание туристов привлекает ярмарка. С прилавков продаются матрешки, самовары, хохлома, янтарные бусы и другие традиционные сувениры, которые вызывают любопытство у иностранцев. В одном месте собраны все интересные товары: начиная с матрешек с игривыми и в то же время шаржированными изображениями известных современных политиков и заканчивая футболками и болельщицкими шарфами. Посещение этого замечательного места позволяет одним выстрелом убить сразу двух зайцев:

Матрёшка – русская народная кукла, стала любимым сувениром для корейских туристов в России. (Фото: ИРИ)

полюбоваться удивительной панорамой и купить сувениры. Поэтому эта туристическая достопримечательность до сих пор пользуется повышенной популярностью.

Наряду с Воробьевыми горами обязательным местом для посещения считается улица Арбат. Располагаясь в самом центре Москвы, эта широкая пешеходная улица является средоточием традиций, культуры и искусства, и с этой точки зрения она весьма схожа с улицей Инсадон в Сеуле. Когда вы вступаете на Старый Арбат, в первую очередь в глаза бросаются уличные художники. Карикатуристы и портретисты, которые здесь, на месте, с радостью берутся изобразить любого желающего, торговцы, предлагающие картины и традиционные ремесленные изделия, а также уличные музыканты создают удивительную атмосферу свободы. В наши дни это место стало еще более оживленным, в летний сезон кафе под открытым небом распахивают свои двери для гостей, кругом сияют довольные улыбки россиян и иностранцев, в непринужденной обстановке наслаждающихся вкусной едой и напитками.

В условиях хаоса, воцарившегося после распада СССР, именно благодаря туристам Воробьевы горы и Арбат расцвели, обретая вторую жизнь. Когда всю огромную страну постиг жуткий дефицит продовольственных и промышленных товаров, лишь эти места выглядели небольшими островками изобилия, пусть в изобилии были только сувениры. Их дешевизна обеспечивала бешеную популярность у иностранцев. Но если обычных туристов в восторг приводили сувениры и антиквариат, то специалистов по русской культуре и литературе привлекало нечто иное.

Корейские студенты, исследователи и преподаватели, посещая Россию, массово скупали книги. В девяностые настоящей Меккой для них стала Тверская улица, где в ряд выстроились книжные магазины под вывеской «Букинист». Там можно было добыть не только полные собрания сочинений великих писателей, но и редкие книги, старинные рукописи. Российские ученые, более всего страдавшие от экономических неурядиц, были вынуждены расставаться с книгами из своих личных библиотек. Корейские русисты в эпоху, когда Советский Союз был для них закрыт, изучали свой предмет по единичным книгам, привезенным из США или Японии. С них снимались копии, а с копий – новые копии. Нередко доходило до того, что там невозможно было разобрать ни одной буквы. Но когда специалисты, мечтавшие соприкоснуться с подлинниками, попали в Москву и увидели книги, продающиеся за бесценок, они возликовали, чувствуя

Пешеходная улица Арбат в Москве, где расположено множество ресторанов, кафе, сувенирных магазинов, в которых можно купить традиционные изделия русских мастеров, картины и многое другое. (Фото: ИРИ)

На улице Арбат можно воспользоваться услугами художников-портретистов. (Фото: ИРИ)

Уличная продажа книг в начале 90-х. (Фото: ИРИ)

Уличный знак Арбата. (Фото: ИРИ)

себя на седьмом небе от счастья. Не глядя ни на цены, ни на количество томов, они скупали все, что попадалось под руку. В Южную Корею хлынул мощный поток русской литературы. Среди прочего попадались и ценные раритетные экземпляры, и древние рукописи, которые сейчас не достать даже в самой России. Отправленные авиапочтой книги оказывались в Корее примерно через два месяца. Железнодорожные и морские посылки приходилось ждать по полгода. Даже ходил анекдот про одного корейского профессора, который успел напрочь забыть о своих московских покупках и спустя месяцы был приятно удивлен, получив посылку от самого себя. В то же время в некоторых московских университетах поползли байки о корейских принцах и принцессах, якобы инкогнито обучающихся в красной столице. Посудите сами, ну разве мог простой студент или студентка снимать просторные апартаменты в центре Москвы и чуть ли не вагонами покупать продукты и книги? Да, поведение обычных корейских студентов вызывало у россиян самый настоящий культурный шок.

Вслед за студентами в Россию потянулись корейские коммерсанты. Вышедшие в это время на авансцену корейские торговцы относились к разряду так называемых челноков, которые на себе баулами везли товары на продажу. В Советском Союзе это был доселе невиданный тип. В то время еще не был дан старт приватизации народного хозяйства, поэтому люди даже представить не могли, что существуют товары, произведенные не государством. С этической точки зрения для советского человека производство и продажа товаров в частном порядке были равносильны воровству. Из-за сложности и запутанности процедуры таможенного оформления корейские «челноки» действовали без официального разрешения, перевозя товары как будто бы для личного пользования, и реализуя их на свой страх и риск. В основном они занимались промышленными товарами и товарами первой необходимости.

Первым делом «челноки» обратили внимание на русские морозы, поэтому основу их ассортимента составили пуховые куртки и теплая детская одежда, закупаемые на Тондэмунском рынке. Особым спросом пользовались свитера из ангорской шерсти. Но самым популярным товаром были колготки. Чтобы объяснить, какой сильной любовью пользовались колготки в

России, скажем только, что стоило презентовать нерасторопному русскому работнику одну пару, как вопрос любой сложности решался сразу же без сучка и задоринки. Секрет такой бешеной популярности колготок заключался в том, что русские женщины с превеликим трепетом относятся к своему внешнему виду. Они говорят, что красота требует жертв, даже ценой голодной смерти. Опросы общественного мнения того времени показывали, что большую часть своей зарплаты российские женщины могут тратить на духи, то есть на свою внешность они не жалели никаких денег. На этом же фоне немного спустя стали пользоваться повышенным спросом аксессуары корейского производства. Корейские «челноки» продавали относительно легкие вещи, которые они могли перевозить на себе. Вскоре к челночной торговле подключились русские корейцы. В девяностые годы их набиралась целая армия. Русские корейцы в этом деле чувствовали себя как рыба в воде, поскольку им отлично была знакома ситуация по обе стороны баррикад: с одной стороны, они знали, в чем нуждаются жители России, а с другой – им были не чужды традиции и устои родины их предков, поэтому им не составило особой сложности освоить путь в Южную Корею и свободно там ориентироваться.

Сердца российских покупателей были покорены корейскими сливками «Фрима» и лапшой «Доширак». В России есть такой продукт, как сметана, которую русские добавляют для вкуса практически в любые блюда. Привыкшим к сметане людям моментально полюбился корейский майонез с густым и насыщенным вкусом. На рынке уже присутствовал майонез из других стран, но именно продукт корейского производства стал номером один на вотчине борща. Россияне, которые

Сухие сливки «Фрима», которые пользовались популярностью в начале 90-х. (Фото: ИРИ)

Майонез корейского производства, который получил популярность благодаря своему оригинальному вкусу. (Фото: ИРИ)

Кетчуп корейского производства, известный своим насыщенным вкусом. (Фото: ИРИ)

раньше для приготовления кофе с молоком использовали исключительно свежее молоко, были в восторге, познакомившись с растворимыми сливками. Этот удивительный продукт был весьма прост в употреблении и открывал дверь в мир нового кофейного вкуса. У пассажиров поездов дальнего следования невероятную популярность приобрел «Доширак».

Железнодорожный транспорт в России очень развит, и в силу необъятности ее территории поездки зачастую занимают несколько дней. В этой ситуации в планировании железнодорожного путешествия на первый план выходит вопрос питания. В отличие от Южной Кореи поездка может длиться десятки часов и даже целую неделю, но при этом в самом поезде еда не продается. Из-за дороговизны для рядового человека вагонов-ресторанов перед поездкой пассажиры первым делом запасаются провиантом. Зато в вагонах бесплатно предоставляется одна вещь – конечно же, это кипяток. Поскольку в России сильно развита культура чаепития, то в каждом вагоне есть сородич самовара – водонагреватель, поэтому горячая вода есть всегда в свободном доступе и в неограниченном количестве. Более идеальных условий для победного шествия «Доширака» и закрепления его гегемонии невозможно даже придумать. В легкую и удобную пачку достаточно просто залить кипяток. И вот отличный, в меру сытный и к тому же согревающий приятным теплом обед готов.

Царем всех сладких десертов стало печенье «Чокопай». Русские обожают пироги и шоколад, поэтому сочетание одного со вторым подарило им новый вкус. А в качестве интересного напитка можно привести «Милкис». Как любители молочных продуктов, россияне были восхищены свежим и удивительным вкусом, рожденным в результате соединения молока с газировкой. Корейские компании постепенно закреплялись на российском рынке, предлагая продукты, которые отвечают вкусам россиян. Жевательная резинка тоже была на пике популярности.

Тем корейцам, которым посчастливилось побывать в России в начале девяностых, чаще всего доводилось слышать слово «жвачка». Завидев иностранцев, ватаги уличных мальчишек окружали их и начинали выпрашивать «жвачку». Это разговорное, уличное слово без преувеличения можно назвать «культурным кодом» того времени. В России жевательная резинка в обычную жизнь вошла в середине восьмидесятых

Корейские кондитерские изделия Чокопай в российских супермаркетах. Спрос на них показывает, что они соответствуют вкусу российских потребителей. (Фото: ИРИ)

Реклама «Милкис», запомнившаяся российским потребителям. (Фото: medunica.my1.ru)

годов, то есть незадолго до этого. В конце восьмидесятых и в начале девяностых самой популярной жевательной резинкой был Donald, производимый голландской компанией Maple Leaf, которая имела право на использование диснеевских персонажей. Эта жевательная резинка была обернута в фантик с изображением эпизодов из мультфильма об утке по имени Дональд. Она распространялась нелегально через цыган по спекулятивной цене — один рубль за одну штуку. Позже датская компания Candy Team выпустила жевательную резинку Donald Duck, но потребители никак не могли забыть именно ту «жвачку» от Maple Leaf из девяностых. Это явление можно сравнить с тем, как в пятидесятые и шестидесятые годы южнокорейские детишки, увидев иностранца, сразу начинали выпрашивать шоколад, выкрикивая: «Чхокхолит, чхокхолит!»

Жевательная резинка «Дональд» от компании «Мейпл Лифс». «Мейпл Лифс» использует образы диснеевских персонажей с 1960-х годов. В России эта жвачка была популярной с конца 1980-х до начала 1990-х годов. (Фото: nibler.ru)

Если в начале девяностых в России студентов из Южной Кореи можно было пересчитать по пальцам, то уже к концу десятилетия их число возросло со скоростью лавины, толчком к сходу которой послужило установление дипломатических отношений между двумя странами. Чаще всего студенты прибывали непосредственно из Кореи, однако иногда на обучение в Россию переводились корейские студенты, которые на тот момент обучались в странах Восточной и Западной Европы. До того, как по Южной Корее ударил Азиатский финансовый кризис 1997 года, в России было очень много южнокорейских студентов, однако после него многие были вынуждены отказаться от обучения и пойти зарабатывать деньги. Некоторые студенты, не прерывая обучения, находили место в корейских компаниях и начинали работать, а некоторые открывали собственное дело, нащупав, как им казалось, золотую жилу. Случалось и такое, что командированные в Россию крупной корейской компанией сотрудники предпочитали уволиться и раскручивать бизнес самостоятельно. Предприимчивые корейцы с хорошим деловым чутьем начали импортировать из Кореи товары, в которых чувствовалась острая необходимость.

В начальный период коммерсантам такого разряда было сложно официально оформить свое предприятие, поэтому они главным образом привозили на продажу нижнее белье, магнитофоны и другую мелкую электротехнику. Прозондировав перспективность развития российского рынка, самые удачливые предприниматели немного спустя начинали наращивать масштаб. В их ассортименте появились довольно дорогостоящие товары: элитные часы марки Romanson, электрические рисоварки, газовые бойлеры и тому подобное. Кто-то привозил фотоальбомы и другие товары, которые не были востребованы в Корее, а также бывшие в употреблении автобусы, кофейные торговые автоматы. У первой волны корейских коммерсантов не было собственных торговых помещений, поэтому они использовали павильоны рынка аудио- и видеопродукции, который назывался «Горбушка» и располагался в Филевском парке на севере Москвы. На «Горбушке» можно было достать все, что угодно. В наши дни после реконструкции это место превратилось в крупный торговый комплекс с красивыми многоэтажными зданиями, но в девяностые оно больше походило на блошиный рынок, где из киосков и контейнеров продавали всякую всячину.

В качестве примера первого южнокорейского магазина, ориентированного на представителей корейской диаспоры, можно привести мини-маркет в общежитии МГУ на проспекте Вернадского. В период, когда было сложно достать корейские товары, это общежитие было единственным местом, где можно было разжиться продуктами из Южной Кореи. На территории общежития ютились магазинчик, булочная, парикмахерская. В то время было немало людей, ведущих коммерческую деятельность, пользуясь при этом гарантией безопасности, которая обеспечивалась на территории общежития. Во второй половине девяностых это место стало оплотом корейских студентов, здесь продавались готовые обеды и салаты для корейцев, проживающих в общежитии. Затем среди сотрудников корейских компаний в Москве распространился слух о высоком качестве здешней еды, после чего был даже заключен контракт с филиалом одной очень крупной компании на поставку обедов. Если в начале девяностых любой кореец мог поселиться в этой гостинице, то после нескольких неприятных инцидентов

Фасад «Горбушки» – главного центра электронных технологий в Москве в 2000-х. (Фото: ИРИ)

Внутри ТЦ «Горбушка». Здесь много магазинов электронной техники. (Фото: ИРИ)

правила ужесточились, и комнаты стали предоставляться только тем студентам, которые были зарегистрированы в МГУ. Вследствие этого произошло стремительное сокращение числа магазинчиков, ориентированных на корейцев. Некоторые хозяева магазинчиков попытались получить студенческую регистрацию, чтобы легально закрепиться на территории общежития, но это не получилось, поэтому они были вынуждены искать другое место. Корейские магазинчики начали концентрироваться в здании гостиницы «Орленок» на проспекте Ленина, приобретая форму полноценного магазина.

В «Орленке» появилась корейская столовая, супермаркет, магазины, продающие продукты питания российского производства, березовый гриб чагу и панты оленя, а также электронные таблетки и лекарство RU21, о котором говорили, что его употребляют агенты КГБ, чтобы не пьянеть. Таким образом оплот южнокорейской диаспоры переместился в эту гостиницу. Все приезжающие из Кореи туристы обязательно заезжали в «Орленок», чтобы прикупить гостинцев. Если прежние магазинчики своим главным клиентом видели тех корейцев, которые находились на длительном проживании в Москве, то новые магазины благодаря включению в ассортимент товаров российского производства существенно расширили свою клиентуру за счет туристов, которые из-за языкового барьера и недоверия к качеству остерегались прибегать к услугам собственно российских магазинов. Эта стратегия оказалась выигрышной, поэтому среди гостей из Южной Кореи гостиница «Орленок» обрела известность в качестве обязательного для посещения места. В здешнем корейском ресторане практически всегда было негде даже яблоку упасть. Добившись успеха здесь, корейские рестораны расширили свой ареал на гостиницы «Салют», «Спутник» и другие.

Известно, что гостиница «Орленок» заключила побратимские отношения с одной из корейских гостиницей и перенимала опыт коммерческого управления. Благодаря основательному внедрению методов капиталистического менеджмента дела здесь пошли в гору в отличие от массы магазинов, исчезающих по причине дилетантского управления. В настоящее время сюда часто заглядывают и русские корейцы, чтобы купить корейское мороженое, печенье и оригинальное корейское кушанье *тток* из клейкого риса, необходимое для приготовления праздничного супа *ттоккук*. Хорошая репутация способствует постепенному расширению покупательской аудитории, которая теперь помимо граждан Южной Кореи включает русских корейцев и россиян. Несколько лет назад гостиница «Орленок» была переименована в «Корстон», поскольку у россиян ее прежнее название стойко ассоциировалось с известным пионерским лагерем советской эпохи. Гостиница «Корстон» по-прежнему остается излюбленным местом южных корейцев.

В начале 1990-х годов, благодаря пристрастию корейцев к национальной кухне, часто возникали любопытные явления. Живя в России, корейские студенты и сотрудники компаний больше всего скучали по таким блюдам, как *самгёпсаль* и *комтхан*. В условиях местных морозов само собой разумеется, что у людей происходит повышенный расход калорий, необходимость восполнения которых требует обильного потребления мясных продуктов. Но россияне не имеют ни малейшего понятия о *самгёпсале* и к тому же не употребляют в пищу говяжьи хвосты и кости. Достать последние можно было

До начала 2000-х корейский ресторан «Силла» был одной из городских достопримечательностей. В настоящее время ресторан переехал на первый этаж гостиницы «Корстон». (Фото: ИРИ)

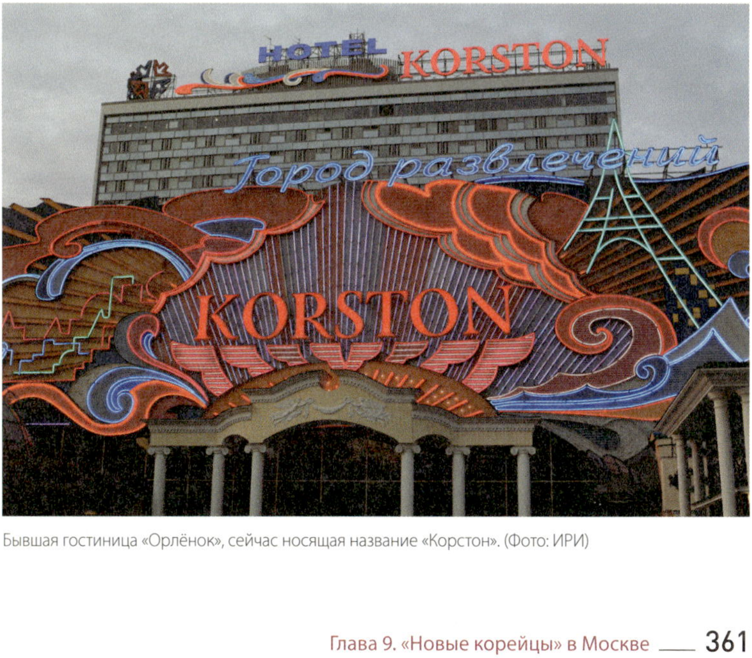


Бывшая гостиница «Орлёнок», сейчас носящая название «Корстон». (Фото: ИРИ)

Грибы чага и панты оленей активно применяют для оздоровления в Корее. (Фото: frutinfo.ru)

только на крупнейшем в Москве рынке сельскохозяйственной продукции, то есть на Черемушкинском рынке. Разведав это место, корейцы стали подчистую скупать хвосты и ножные кости. Несмотря на немалый вес, цена была копеечная, поэтому корейцы без колебания сметали с прилавков все, что было, устраивая дома поистине королевский пир. Глядя на непонятный ажиотаж вокруг малоаппетитных мослов, которые и съедобными-то можно назвать с большой натяжкой, черемушкинские продавцы поудивлялись немного и стали постепенно повышать цены. Можно заключить, что корейцы оказали решающее влияние на скачкообразное повышение цен на продукты, которые были совершенно непривлекательными с точки зрения россиян.

В Москве действует вон-буддийский кёдан и Корейская католическая церковь, получившие официальное разрешение соответствующих органов. Корейский вон-буддизм оказал огромное влияние на Россию. Вон-буддизм носит не ярко выраженный религиозный характер, именно по этой причине удалось получить разрешение на деятельность организации в качестве Корейского культурного центра. Работа в Москве началась с открытия школы «Седжон», где для русских корейцев

Вид Черёмушкинского рынка в начале 1990-ых годов. (Фото: rapsinews.ru)

проводились занятия по корейскому языку и культуре. Также организовывались праздничные мероприятия в честь корейского народа, а желающим совершить визит на историческую родину оказывалось содействие в этом. В настоящее время московский кёдан издает учебники по корейскому языку и распространяет их в российских университетах, а также при поддержке правительства Республики Корея обеспечивает работу Учебно-образовательного центра «Вон Гван Сеждон». Число российских последователей вон-буддизма в Москве в 2015 году превысило пятьсот человек, а на праздник *Чхусок* в школе корейского языка собирается несколько тысяч выпускников. Этот успех стал возможен благодаря тому, что вон-буддизм признает высокий уровень и глубину корней Русской православной церкви и придерживается стратегии мягкого, необременительного и естественного подхода к местным жителям, когда собственный религиозный окрас, насколько это возможно, отодвигается на задний план, а главный упор делается на популяризацию корейской культуры. Корейская католическая церковь действует в Москве с 1994 года, также получив официальное правительственное разрешение.

После распада СССР многие люди, столкнувшись с материальными трудностями и всеобщим хаосом, уезжали из страны в поисках лучшей жизни. По России ударила не только «утечка мозгов», но и отток иностранных гостей. В то время как все бежали из страны, в нее наоборот в поиске новых возможностей стали въезжать «новые корейцы», чья вера в успех была подкреплена надежным капиталом. До момента их появления в России были знакомы лишь с русскими корейцами, довольно давно обосновавшимися в стране и уже изрядно обрусевшими, а также с корейцами из Северной Кореи. Но гости из Южной Кореи представляли собой совсем иную породу, отличавшуюся как и от обрусевших сородичей, так и от граждан КНДР. Они были прилично одеты, состоятельны. Казалось, что они могут позволить себе все. В Москве они, как и у себя на Родине, продолжали вести комфортную, обеспеченную жизнь в капиталистическом укладе. В первые годы после падения «железного занавеса» россияне предпочитали сдавать свои квартиры именно гражданам Южной Кореи. Поговаривали даже, что когда они съезжали с квартиры, то оставляли ее более чистой, чем она была в момент заселения. К тому же они никогда не задерживали оплату, напротив, нередко оплачивая жилье сразу за год вперед, поэтому, с точки зрения хозяев, нельзя было пожелать лучших квартирантов. Хозяева квартир даже боролись друг с другом за таких клиентов. В то же время отрицательные явления тоже имели место. Некоторые чрезмерно приверженные маммонизму корейцы, свято веря в то, что деньги решают все,

Корейские студентки, обучающиеся в Нижнем Новгороде. (Фото: ИРИ)

Табличка учебно-образовательного центра «Вон Гван Седжон» в Москве. (Фото: wonkwang.ru)

Студенты, прошедшие курс обучения корейскому языку в учебно-образовательном центре «Вон Гван Седжон». (Фото: wonkwang.ru)

пытались действовать в обход сложившегося порядка и насаждать собственные условия. Легко догадаться, что их нахрапистое поведение не вызывало одобрение у местных жителей. Когда по сарафанному радио распространилась информация о том, что у «новых корейцев» при себе всегда имеется крупная сумма наличных денег, они превратились в лакомую приманку для грабителей.

В последнее время набирает силу поток туристов из Южной Кореи. Если в прошлом в качестве гостинцев из России они предпочитали увозить панты оленя, березовый гриб и другие полезные для здоровья дары природы, то в наши дни этот список существенно пополнился, став гораздо разнообразнее. Корейцы успели распробовать и высоко оценить русский шоколад, водку, косметические средства и многое другое. В последнее время в самой Южной Корее на прилавках универсальных бьюти-магазинов в свободной продаже появился российский шоколад, а в крупных супермаркетах можно купить русскую водку.

Но самую бешеную популярность завоевала натуральная косметика. И фаворитом в этой категории можно смело назвать морковный крем для лица, восторженными отзывами о котором полнится весь южнокорейский интернет. Кореянки, побывавшие на Дальнем Востоке России, в один голос утверждают, что этот недорогой крем дает великолепный эффект. Кстати, производитель «Невская косметика» предлагает целую линейку кремов с такими главными компонентами, как виноград, гранат, зеленый чай, олива и липа. Все они одинаково эффективны, но почему-то именно морковный крем вызывает у корейских туристок огромный интерес. Возможно, дело в том, что его главным компонентом является морковь, а может,

Участники конкурса по корейскому языку, проходящего ежегодно в учебно-образовательном центре «Вон Гван Седжон». (Фото: taday.ru)

Студенты, прошедшие курс обучения корейскому языку в учебно-образовательном центре «Вон Гван Седжон». (Фото: wonkwang.ru)

Российский шоколад «Алёнка» на прилавках обычного корейского магазина. (Фото: ИРИ)

просто название легко откладывается в голове. Так или иначе, но в магазинах косметики «Чудодей» можно часто видеть представительниц слабого пола из Южной Кореи, покупающих морковный крем в большом количестве. Этот крем можно без труда найти в отделе косметики любого крупного супермаркета в любом регионе России, но стараниями корейских блогеров прославились только магазины сети «Чудодей», где нередко наблюдается картина, как кореянка несет полную корзину излюбленного крема. Немудрено, что именно этот продукт без остатка раскупается раньше других, а очередная охотница за чудодейственным средством для витаминизации и омоложения кожи лица вынуждена созерцать пустую полку и разочаровано берет другой крем из линейки «Невской косметики».

Кроме того, по-прежнему многие корейцы приобретают чагу

Магазин косметики и парфюмерии «Чудодей». Здесь можно приобрести косметику и парфюмерию известных марок и брендов. Это место пользуется популярностью среди корейских туристов, которые покупают здесь крема российского производства. (Фото: vtixase.ru)

Крем для лица «Морковный», в состав которого входят природные компоненты. Помимо «Морковного», компания-производитель выпускает продукцию с использованием других натуральных экстрактов. (Фото: spasibovsem.ru)

Чай и экстракт из чаги. (Фото: gastrot.ru)

как в виде порошка, так и в виде вытяжки. В России выпускается много экологически дружественных косметических и пищевых продуктов, не отягощенных химическими добавками. Если в прошлом товары корейского производства завоевали сердца россиян, то теперь экологически чистые продукты из России привлекают все больше корейских потребителей.

Когда после распада СССР многие иностранцы поспешили покинуть страну, на авансцене появились «новые корейцы». Их позитивный, бодрый настрой послужил хорошей встряской для граждан России. Когда кругом царила всеобщая неразбериха, южнокорейские предприниматели, закатав рукава, отважились начать дело в незнакомой стране. Исконно корейское трудолюбие, добросовестность и непоколебимая вера в успех своих начинаний произвели сильнейшее впечатление на россиян. Но справедливости ради необходимо отметить, что, вопреки хаосу и нищете тех лет, Россия тепло встречала иностранцев, и во многом благодаря такому радушному приему южнокорейские компании, коммерсанты и студенты смогли найти свое место под солнцем. Не прерывающийся по сей день поток гостей из Южной Кореи своим существованием обязан глубокому доверию и взаимной любви, проявленными корейцами и россиянами в период становления двусторонних отношений.

# Глава 10

# Халлю: корейская волна в России

В настоящее время разнообразную южнокорейскую продукцию, начиная с продуктов питания и заканчивая электронными товарами, можно встретить на полках практически любого магазина не только в Москве, для которой характерны высокая степень концентрации высоких технологий и развитая культура потребления, или в Санкт-Петербурге, который носит звание культурной столицы России, но и в таких отдаленных городах, как Якутск и Владивосток. Но теперь можно констатировать факт, что о существовании Южной Кореи и корейцев россиянам напоминают не только товары. В столичном регионе и многих уголках огромной страны можно отчетливо ощутить энергичное движение так называемой Корейской волны, или *Халлю*, как это звучит на корейском языке. Халлю – это поток, призванный нести лучшие продукты южнокорейской поп-культуры во все страны мира. В августе 2017 года во время визита в Казань, Ульяновск, Саратов и турне по ряду городов на берегу Волги авторы этой книги, заглядывая в магазины и кафе, гуляя по улицам и площадям, неоднократно слышали знакомые голоса исполнителей корейской популярной музыки и тем самым могли лично убедиться в том, что Корейская волна успела накрыть российские регионы. Например, в центре Саратова, который наряду с Самарой и Волгоградом считается одним из трех крупнейших городов в нижнем течении Волги, во время молодежного фестиваля местные тинейджеры, получив возможность продемонстрировать собственные таланты, зажигательно танцевали, при этом из динамиков звучал хит Boombayah южнокорейской гёрл-группы Black Pink. Многочисленные зрители, наблюдавшие за выступлением участников танцевального конкурса, начали подпевать и пританцовывать в такт музыке. Когда коллектив, зажигавший под Boombayah, покинул сцену и на ней оказались следующие конкурсанты, в качестве фоновой музыки снова зазвучал K-pop, но на этот раз выбор пал на композицию корейского бой-бенда.

Российские подростки энергично танцуют под песню Boombayah K-pop группы Black Pink в центре города Саратов, который расположен на правом берегу реки Волги. (Фото: ИРИ)

Все выглядело так, как будто корейская популярная музыка стала неотъемлемой и весьма естественной частью повседневной и культурной жизни саратовской молодежи, источником праздничного драйва, незаменимым помощником в проявлении таланта.

В Ульяновске, родном городе Ленина, мы также смогли обнаружить конкретные доказательства тому, что Корейская волна, главной движущей силой которой является K-pop, глубоко проникла во все уголки российских провинциальных городов. В бассейне Волги, которую называют кормилицей Матушки России, в наши дни располагается множество больших и малых городов. В 893 километрах к юго-востоку от Москвы находится Ульяновск – один из главных городов Поволжья. Современное население Ульяновска насчитывает шестьсот десять тысяч человек, что не так уж много в сравнении с такими волжскими городами-миллионниками, как Нижний Новгород, Казань и Самара. Однако в бассейне Волги трудно отыскать другой такой же город, который в перипетиях истории двадцатого столетия пережил бы подобный славный взлет и печальное падение, связанные с рождением, развитием и крушением социалистического государства. Ведь именно в этом городе родился Владимир Ильич Ленин (Ульянов), создатель первого в мире социалистического государства и великий вождь Октябрьской революции 1917 года. Иначе говоря, Ульяновск, как никакой другой волжский город, испытал на себе влияние процессов, связанных с жизнью и смертью вождя русской революции, который родился и вырос здесь, а также с расцветом и закатом СССР.

Волга величественно катит свои воды, разделяя Ульяновск на две части. Центр города расположился на холме Венец, который

Верстовой столб-указатель расстояний и направлений до мировых городов, находится перед краеведческим музеем в Саратове. (Фото: ИРИ)

в народе называют также «Венцом Ленина», что возвышается над широкой рекой. Центральную площадь, тоже названную в честь Ленина, украшают монументальные архитектурные сооружения советской эпохи. Ульяновск неофициально использует также прежнее название Симбирск, подчеркивая неразрывность российской истории. И в то же время в центральной части города господствуют монументы, возведенные в советскую эпоху во славу вождя мирового пролетариата. В действительности холм «Венец Ленина», широко раскинувшийся над Волгой, по большому счету разделяется на две части: площадь Ленина и Ленинский мемориал. На территории грандиозного мемориала располагается музей В. И. Ленина, а на площади возвышается его статуя. В задней части Ленинского мемориала сохранился дом, в котором Ленин провел свое детство. Перед ним установлен памятник, изображающий мать Ленина, заботливо положившую руку на плечо сына. Многоэтажную гостиницу, которая располагается на противоположной стороне проспекта, пересекающего холм, в народе также называют «Венцом Ленина». Таким образом, мы можем почувствовать, что вся центральная часть Ульяновска целиком и полностью служит единственной цели – увековечить память одного из величайших государственных деятелей в мировой истории.

Первая в мире социалистическая революция произошла в октябре 1917 года. Приехав в Ульяновск в августе 2017 года, в сотую годовщину этого знаменательного события, мы застали картину, которая совершенно не соответствовала нашим ожиданиям: на холме «Венец Ленина» было довольно безлюдно. Шел будний день, но учитывая тот факт, что сезон летних отпусков был в самом разгаре и в Нижнем Новгороде, Казани,

«Лотте Отель» в Самаре. (Фото: ИРИ)

Самаре, Саратове и других волжских городах мы наблюдали большое скопление отдыхающих, безлюдный вид Ленинского мемориала весьма обескуражил нас. Основную часть изредка попадавшихся на глаза туристов составляли пожилые мужчины и женщины. На площади Ленина группка пожилых людей следовала за экскурсоводом. На их лицах читалось, что они погрузились в смутные воспоминания о советских годах. В этот день кроме нескольких стариков, охваченных ностальгией по советской власти, мы не встретили больше никого. Советская святыня, место, где родился и вырос руководитель Октябрьской революции, не могла выглядеть более невзрачно и уныло, чем в день нашего визита. В символическом антураже, что окружает «Венец Ленина», самым значительным, на наш взгляд, представляется Ленинский мемориал. Своим титаническим масштабом он произвел на нас давящее впечатление, вся эта грандиозность почему-то казалась еще более серой и невзрачной,

Студентка Мария Лаврентьева, с которой мы познакомились в центре Ульяновска на площади Ленина. Она начала изучать корейский язык из-за интереса к K-pop культуре и теперь непременно хочет посетить Корею. (Фото: ИРИ)

видимо, из-за отсутствия посетителей. А в советскую эпоху здесь колыхалось настоящее людское море: и стар, и млад, и мужчины, и женщины приходили сюда, чтобы лично соприкоснуться с ленинскими реликвиями, увидеть его дом, вдохнуть хотя бы глоток воздуха, которым дышал их вождь, их кумир. Но всего лишь спустя четверть века после распада СССР перед нами предстала совершенно иная картина: былой энтузиазм окончательно остыл, великолепие померкло и покрылось пылью.

Каково же было наше удивление, когда мы волею случая узнали, что Корейская волна, подобно величественному течению Волги, тоже омывает берега Ульяновска. На широкой унылой площади среди малочисленных групп туристов, состоящих преимущественно из пенсионеров, мы вдруг увидели молодую девушку. Стоя под торговым зонтом, она продавала мороженое и прохладительные напитки. Мы подошли к ней, чтобы спросить, как пройти к музею Ленина. Девушка любезно объяснила дорогу и поинтересовалась, откуда пожаловали иностранные гости. Ее лицо выражало нескрываемое любопытство. Мы по-русски ответили, что из Южной Кореи. На лице девушки засияла радостная улыбка, и она на чистом корейском языке поприветствовала нас: «Анёнхасэё!» Мы были приятно удивлены, услышав родную речь в российской глубинке. Разговорившись с девушкой, узнали, что зовут ее Марией Лаврентьевой, что обучается она в физкультурном техникуме, где усердно занимается плаванием и стрельбой. А дома Мария не менее увлеченно слушает песни BlackPink, Exo и других южнокорейских групп, а также заучивает их песни и с удовольствием поет. В общем, она стала истинной фанаткой K-pop. Мария сказала нам, что она без ума от Халлю и корейской популярной музыки и больше всего на свете мечтает хотя бы разок побывать в Южной Корее. С K-pop Мария впервые познакомилась несколько лет назад через Интернет, заодно пристрастившись еще и к корейским телесериалам или *дорамам*, как их принято называть. Эти увлечения побудили Марию взяться за самостоятельное изучение корейского языка. Пример обычной жительницы Ульяновска, студентки физкультурного техникума, увлекающейся корейской музыкой и самостоятельно изучающей корейский язык, наглядно демонстрирует растущее влияние Корейской волны, которое теперь ощущается буквально в каждом уголке необъятной России.

Силу Корейской волны, захлестнувшей Поволжье, мы могли также почувствовать в столице Республики Татарстан, случайно встретив в Казанском Кремле юную поклонницу K-pop. Казанский Кремль знаменит на весь мир благодаря прекрасному

Забор Посольства Республики Корея в Российской Федерации украшен узорами в традиционном корейском стиле. (Фото: wikimapia.ru)

и гармоничному ансамблю, который образуют православный собор и исламская мечеть Кул-Шариф. В Казани смогли преодолеть национальные, расовые и религиозные различия, поэтому сюда стекаются туристы как из самой России, так и из-за ее пределов. И та девушка родом из Армении, с которой мы познакомились 24 августа 2017 года, является отличной демонстрацией сложившегося здесь культурного многообразия. Родители девушки переехали в Татарстан в 1988 году, когда в Армении произошло страшное землетрясение, унесшее многие тысячи жизней. Основное население Армении – христиане, тогда как в Татарстане преобладают мусульмане. Юная армянка, которая выглядит ученицей седьмого или восьмого класса, не испытывает никаких проблем в связи со своим происхождением и религиозной принадлежностью. Можно сказать, что эта девушка является прекрасным примером мультикультурности Казани и мирного сосуществования русской, татарской и других культур.

Но познакомившись с этой девушкой поближе, мы выяснили, что в последнее время ее больше всего интересует не русская, не татарская и даже не армянская культура. Наши читатели, верно, уже догадались, что юная жительница Казани увлекается корейской поп-культурой, ядро которой формирует K-pop. Наше знакомство завязалось случайно, когда мы фотографировались на память с различными людьми на видовой площадке Казанского Кремля. Девушка с радостью сообщила нам, что ей очень нравятся корейские поп-группы, она стала без запинки перечислять имена своих любимых певцов и певиц, выказывая свое искреннее расположение даже нам, обычным корейцам. Вот почему она охотно согласилась сфотографироваться с нами. По словам сопровождавшей ее матери, девушка часто слушает корейскую популярную музыку на Youtube и на других интернет-ресурсах, а в последнее время она стала проявлять интерес не

Девочка, с которой мы познакомились рядом с Кремлем в столице Республики Татарстан, увлекается K-pop культурой. (Фото: ИРИ)

только к K-pop, но и ко всей корейской культуре в целом. На наш взгляд, весьма велика вероятность того, что эта девушка в будущем станет настоящим «культурным метисом», и далеко не последнюю роль в формировании ее культурной гибридности будет играть Корейская волна. Откроем вам маленькую тайну: когда мы сообщили девушке о своем желании опубликовать ее фотографию в нашей книге, девушка застенчиво улыбнулась и дала свое согласие.

Удивительно, что в России влияние K-pop в последнее время обнаруживается не только в молодежной культуре и развлечениях, но и в кинематографе, который является важной частью высокого искусства. Анна Меликян, один из ярчайших режиссеров современной России, в 2007 году сняла картину «Русалка», которая была выдвинута на премию «Оскар» в номинации «лучший иностранный фильм». А в 2015 году Анна Меликян сняла фильм «Про любовь», который был удостоен кинопремии «Золотой орел» в главной номинации. Этот фильм заставляет глубоко задуматься о смысле любви. Примечателен выбор саундтреков, сопровождающих ключевые сцены фильма. В одном из эпизодов, когда влюбленная пара после бурного выяснения отношений оказывается на пороге расставания, начинает звучать композиция We Were in Love, точно передающая душевное состояние героев. Эта песня завоевала широкую популярность в 2011 году после совместного исполнения южнокорейскими гёрл-группами Davichi и T-ara.

Не заставляй меня плакать!
Ты мой единственный.
Закрывая глаза, вижу тебя,

Закрывая уши, слышу тебя, –
Пожалуйста, не уходи!

Как мы видим по первому куплету, песня содержит мольбу к любимому человеку не уходить. В фильме «Про любовь» эта композиция звучит в тот момент, когда парень и девушка расстаются, потому что не могут понять друг друга. Музыка доносится из наушников, висящих на шеях героев. Все выглядит так, как будто они слушают песню We Were in Love, однако в действительности слушателями являются зрители. И более того, эту популярную песню будут слушать не только россияне но и зрители всех стран мира, где через различные каналы будет доступен просмотр кинокартины «Про любовь».

Да, в последнее время K-pop различными путями и способами сумел завоевать сердца российской молодежи, но, тем не менее, сложно найти другую корейскую песню, которая смогла бы

В сцене расставания главных героев фильма «Про любовь» (2015) Анны Меликян звучит корейская песня We Were In Love. (Фото: kinopoisk.ru)

так органично вплестись в ткань киноповествования, как это удалось композиции We Were in Love в фильме Анны Меликян «Про любовь». Ведь именно благодаря этой песне эмоции, возникающие между главными героями, а также эмоции, вызываемые киноперсонажами в душах зрителей, сливаются в единое чувственное поле. Таким образом мы видим, что корейская популярная музыка в России не только пользуется любовью в среде обычных фанатов, но выходит на более высокий креативный уровень, становясь источником вдохновения и стимулируя творческое воображение у российских деятелей высокого искусства и поп-культуры.

По ряду примеров, которые были представлены нами выше, видно, что спонтанное и самопроизвольное распространение и популяризация K-pop в России происходят главным образом в молодежной аудитории, возраст которой варьируется в пределах от 10 до 30 лет. В процессе популяризации Корейской волны самую важную роль играют маленькие и большие интернет-сайты, распространяющие соответствующую информацию. Согласно ежегодному докладу Корейского фонда международных культурных обменов «Халлю в «глобальной деревне»: актуальная ситуация» за 2017 год, в России насчитывается более шестидесяти действующих сообществ поклонников Корейской волны. Среди интернет-сообществ и групп в социальных сетях, объединяющих русскоязычную аудиторию, проживающую в Казахстане и других странах СНГ, подавляющее большинство представлено сообществами фанатов K-pop, которых существует более сорока. Этот факт красноречиво говорит о том, что именно интернет-сообщества являются движущей силой популяризации Корейской волны в России и СНГ. Другими словами, своим распространением в России Халлю в основном обязан популярности K-pop.

Деятельность таких сообществ главным образом осуществляется в онлайн-пространстве. Большая часть сообществ, отмеченных в докладе Корейского фонда международных культурных обменов, действует в социальной сети «ВКонтакте», которую также называют русской версией «Фейсбук». Например, в «ВКонтакте» действует группа «k pop fanaty» (https://vk.com/fanatka_kpop), насчитывающая более 260 тысяч членов и более 420 тысяч фолловеров. Эта группа может похвастать тем, что является самым большим сообществом поклонников Корейской волны в России. Группа в качестве первоочередной ставит перед собой цель предоставления самой актуальной и полезной информации о K-pop, что подтверждается последней публикацией на странице группы, анонсирующей выпуск британской телерадиовещательной корпорацией BBC документального фильма о самой известной в мире корейской айдол-группе BTS. Также на странице группы ведется чат, в котором ее участники могут выражать свое мнение и обсуждать различные актуальные проблемы. Удивительно, что кроме всего прочего здесь продаются футболки, шапки и другие продукты с логотипами и названиями айдол-групп корейской популярной музыки. Например, в продаже имеется шапка с названием группы BlackPink, которая в пересчете на южнокорейскую валюту стоит примерно двадцать тысяч вон. В том числе и таким способом фанатские группы в социальных сетях вносят немалый вклад в популяризацию K-pop, который в России занимает львиную долю в распространении и потреблении Халлю.

В связи с этим стоит отметить интернет-сайт k-pop.ru, который предоставляет информацию и новости о всей культурной индустрии Южной Кореи, начиная с популярной музыки и заканчивая телесериалами. Этот сайт был создан в феврале 2009 года и изначально ориентировался на составление и публикацию профайлов южнокорейских знаменитостей. В настоящее время сайт предоставляет новости и информацию не только о K-pop, но и о корейских телесериалах и телешоу. Но из названия сайта становится ясно, что основной упор сделан именно на популярную музыку. Без преувеличения можно утверждать, что на этом сайте все начинается с K-pop и все заканчивается на K-pop. По состоянию на 2017 год число уникальных посетителей сайта в день достигло отметки в 6–7 тысяч человек. Подавляющее большинство посетителей максимальный интерес проявляют тоже именно к K-pop. Львиную долю содержимого сайта составляет информация и новости в режиме реального времени о K-pop. Создатели сайта ставят перед собой цель довести ежедневное число посетителей до уровня 25–30 тысяч человек и планируют предоставлять более информативный и полноценный контент.

Но не стоит думать, что распространение K-pop и Корейской волны в России происходит лишь «стихийно», усилиями фанатских сообществ. В последнее время посольство и генеральные консульства Республики Корея, а также другие правительственные учреждения, действующие на территории России, активно подключились к распространению и популяризации Халлю. В качестве яркого примера можно назвать Корейский культурный центр в Москве, который был открыт в 2007 году и вот уже на протяжении десяти лет вносит весомый вклад в развитие двусторонних культурных

Сайт www.k-pop.ru приглашает желающих в свою команду. (Фото: k-pop.ru)

взаимоотношений и популяризацию Корейской волны. Главная цель деятельности Корейского культурного центра заключается в организации различных концертов, выставок, кинопоказов и других культурных мероприятий, призванных знакомить жителей России и стран СНГ с традиционной и современной культурой Кореи. Наряду с этим центр оказывает всевозможное содействие для активизации культурных связей между Южной Кореей и Россией в сфере спорта, туризма и искусства. В основной круг деятельности центра входит также проведение занятий по корейскому языку, лекций по социологии Кореи, показательных выступлений тхэквондистов, мастер-классов по изготовлению поделок из корейской бумаги *ханчжи* и другие подобные мероприятия. С содержанием и результатами проводимых Корейским культурным центром мероприятий можно ознакомиться как онлайн благодаря публикациям на официальном сайте (http://russia.korean-culture.org), на

Российские студентки на выставке корейских одноцветных картинок в Санкт-Петербурге. (Фото: ИРИ)

страницах социальных сетей, в Youtube, так и офлайн благодаря ежемесячному вестнику организации.

Отдельного упоминания заслуживает тот факт, что Корейский культурный центр различными способами поддерживает проведение мероприятий, связанных с K-pop. Так, 29 октября 2017 года при совместной поддержке Корейского культурного центра и Корейского фонда международных обменов в сфере культурной индустрии (KOFICE) состоялся фестиваль AIdolcon K-POP. Этот фестиваль собрал K-pop группы и кавердэнс-группы из десяти городов России, включая Москву. Значимость этого мероприятия, прошедшего в атмосфере умопомрачительного драйва, заключается в следующем. Во-первых, благодаря поддержке Корейского культурного центра впервые за всю историю проведения фестиваля, то есть с 2009 года, удалось провести такое масштабное мероприятие. Во-вторых, в качестве организатора фестиваля выступала объединяющая любителей

K-pop группа Aigoo Russia из социальной сети «ВКонтакте». В-третьих, в качестве места проведения был выбран клуб Theater B, в котором выступают андеграундные рок-группы из России и Восточной Европы. Все это в очередной раз подтверждает, что Корейский культурный центр, действуя от имени правительства Республики Корея, играет важную роль в популяризации K-pop и Корейской волны в России, а также наглядно показывает эффективность сотрудничества, когда в качестве организатора выступает российское интернет-сообщество, а спонсорскую поддержку оказывает корейское правительственное учреждение. Проведение фестиваля на площадке, специально подготовленной для музыкальных концертов, позволило участникам конкурса K-pop cover dance максимально проявить свое умение, полностью передать очарование корейской популярной музыки в ее различных проявлениях и жанрах, подарив зрителям отличную возможность влиться в происходящее и получить наивысшее удовольствие.

Корреспондент KOFICE Цой Сын Хён отметил, что ощутить популярность Корейской волны и K-pop в Москве и других крупных городах России можно в ночных клубах, ориентированных на молодых людей в возрасте до 30 лет. Если в онлайн-пространстве корейская популярная музыка распространяется в основном благодаря деятельности соответствующих сообществ «ВКонтакте» и других социальных сетей, то в офлайн-пространстве главным агентом продвижения являются ночные клубы. Это объясняется тем, что именно в таких заведениях культуры, как клубы, наиболее полно раскрываются сильные стороны K-pop, для которого характерно создание уникального музыкального представления за счет соединения песни, танца и визуальных эффектов. Таким образом в таких местах, как Москва, где клубная культура стала массовой, созданы оптимальные условия для привлечения российской молодежи в ряды поклонников корейской музыки. Согласно новостным сообщениям корреспондента Чхве Сын Хёна, шоукейсы и выступления корейских айдол-групп Block B и U-KISS в 2014 году состоялись также именно в ночных клубах. Примечателен тот факт, что K-pop фестивали, проходящие в известных ночных клубах Москвы и Санкт-Петербурга, были организованы при спонсорской поддержке южнокорейских корпораций, действующих на российском рынке. Во время этих фестивалей показ конкурсной программы сопровождался презентациями продуктов спонсорских компаний.

Горячее дыхание K-pop в последнее время явственно ощущается даже в Сибири. 19 мая 2017 года в Иркутске состоялся концерт корейской популярной музыки, при этом

Кавер-выступление российских студентов на фестивале AIdolcon K-POP. (Фото: vk.com/aigoorussia)

впервые на территории Сибири велась прямая трансляция подобного мероприятия. В различных СМИ это событие вызвало огромный резонанс. Сеульская экономическая газета «Соуль кёндже синмун» сообщила, что организатором мероприятия выступило Генеральное консульство Республики Корея в Иркутске. Зрительный зал Иркутского государственного театра, рассчитанный на 800 мест, не смог вместить всех желающих, поскольку в этот день пришло более двух тысяч фанатов K-pop. Поэтому все те, кому не хватило места в зрительном зале, должны были довольствоваться просмотром прямой трансляции, которая выводилась на внешние мониторы. В этот день зрители получили возможность наряду с K-pop насладиться традиционными корейскими танцами. Иркутский хореографический ансамбль «Веснушки» показал корейский танец с веерами, также с танцевальными и музыкальными номерами выступили коллективы Корейского государственного центра национальной классической музыки и Корейского танцевального ансамбля. Кроме того, от лица корейских K-pop групп блистательно выступила группа Mfect.

Как отмечается в докладе фонда KOFICE «Халлю в «глобальной деревне»: актуальная ситуация», популярность K-pop в России неуклонно растет даже вопреки тому, что корейские исполнители не представлены на российском рынке продаж музыки на физических носителях, а также в эфире телерадиовещательных каналов. В сложившейся ситуации шоукейсы и выступления K-pop исполнителей в рамках различных фестивалей играют важную роль в повышении популярности K-pop в России, давая возможность местным фанатам воочию увидеть своих кумиров. Позвольте повториться: какую бы цель они ни преследовали и в какой бы форме ни проводились – визиты корейских звезд K-pop на российскую землю выполняют очень важную функцию в деле повышения интереса российской публики к корейской популярной музыке. В связи с этим нельзя не упомянуть о таком певце, как PSY, и его мега-хите Gangnam Style, который в 2012 году потряс весь мир. 7 июня 2013 года PSY лично посетил Москву в качестве специально приглашенного гостя для участия в церемонии вручения телевизионной премии в области популярной музыки «Муз ТВ 2013». В этот день PSY завершал праздничный концерт на арене СК «Олимпийский», для разогрева исполнив свой новый сингл Gentleman, оставив напоследок свой мега-хит Gangnam Style. Уникальный голос и танцевальные движения приглашенной звезды взорвали «Олимпийский», раскачав переполненные трибуны.

Московское выступление певца PSY вызвало горячую реакцию не только у зрителей, присутствующих на трибунах

7 июня 2016 года на церемонии вручения музыкальной премии МУЗ-ТВ во время выступления корейского исполнителя PSY на площадке перед сценой был организован флешмоб. (Фото: lifemusic.ru)

«Олимпийского», но и у всех тех фанатов, которые собрались вокруг стадиона, чтобы увидеть своего кумира и устроить флешмоб в его честь. Люди весело отплясывали, повторяя «движения наездника», ставшие фирменным знаком певца PSY, не только когда он лично исполнял свой хит на арене «Олимпийского», но и прямо на улице в рамках флэшмоба. Визит в Москву и выступление корейской звезды в тот день произвело настоящий фурор, став новостью номер один во всех российских СМИ. С полной уверенностью можно заявить, что выход в 2012 году сингла Gangnam Style и приезд певца в Москву в 2013 году способствовали существенному росту популярности K-pop в России. Если принять во внимание то, какое важное значение придают российские СМИ новостям о певце PSY во время репортажей о корейской популярной музыке, тогда без труда можно представить, какой большой вклад вносит этот певец в развитие Халлю в России. Российские СМИ до сих пор пристально следят за выходом в свет новых песен PSY и его участием в различных мероприятиях. Это говорит о том, что PSY является самым авторитетным представителем K-pop и Корейской волны в России. Например, газета «Коммерсант» за 21 декабря 2017 года в рубрике «День в истории» в качестве исторического события, ознаменовавшего этот день, называет преодоление клипом Gangnamstyle отметки в 1 миллиард просмотров на видеохостинге Youtube. Если раньше этот день в мировой истории был памятен такими событиями, как изобретение баскетбола, показ фильма Сергея Эйзенштейна «Броненосец 'Потемкин'», вступление Шарля де Голля на пост президента Пятой республики, то в будущем двадцать первое декабря будут вспоминать еще и благодаря невероятному

Двукратная чемпионка по фигурному катанию Евгения Медведева, завоевавшая две серебряные медали на Олимпиаде-2018 в Пхёнчхане, известна тем, что любит K-pop. Во время Олимпийских игр ей удалось встретиться и сделать совместное фото с айдол группой EXO, которая является одной из самых популярных K-pop групп в Корее. (Фото: showasia.ru)

прорыву клипа PSY.

14 октября 2017 года в Санкт-Петербургском государственном университете в честь 120-летия российского корееведения прошла международная научная конференция. Российские и зарубежные корееведы представили темы докладов, посвященных научным изысканиям в различных сферах. Большой интерес у нас вызвали доклады молодых ученых, которые были посвящены распространению Халлю в России. В особенности наше внимание привлек доклад, в котором говорилось, что в последнее время среди российской молодежи стали набирать популярность корейские телесериалы, или дорамы, их часто их называют. Согласно докладу аспирантки из Красноярска, интерес к дорамам наблюдается, главным образом, у женской молодежной аудитории в возрасте до 30

лет. В качестве главных факторов, привлекающих российского зрителя, называются великолепное актерское мастерство корейских исполнителей, качественный сценарий, продуманная и захватывающая сюжетная композиция. Докладчик считает, что корейские дорамы, благодаря тем ценностям, которые они пропагандируют, просто обречены на завоевание успеха у российской аудитории, поскольку российское общество сохраняет приверженность к традиционным семейным ценностям, а молодое поколение по-прежнему с уважением относится к старшему поколению.

Софья Москвитина, дизайнер одежды из Иркутска, признается, что тоже попала под очарование корейских дорам. Она открыто говорит, что для нее словно задул свежий ветер, когда она стала интересоваться корейской культурой. А ведь до появления нового увлечения Софья планировала стать обычным экономистом, работать в каком-нибудь банке с бесконечными цифрами и бумагами. Но корейский музыкальный клип, который она однажды увидела по счастливой случайности, повернул ее жизнь в совершенно иное русло. Познакомившись с корейской культурой, Софья не стала ограничивать сферу своих интересов исключительно популярной музыкой, начав смотреть телесериалы. Дорамы очаровали девушку интересным сценарием, прекрасной актерской игрой и оригинальным юмором. Софья решила принять участие в фестивале корейской культуры в Улан-Удэ, где она в составе группы выступила на сцене, а также разработала дизайн концертных костюмов для себя и для членов своей группы. Таким образом, корейские дорамы и K-pop открыли для Софьи окно в ранее неведомую страну – Южную Корею, которую она полюбила всем сердцем.

София Москвитина влюбилась в корейские дорамы и K-pop, изменившие ее жизнь. (Фото: the-village.ru)

Бурятская студентка, которая увлекается корейской культурой. (Фото: ИРИ)

В последнее время в России постепенно увеличивается число молодых женщин, которые, подобно Софье, в процессе просмотра

Кадры из Корейских дорам, которые показывают в России. (Фото: youtube)

новейших корейских дорам знакомятся как с традиционным укладом, так и с современным образом жизни в Южной Корее, проникаясь симпатией и любовью к этой стране. Таким образом интерес к корейским дорамам начинает распространяться в основном посредством Интернета среди российской молодежи. Даже официальные СМИ и ученые обратили свое внимание на эту феноменальную тенденцию. Но, к сожалению, несмотря на растущую популярность дорам, мы не знаем ни одного случая, чтобы корейская дорама была экспортирована в Россию по официальным каналам. В России нет официального импорта и распространения корейских телесериалов, а самым массовым способом доступа к ним стало их скачивание и/или просмотр в Интернете (например, в социальных сетях), что осуществляется на некоммерческой основе. В русскоговорящих странах самую большую зрительскую аудиторию имеет домен «Дорама TV». На сайтах, которые проводят различные онлайн-опросы, также можно получить много интересной и полезной информации о корейских дорамах.

Когда мы говорим о Корейской волне в России, ни в коем случае нельзя упускать из вида корейское кино. Россияне познакомились с корейскими фильмами гораздо раньше, чем возникло само понятие Халлю. В июне 1989 года на Московском международном кинофестивале состоялся показ фильма «Аджеадже Бараадже» корейского режиссера Им Квон Тхэка. Актриса Кан Су Ён, сыгравшая в этом фильме буддийскую монахиню, была удостоена премии за лучшую женскую роль. С тех пор прошло почти тридцать лет. И вот на Московском кинофестивале корейское кино могло похвастать более широким представительством. Удивительно, что и на этот раз основное внимание российских зрителей было приковано к фильмам с буддийской тематикой. Так, в рамках специальной программы показа корейского кино вниманию зрителей был представлен фильм режиссера Лю Юнуи «Нагорная проповедь», который был призван познакомить

Афиша специального показа корейских фильмов на 39-м Московском международном кинофестивале в 2017 году. (Фото: ИРИ)

Участники Второго форума «Корейско-российский гуманитарный мост дружбы». (Фото: ИРИ)

Режиссер фильма «Гималаи» Ли Сок Хун, который принял участие в церемонии открытия Года кино Южной Кореи. (Фото: Корейский культурный центр в России)

российскую публику с современным миром буддизма. Этот фильм был встречен с большим интересом. Среди корейских режиссеров самой большой популярностью в России пользуется Ким Ки Дук, в его картинах буддийская тематика также занимает очень важное место.

Корейское кино демонстрировалось в рамках специальной программы Московского международного кинофестиваля два года подряд, начиная с 2016 года. В 2017 году специальная программа, проходившая с 22 по 29 июня, включала в себя пять произведений корейского кинорежиссера Юн Дже Гюна: «Ода моему отцу», «2012: Цунами», «Королева танца», «Кооперация», «Чудо на первой улице». 25 июня 2017 года Корейский культурный центр в московском кинотеатре «Октябрь» на улице Новый Арбат устроил пресс-конференцию, организовав отдельный прием для видных деятелей из мира кино. В этот день на приеме господин Пак Ро Бёк, полномочный посол Республики Корея в России, произнес поздравительную речь, в которой отметил, что в прошлом и текущем году посольство Республики Корея с Корейским культурным центром с одной стороны и Союз кинематографистов Российской Федерации с другой с большим успехом проводят «Год корейского кино в России». Дипломат выразил надежду, что кинопоказы будут способствовать укреплению дружеских отношений, росту взаимопонимания и развитию сотрудничества между Южной Кореей и Россией.

Специальную программу открывал фильм Юн Дже Гюна «Ода моему отцу» (оригинальное название «Международный рынок»), для участие в конкурсной программе приглашение получил режиссер Ким Понхан с лентой «Обычный человек», во внеконкурсной программе приняли участие режиссеры Лю Юнуи с фильмом

Обложка специального номера журнала «Koreana» на русском языке, посвященного корейскому кино. (Фото: ИРИ)

«Нагорная проповедь» и Ким Ки Дук с фильмом «Сеть». Лю Юнуи известна тем, что является буддийской монахиней. Фильм «Обычный человек» Ким Понхана примечателен тем, что был удостоен главного приза премии NETPAC Сети продвижения азиатского кино. Годом ранее в 2016 году, который в России был объявлен Годом кино, посольство Республики Корея в РФ и Корейский культурный центр на всей территории России проводили совместные мероприятия под названием «Год корейского кино в России». В московских кинотеатрах ежемесячно показывали по одной новейшей корейской киноленте, при этом вход для зрителей был бесплатным. Наибольшим успехом пользовался фильм режиссера Ли Сокхуна «Гималаи», снятый в 2015 году. Помимо этого Корейский культурный центр в Москве в различном формате организовывал показы корейского кино. Например, 4 декабря 2017 года в Доме кино в рамках кинофестиваля «2017 год корейского кино: освещение евразийского сотрудничества» состоялся бесплатный дополнительный показ фильма Ли Ён У «Горячая кровь юности» (2014 г.). По имеющейся у нас информации, в этот день кинотеатр собрал более 550 зрителей.

Режиссер Ким Ки Дук по-прежнему пользуется особой любовью у многих российских кинолюбителей. Об этом красноречиво говорит тот факт, что корейский режиссер был приглашен для участия в специальной программе кинофестиваля «Амурская осень», который прошел в 2017 году в Благовещенске. Немалое внимание творчеству Ким Ки Дука было уделено и в докладах участников Международной научной конференции в честь 120-летия российского корееведения, которая открылась 14 октября 2017 года в Санкт-Петербургском

Корейский режиссер Ким Ки Дук на международном фестивале кино и театра «Амурская осень». (Фото: ridus.ru)

государственном университете. В своем докладе Елена Островская, профессор кафедры теории и истории социологии СПбГУ, в качестве типичного произведения современного корейского кинематографа рассмотрела фильм Ким Ки Дука «Весна, лето, осень, зима... и снова весна», объяснив, что особая притягательность этого произведения заключается в гротескном столкновении мира буддийской религии со светским миром. Однако Елена Островская практически оставила без внимания мир жестокого насилия, который можно назвать визитной карточкой творчества Ким Ки Дука. Видимо, в России сложилось мнение, что тема насилия, ярко выраженная в фильмах этого режиссера, является характерной чертой корейского кинематографа в целом. В качестве яркого примера фильма Ким Ки Дука, перенасыщенного сценами жуткого насилия, называют его дебютную работу «Остров», снятую в 2001 году.

Доктор социологических наук Елена Александровна Островская из СПбГУ делает презентацию о фильме «Весна, лето, осень, зима... и снова весна» режиссера Ким Ки Дука на конференции «120 лет корееведения и российско-корейские исследования в СПбГУ» 14 декабря 2017 года. (Фото: ИРИ)

Эта лента повергла в шок российских зрителей и критиков. По оценке некоторых критиков, в этом фильме зрители обнаружили универсальную истину о поэзии, любви и смерти, а сам Ким Ки Дук был поставлен в один ряд с такими мэтрами, как японский кинорежиссер Нагиса Осима и итальянский режиссер Микеланджело Антониони.

Профессор Римма Камильевна Тангалычева, занимающаяся исследованием корейского общества на кафедре социологии культуры и коммуникации факультета социологии СПбГУ, во время своего выступления неоднократно упоминала Ким Ки Дука и его фильмы, считая этого режиссера главным представителем артхаусного кино Южной Кореи. Все эти примеры показывают, что касательно корейского кино в России главным феноменом является особый зрительский интерес к творчеству Ким Ки Дука. Он пользуется особым уважением российских кинематографистов, регулярно получает приглашение на кинофестивали, его работы широко освещаются в российских СМИ. Из трех картин, которые на Московском международном кинофестивале номинировались на премию за лучший иностранный фильм, две принадлежат Ким Ки Дуку. Его фильмы оказывают какое-то магическое воздействие на российскую публику. Сложно найти другого корейского кинорежиссера, у которого так же часто, как у Ким Ки Дука, российские телевизионщики брали бы интервью и о котором так же часто писали бы в газетах.

В последнее время бум корейской культуры в России распространяется не только на K-pop, дорамы, фильмы, но и на комиксы. Согласно сообщению информационного агентства «Рёнхап», со второй половины двухтысячных годов в России начали переводить и распространять южнокорейские комиксы, которые смогли завоевать не меньшую популярность, чем та, которой пользуются японские комиксы, появившиеся в России на несколько лет раньше. 13 ноября 2016 года в Москве прошел форум «Второй корейско-российский гуманитарный мост дружбы», организованный Корейским фондом международных культурных обменов и Институтом изучения России Университета иностранных языков «Ханкук».

На форуме выступила Александра Волкова, генеральный директор «Русского издательства Манги». В своем докладе она сказала, что перевод и издание корейских комиксов *манхва* в России начались в 2007 году с комикса Ким Ён Джу «Юная королева Джун», а в настоящее время в стране представлено тридцать пять наименований корейских комиксов. Таким образом мы видим, что корейские комиксы тоже вносят свой

Создатель комиксов Ли Вин создатель многотомных комиксов, на встрече с читателями в Корейском культурном центре в Москве. (Фото: ИРИ)

Корейские комиксы на русском языке. (Фото: koryo-saram.ru)

вклад в формирование бума Халлю в России. Александра Волкова сообщила, что начали появляться специализированные магазины, где вместе с комиксами продаются украшения, головные уборы и одежда в стиле корейских звезд-айдолов. Это говорит о том, что популярность K-pop и Корейской волны способствует также и расширению аудитории российских любителей корейских комиксов. В качестве представителя корейской стороны в форуме принимал участие проректор по внешним связям Университета иностранных языков «Ханкук» Ким Хен Тхэк. В своей речи он заявил о том, что корейские комиксы манхва наряду с корейскими дорамами, художественными фильмами и музыкой стали весьма важным жанром в культурном обмене между Южной Кореей и Россией, при этом корейский оратор подчеркнул, что для сохранения этой тенденции необходима активная поддержка и интерес со стороны Южной Кореи. То есть для того, чтобы манхва стали серьезной силой в распространении Халлю, корейские правительственные органы и корпорации должны проявлять больше интереса к комиксам и найти конкретные способы поддержки, как это было в случае с K-pop.

Говоря о буме популярности Халлю в России, нельзя обойти молчанием факт, что с каждым днем в стране увеличивается число людей, изучающих корейский язык. Лучшим подтверждением тому является энтузиазм русских учеников, который мы наблюдали во время занятия по корейскому языку в Корейском культурном центре в Москве. Важную роль в популяризации корейского языка играет Учебно-образовательный центр Вон Гван Седжон, который управляет деятельностью школ корейского языка в Москве и еще в девяти регионах России. Кроме того, стоит обратить внимание на то, что в крупнейших российских университетах неуклонно увеличивается число кафедр корейского языка. В качестве самого последнего примера можно назвать учреждение кафедры корееведения на восточном факультете Санкт-Петербургского государственного университета в сентябре 2017 года. Ранее в университете не было

В День знаний 1 сентября 2016 года Президент России В. В. Путин выступает в одной из школ Владивостока. Позади него находится плакат с изображением корейского государственного флага. (Фото: ridus.ru)

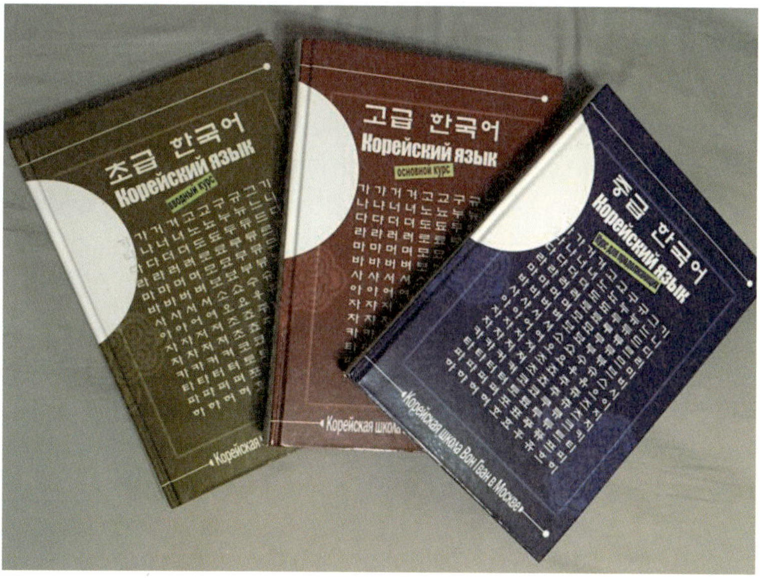


Учебники корейского языка для российских учащихся. (Фото: ИРИ)

отдельной кафедры корееведения, а преподавание корейского языка и других предметов, связанных с Кореей, велось на других кафедрах восточного факультета. Насколько нам известно, для открытия кафедры корееведения в СПбГУ большие усилия приложил господин Ли Джин Хён, генеральный консул Республики Корея в Санкт-Петербурге. Господин Ли Джин Хён пояснил, что именно Генеральное консульство РК в Санкт-Петербурге инициировало и поддерживало открытие кафедры корееведения в СПбГУ.

В России интерес к корейскому языку растет с каждым днем по мере того, как возрастает влияние Халлю и К-рор. Стремительно увеличивается число учеников, посещающих бесплатные курсы корейского языка в Корейском культурном центре в Москве. Также в геометрической прогрессии увеличивается посещаемость курсов корейского языка, которые проводят школы при Учебно-образовательном центре Вон Гван Седжон. На улицах Москвы часто можно видеть учеников в футболках с надписями на корейском языке, которые гордо и непринужденно шагают по городским улицам. Это говорит о том, что хангыль в России больше не является абсолютно неизвестной письменностью. Интерес к к-рор и дорамам подталкивает молодежь к изучению корейского языка. Это позволяет надеяться на то, что через изучение корейского языка юные россияне более тесно познакомятся с культурой и историей Южной Кореи и в конце концов проникнутся симпатией к этой стране и полюбят ее.

Российская студентка, на футболке которой изображен корейский флаг, в одном из книжных магазинов Москвы. (Фото: ИРИ)

# Глава 11

# Русская любовь к корейской кухне

В сегодняшней Москве практически в каждом районе можно попробовать вкус разнообразных корейских блюд. Широта доступного ассортимента впечатляет. Теперь это не только *кимчи*, корейские салаты, сублимированная лапша и *пянсе*. В Москве появились рестораны с различной специализацией. В одних готовятся блюда из рисовой лапши *куксу*, в других посетители имеют возможность самостоятельно пожарить мясо на гриле, которым оборудован каждый стол. С точки зрения представленности корейской национальной кухни, современная ресторанная Москва являет нам совершенно иную картину, нежели та, которая наблюдалась на протяжении долгих лет после установления дипломатических отношений между Россией и Республикой Корея, когда по пальцам одной руки можно было пересчитать все корейские рестораны, ориентированные в основном на граждан Южной Кореи, прибывших из Сеула. Хотя уже тогда на традиционных продуктовых рынках России и среднеазиатских республик большим спросом пользовались так называемые корейские салаты, весьма примечательно, что

Фасад корейского ресторана Hite в Москве. (Фото: ИРИ)

в последнее время различные традиционные корейские блюда в своем исконном или же адаптированном виде завоевали широкую популярность в крупнейших российских городах. Впервые корейская кухня была ввезена в Россию во второй половине XIX века корейскими переселенцами на Дальний Восток. На фоне каких же событий и процессов корейская пища вошла в меню россиян?

Неоспоримой истиной является тот факт, что миграция оказывает большое влияние на пищу и пищевую культуру, давая мощный толчок ее изменению и развитию. Когда переселенцы оказываются на новой земле, в процессе приспособления к иноземному образу жизни им сложнее всего отказаться от своих пищевых привычек. Однако кулинарные предпочтения и традиции неизбежно претерпевают трансформацию под воздействием климатических и культурных особенностей новой местности. Корейские переселенцы, или *корё сарам*, как они сами стали себя называть, выполняли роль «распространителей корейской пищи». Во второй половине XIX столетия они стали покидать самые северные территории тогдашней Кореи, перебираясь в Россию в поисках пригодных для земледелия почв. Естественно, что с собой они принесли соевый соус *канджан*, соевую пасту *твенджан*, *кимчи* и другие исконно корейские продукты, без которых корейский стол просто немыслим. Изначально корейцы компактно селились на российском Дальнем Востоке, но затем, в силу политической обстановки в преддверии Второй Мировой войны, они были депортированы в другие районы континентальной Евразии, в результате чего корейская пищевая культура распространилась на более широкую территорию. По условиям Пекинского договора, заключенного в 1860 году между Россией и Китаем, к России отошли территории к северу от реки Туманная, вдоль русла которой пролегла граница между российским Приморьем и корейской провинцией Хамгён-Пукто. Для заселения практически безлюдной территории правительство Российской империи разработало ряд политических и экономических мер, стимулируя переселение украинцев, белорусов, евреев и других жителей густонаселенных западных губерний. Корейцы и европейцы, оказавшись на Дальнем Востоке, начали выращивать те привычные им злаки и производить те продукты, которые позволял местный климат и почвы. Корейцы выращивали баклажаны, редьку и другие овощи, а представители европейских народов – картофель, пшеницу, капусту, помидоры и прочее.

Контактируя друг с другом, представители различных народов

получили уникальную возможность обмена собственными кулинарными традициями. Корейцы переняли у русских хлеб, капусту, а русские научились у корейцев способу приготовления морских водорослей, которые у корейцев называются миёк. В те далекие времена часто случалось так, что корейцы во время поминального обряда ставили на стол хлеб вместо положенных пирожков тток, для приготовления которых требовался клейкий рис. Среди главных блюд, с которыми корейцы познакомили русских, можно назвать *паб* и *миёкмучим*. *Паб* – это отварной рис, а *миёкмучим* – это салат из водорослей *миёк*, которыми изобиловали прибрежные воды приморской акватории. Удивительно, что русские, которые раньше были не знакомы с этим морепродуктом, для его названия позаимствовали родное для каждого русского уха слово, обозначающее всем известный овощ. Таким образом водоросли *миёк* стали зваться морской капустой. Узнав от корейцев о полезных свойствах этого продукта, русские научились готовить салат из морской капусты и стали подавать это блюдо с обрусевшим названием на стол. Также благодаря знакомству с корейской кулинарной культурой

Корейский салат из морской капусты, который продается в магазинах России. (Фото: ИРИ)

в рацион русских дальневосточников вошли блюда из молодых побегов папоротника-орляка (кор. *косари*). Вот таким образом происходило взаимодействие кулинарных культур двух народов в начале их знакомства.

Продолжился этот процесс в конце 30-х годов XX века, когда корейская кухня из российского Приморья была завезена в другие регионы. В 1937 году по приказу Сталина было проведено принудительное переселение в Казахскую и Узбекскую Республики СССР всех корейцев, компактно проживавших на дальневосточных территориях, граничащих с Корейским полуостровом. Корейцам снова пришлось привыкать к чужой земле и культуре, преодолевая большие сложности. В огромной бочке дегтя, которую пришлось расхлебывать вынужденным переселенцам, к счастью была все же ложка меда: жаркий климат позволял выращивать те сельскохозяйственные культуры, которые не росли в более суровых условиях Дальнего Востока. На новом месте корейцы добились больших успехов в выращивании риса, арбузов, репчатого лука и других овощей. Корейские колхозы прославились на весь Советский Союз высокими урожаями. Вместе с трудовой славой пришло и благосостояние. В то время лук из Средней Азии, выращенный корейскими колхозниками, по своему размеру и качеству считался самым лучшим и пользовался огромным спросом у покупателей.

Закрепившиеся в Средней Азии корейцы, живя бок о бок с местными казахами, узбеками, а также с представителями других малых народов, которые по воле судьбы оказались в том же регионе, были открыты влиянию новой кулинарной культуры. Поскольку рис был основной едой корейцев, то легче всего они восприняли узбекский плов с бараниной и овощами, который

Плов – традиционное блюдо узбекской кухни. (Фото: kuking.ru)

очень похож на корейское блюдо *поккымпаб*. А среди местного населения постепенно обретали известность *кимчи* и различные овощные закуски, обязательные для корейского стола. Вместе с тем некоторым местным жителям по вкусу пришелся соевый соус *канджан*, соевая паста *твенджан* и перцовая паста *кочхуджан*, которые являются основой основ в корейской кухне.

Таким образом мы видим, что корейская кухня распространялась вслед за перемещением корейских переселенцев из Приморья в Среднюю Азию, однако наряду с этим существовал еще один маршрут распространения: во время японской оккупации Корейского полуострова японцы угоняли на принудительные работы на Сахалин корейцев из южных провинций, которые-то и познакомили жителей отдаленного русского острова с корейской кулинарией. Сахалинские корейцы долгое время были отрезаны от континентальной России, испытывая серьезные ограничения

Продажа разных видов корейских салатов. (Фото: ИРИ)

в свободе перемещения, тем не менее среди русских сахалинцев корейская кулинарная культура получила весьма широкое распространение.

После смерти Сталина во время хрущевской оттепели корейцы, пусть и частично, обрели некоторую свободу передвижения. Они начали перебираться в Москву, Ленинград, Киев, Одессу, Казань, Минск и другие крупные города для поступления в вузы, а также получив назначение на работу в качестве специалистов. Некоторые корейцы, пользуясь послаблениями в ограничении перемещения, разъезжались по всему Советскому Союзу, занимаясь сезонной сельскохозяйственной деятельностью по выращиванию овощей и бахчевых культур, получившей название «*кобонджи*». После 1960 года корейская кухня с восточных и южных окраин огромной страны, состоявшей из пятнадцати союзных республик, начинает перемещаться в европейскую часть. Для нас же важнее другое: по маршрутам передвижения корейцев корейская кулинарная культура постепенно получала широкое распространение в тех российских регионах, где ранее ничего не знали ни о корейцах, ни о корейской культуре.

В результате этих процессов к 1990 году, когда жители Южной Кореи получили возможность ступить на советскую землю, *кимчи* и другие корейские закуски можно было встретить на прилавках продуктовых рынков практически во всех уголках огромной страны: от Владивостока на востоке и до Ленинграда на западе, от Ташкента на юге и до Новосибирска на севере. Огромное число россиян уже успело распробовать и полюбить *кимчи*, салаты из морской капусты, баклажанов и моркови.

Русские уже поняли, что королевой среди корейских закусок, естественно, является *кимчи*. Этот салат можно было найти в продаже даже там, где корейцы не жили. В процессе приготовления кимчи часто участвовали корейцы, однако нередко русские продавали на рынке *кимчи* собственного приготовления. Процесс засолки аналогичен с традиционной корейской рецептурой, однако русское *кимчи* представляет собой разновидность корейского блюда, адаптированного под вкусовые предпочтения местных жителей. Главное отличие заключается в том, что русские используют белокочанную капусту вместо пекинской. Специи и тузлук применяются те же самые, но с тем отличием, что молотый красный перец добавляют в меньшей пропорции. Некоторые королеву корейских закусок называют *кимча*. Возможно, дело в том, что в русском языке существительные женского рода обычно заканчиваются на гласный звук «а», который по правилам грамматики при образовании множественного числа меняется на «ы» или «и», поэтому русские автоматически думают, что «кимчи» является формой множественного числа, образованной от слова «кимча». Кому довелось побывать в корейских ресторанах на заре той эпохи, когда Советский Союз открыл свои двери для граждан Южной Кореи, те знают, что в ресторанах вместо отварного риса *паб* подавался хлеб, компанию *кимчи* составляли несколько овощных закусок, а в меню главных блюд были добавлены русские блюда, то есть налицо был пример адаптации и смешения корейской кухни с русской кулинарной культурой.

Если для корейцев королевой овощных закусок является *кимчи*, то русским людям больше всего по вкусу пришелся другой салат, который является аналогом южнокорейского блюда *тангынчхэ*. Речь идет о так называемой корейской морковке, которую можно приобрести на любом российском рынке, а также в большинстве супермаркетов. Эта продаваемая на развес закуска готовится из шинкованной моркови, приправленной растительным маслом, уксусом, чесноком, молотым красным перцем и очень тонко нарезанной красной редькой. Русских людей восхищает умение корейских поваров нарезать редьку такими тончайшими ломтиками. Точные обстоятельства и место возникновения этого салата до сих пор остаются тайной, но можно предположить, что он был призван прийти на замену *кимчи* в условиях отсутствия такого важнейшего ингредиента, как пекинская капуста. Корейская морковка для русских стала главным брендом, представляющим корейские салаты и захватившим прилавки всех российских рынков. Возможно, этому способствовал имидж советских корейцев, известных как трудолюбивые и честные люди, обладающие особым мастерством в выращивании лука, огурцов, баклажанов, красного перца и других овощей.

Среди россиян в качестве полезного для здоровья продукта популярностью пользуется салат из морской капусты, который, как мы упоминали ранее, является аналогом корейской закуски *миёкмучим*. Этот салат готовится из нарезанных небольшими кусочками стеблей морских водорослей, которые по-научному называются ундарией перистой, а в народе известны как морская капуста. Народное название ундарии перистой для корейцев, называющих эту бурую водоросль словом «миёк», звучит довольно неожиданно и забавно. Для приготовления салата ломтики морской капусты приправляют уксусом, солью, луком и другими специями. Благодаря знакомству с кулинарной культурой приморских корейцев этот салат сначала распространился на Дальнем Востоке, а затем – и по всей России. Из-за проблематичности транспортировки свежих стеблей морской капусты ареал распространения этого салата был жестко ограничен до тех пор, пока не разработали способ перевозки в замороженном виде. И тогда салат из морской капусты появился на столе жителей континентальной России. Другой удивительной закуской, занявшей под влиянием корейской кулинарной культуры достойное место в меню россиян, является салат из папоротника-орляка. Для приморских и сахалинских корейцев папоротник-орляк, в изобилии произрастающий в местных лесах, традиционно был ценным и лакомым продуктом. Когда русские попробовали корейские угощения из папоротника, они сами стали использовать этот продукт для приготовления различных салатов. Один русский писатель, проживающий вблизи Красноярска, принимая ученого из Сеула, подарил корейскому гостю пакет сушенного папоротника-орляка. Это говорит о том, что русские сибиряки признают, что Южная Корея является родиной блюд из папоротника.

Русским полюбился салат из баклажанов, который можно назвать адаптированной разновидностью южнокорейской закуски *каджимучим*. Вообще блюда из баклажанов часто встречаются в турецкой кухне, однако турки используют крупные плоды округлой формы с кожурой иссиня-черного цвета, тогда как корейцы предпочитают плоды вытянутой формы со светлой кожурой. Для приготовления салата овощ слегка обваривают, затем нарезают ломтиками и приправляют чесноком, луком, толченным кунжутом с солью, молотым красным перцем и другими специями. Салат из баклажанов гостит на столе россиян главным образом летом. В некоторых российских семьях его даже едят в виде бутерброда, намазывая на хлеб. Особенность адаптированных корейских салатов, о которых мы до сих пор упоминали, заключается в использовании для приправы чеснока и лука. В отличие от европейцев, которые чураются есть блюда со свежим чесноком в составе, представители славянских народов, включая русских, были сравнительно привычны к ядреным овощам. В русской кулинарии свежие луковицы и зеленый лук нашли широкое употребление для приготовления различных салатов. Во время застолий рядом с водкой непременно должна стоять тарелка со свежей зеленью: луком, огурцами, а также с излюбленной петрушкой и кинзой. Возможно, именно этой пищевой привычкой объясняется то, что русские так легко восприняли неведомую ранее корейскую кулинарию.

Вместе с корейскими переселенцами на российской земле появился и *паб* (в силу особенностей фонетики корейского языка может также произноситься как «*пап*» или «*бап*») – блюдо из риса, составляющее основу основ корейской кулинарной культуры. Поскольку

Корейский ресторан BabJib в Санкт-Петербурге. (Фото: ИРИ)

местный климат не позволял приморским и сахалинским корейцам заниматься рисоводством, *паб* не получил широкого распространения, тем не менее рис признавался гораздо более ценным продуктом, чем хлеб. Переселенные в Среднюю Азию корейцы начали выращивать рис, и корейский *паб*, который, подобно узбекскому плову, готовится из риса, постепенно начал набирать популярность. Среди россиян распространилась информация, что продукты из риса обладают более полезными для здоровья свойствами, чем хлеб. Качество местного риса, которое в советские годы оставляло желать лучшего, препятствовало широкому распространению *паба*, но когда в российских супермаркетах появились различные сорта импортного риса, так называемая «рисовая культура» обрела второе дыхание. Российские преподаватели, возвращаясь на родину после нескольких лет преподавания в южнокорейских вузах, обязательно приобретают электрические рисоварки. Это говорит о том, что их отношение к рису значительно изменилось. Сегодня в Санкт-Петербурге под торговой маркой BabJib (Пабчиб) работает ресторан южнокорейской кухни, ориентированный на молодое поколение. На русский язык его название можно было бы перевести как «Пабная», по аналогии с пельменными, булочными и тому подобными заведениями общественного питания, которые специализируется на соответствующем продукте.

Усилиями корейских переселенцев корейская кухня, пройдя через процесс адаптации в период со второй половины XIX века до 1990 года, когда были установлены официальные дипломатические отношения между двумя странами, проделала длинный путь из Приморья в Среднюю Азии, а затем из Средней Азии и Сахалина вглубь европейской части России, завоевав всенародную любовь и признание. Правда, в этом процессе она обрела некоторые отличия от исконной корейской кухни и порядком обрусела в силу использования местных ингредиентов и приправ, но, тем не менее, смогла сохранить большинство уникальных черт. Существует несколько факторов, которые позволили корейской кухне завоевать сердца россиян. В качестве основного можно назвать русскую кулинарную культуру с ее любовью к чесноку, луку и другим овощам, которые часто используются в корейской кухне. Затем следует неиссякаемое любопытство русских в отношении других народов и способность к восприятию чужеземной культуры. Вкус и запах рыбного тузлука, который применяется для закваски кимчи, особо не смущает русского человека, привыкшего к соленной селедке – излюбленной закуске к водке. Различные корейские салаты из морской капусты, моркови, баклажанов и папоротника, в меру сдобренные острым перцем, благодаря их вкусовым качествам и питательным свойствам, смогли занять достойное место среди полезных для здоровья продуктов иностранного происхождения.

Установление официальных дипломатических отношений между Республикой Корея и СССР в 1990 году способствовало тому, что россияне узнали вкус корейской кухни в южнокорейском исполнении. Было положено начало новой эпохе, открывающей много возможностей для непосредственных контактов между гражданами двух стран. Поток туристов, как в одну страну, так и в другую, нарастал с каждым годом. Россияне, которые посещали Сеул или Пусан, в местных ресторанах могли попробовать «настоящую» корейскую еду, также они стали покупать южнокорейские продукты питания. В свою очередь, в Москву с целью освоения только что открывшегося российского рынка потянулись южнокорейские предприниматели. Значительных показателей достигло число южнокорейских студентов, прибывших в Россию для прохождения языковой практики или для получения высшего образования. Одновременно с налаживанием межличностной коммуникации между гражданами России и Южной Кореи российские берега захлестнула новая волна корейской кулинарной культуры, на этот раз в южнокорейском варианте.

Что касается влияния южнокорейской кулинарии в России, то на протяжении первых пятнадцати лет после установления дипломатических отношений картина существенно отличалась в двух таких сферах, как рынок пищевых продуктов и ресторанный бизнес. Сублимированная лапша, соевый соус, майонез и другие пищевые продукты южнокорейского производства, появившись на Дальнем Востоке, стремительными темпами заполонили всю европейскую Россию. «Чокопай» и южнокорейские снеки, проникнув на российский рынок, тоже продемонстрировали фантастическую динамику роста. В условиях того времени, когда Россия не имела мощностей для производства в необходимом объеме высококачественной пищевой продукции, поставляемые через порты Владивостока южнокорейские продукты обладали невероятной привлекательностью и колоссальной конкурентоспособностью. По Транссибирской железнодорожной магистрали эти продукты продолжили свое стремительное наступление на европейские регионы России. В отличие от оглушительного успеха южнокорейских продуктов питания на всех фронтах российского рынка, дела у южнокорейских ресторанов обстояли совсем не впечатляюще. Во всей Москве можно было насчитать один-два северокорейских ресторана и три-четыре южнокорейских ресторанчика, клиентура которых строго ограничивалась южными корейцами, не привыкшими к русской пище. Крайне низкая посещаемость русскими клиентами объяснялась, во-первых, преобладанием культуры домашнего питания, а, во-вторых, особенностью расположения корейских ресторанов, которые в основном открывались в гостиницах, облюбованных южнокорейскими туристами, а также в отдаленных от центра районах.

Туристы из Сеула и других городов Южной Кореи с удовольствием посещали московские рестораны, открытые их соотечественниками. Иногда эти рестораны использовались и для приема русских гостей, однако это было скорее исключение, чем правило, поскольку цены там держались на обременительном для русского кошелька уровне, да и к тому же в те трудные времена россияне не могли позволить себе регулярное посещение

Реклама лапши быстрого приготовления «Доширак». (Фото: ИРИ)

ресторанов, предпочитая питаться дома. У южнокорейских ресторанов в Москве были периоды роста и упадка. Когда численность южнокорейской общины сокращалась, многие рестораны были вынуждены отказаться от выгодных мест в центре города и переместиться в районы с более низкой арендной платой. Сегодня нам становится ясно, что тогда попросту еще не созрели условия для того, чтобы южнокорейская кухня, привезенная в Москву «новыми корейцами», завоевала сердца и желудки россиян. Местная почва была слишком бедна для укоренения культуры регулярного питания вне дома. Кроме того, так как для жителей Сеула слово «острый» является едва ли не самым точным, если не единственно верным, синонимом слова «вкусный», то и меню южнокорейских ресторанов предлагало такие жгучие блюда, что для непривыкших к экстремальным дозировкам красного перца россиян они были практически несъедобными. Тем не менее в южнокорейских продуктовых

Корейские сладости в русском супермаркете. (Фото: ИРИ)

Олимпийский чемпион по шорт-треку Виктор Ан рекламирует «Доширак» в России. (Фото: youtube.com)

магазинчиках нередко можно было наблюдать русских покупателей, пожаловавших за рисовой крупой, соевым соусом или *кимчи*. То есть уже появились любители корейской капустной закуски, которые с обрусевшего за долгие годы «слабенького» аналога стали переходить на более «крепкий» южнокорейский вариант.

Лишь относительно недавно закончился период, когда основными клиентами южнокорейских ресторанов были южные корейцы, и клиентская аудитория стала постепенно включать все больше россиян. Дело в том, что за долгие годы работы в Москве корейские рестораны обрели добрую славу, зарекомендовав себя с лучшей стороны. Но более фундаментальная причина заключается в том, что русские приобщились к культуре питания вне дома и стали посещать рестораны, предлагающие разнообразную иностранную кухню. В период экономического

Гостиница Lotte Hotel, расположенная в центре Москвы. (Фото: Lotte Hotel)

роста, обусловленного высокой ценой на нефть, в Москве и других крупных городах России с поразительной скоростью расцвел ресторанный бизнес. Различные фастфуды, рестораны национальной русской, украинской, грузинской кухни, а также кухонь остальных бывших республик Советского Союза, французские рестораны, итальянские рестораны стали появляться как грибы после дождя. В различных СМИ замелькали имена российских олигархов, инвестирующих в открытие элитных ресторанов. Из разновидностей восточной кухни в этот период выше всего взлетела популярность японских суши. Умение подхватить деревянными палочками малюсенький рисовый комочек с ломтиком рыбы, обмакнуть все это в полезный для здоровья соевый соус, а затем ловко донести до рта, приравнивалось к демонстрации собственной благосостоятельности. На фоне бума японской кухни считалось, что *твенджанччиге, кимчиччиге, сэнсонтан, пулькоги* и другие южнокорейские блюда не в состоянии составить достойную конкуренцию суши.

Но с течением времени случилось нечто невероятное. По мере того, как корейская поп-культура, а в особенности – айдол-группы и K-pop группы, стала пользоваться бешеной популярностью у российской молодежи, отношение ко всему, что связано с Южной Кореей, значительно изменилось. Конечно, большую роль в этом сыграло также позитивное впечатление о стране, которое сложилось за несколько десятилетий благодаря надежности и привлекательности бытовой электроники, сотовых телефонов, автомобилей и других товаров южнокорейского производства. Кроме того, не стоит недооценивать роль сублимированной лапши «Доширак», печенья «Чокопай» и корейских снеков, производство которых локализовано в России. В качестве дополнительного фактора можно назвать замечательную репутацию гостиницы «Лотте Отель Москва», заслуженную благодаря отличному оснащению и высочайшему уровню предоставляемых услуг. Эта гостиница признана лучшей гостиницей в Москве. Холдинг Lotte Group открыл роскошную гостиницу класса люкс в Санкт-Петербурге, выкупив старинный особняк на Исаакиевской площади. Планируется появление гостиниц с названием «Лотте Отель» в Самаре и других крупных городах России. Положительный имидж корейских товаропроизводителей и поставщиков услуг в соединении с возросшей популярностью корейской поп-культуры поднял популярность Южной Кореи в современной России на заоблачную высоту. Благодаря этому появляются признаки неуклонного перемещения южнокорейской кухни из когорты

Кафе корейской кухни «Арису» в Иркутске. (Фото: ИРИ)

аутсайдеров в лидирующую группу.

Укрепление позиций южнокорейской кухни в России происходит на нескольких уровнях. На самом основополагающем уровне прежде всего заслуживает упоминания тот факт, что в южных регионах России, а также благодаря тепличному овощеводству и в ряде других регионов, налажено постоянное и массовое производство пекинской капусты, которая является незаменимым сырьем для приготовления *кимчи*. Это не может не вселять определенные надежды, ведь само собой разумеется, что только при наличии отлаженной поставки качественных ингредиентов и специй можно обеспечить приготовление по-настоящему достойных корейских блюд. Что же касается *кимчи* и других корейских салатов, производство которых долгое время носило кустарный характер, то теперь введение массового производства и системной организации сбыта открывает новые горизонты их потребления, охватывающие всю территорию казалось бы необъятной страны. Корейская лапша «Доширак», которая впервые была завезена в страну в начале девяностых годов россиянами, побывавшими в Пусане, сейчас доминирует на российском рынке сублимированной лапши за счет того, что компания «Пальдо» на локализованных заводах наладила выпуск целой линейки продуктов с самыми разными вкусами. В уличном и домашнем питании наблюдается новая тенденция: россияне переняли от сахалинских и среднеазиатских корейцев и полюбили *пян-се* и *пигоди*, которые являются разновидностью южнокорейского блюда под названием *манду*. В географически близком к Южной Корее Владивостоке появляются рестораны, где по южнокорейской рецептуре готовят *чикен*, а также фуд-корты со специализированной зоной корейской кухни. Во многих региональных центрах без особого труда можно обнаружить элитные рестораны с названием «Сеул», работающие под управлением проживающих в России корейцев и предлагающие как корейские, так и местные блюда. В Санкт-Петербурге открылся корейский ресторанчик BabJib: в надписях, которыми испещрены его стены, легко читается высокий уровень интереса молодых россиян к корейской поп-культуре. Москвичи и корейцы с российским гражданством открывают дорогие рестораны современного типа с прицелом на русскую клиентуру и весьма в этом преуспевают.

Любопытна история выхода на российский рынок лапши «Доширак», название которой буквально стало именем нарицательным для всех видов сублимированной лапши. Владельцы компании «Пальдо», обратив внимание на то, с каким ажиотажем русские туристы покупают их продукт в Пусане, заинтересовались Россией и предприняли попытку выхода на ее рынок, начав с небольших поставок на Дальний Восток. Для местных жителей лапша в прямоугольной упаковке, выполняющей функцию одноразовой посуды, была совершенно незнакомым продуктом. Но этот необыкновенно простой в приготовлении продукт оказался в нужное время и в нужном месте: он пришелся как нельзя кстати для поездок по железной дороге, ведь по причине холодного климата каждый вагон в русских поездах оборудован бойлером, обеспечивающим пассажиров горячей водой. Легкий по весу «Доширак» оказался незаменимым и для многочисленных дачников, штурмующих каждое лето свои загородные участки. В основе успеха этого продукта на российском рынке лежит несколько факторов. После крушения советской системы в условиях страшного экономического кризиса весьма недорогой продукт быстрого приготовления обладал достаточной привлекательностью. Удачной оказалась идея сохранить оригинальное название. В первое время использовалось название «Досирак», но затем в процессе изготовления рекламы было принято решение использовать название «Доширак», показавшееся более благозвучным и даже отдающим неким французским флером. В корейском же языке этим словом, звучание которого в силу особенностей корейской фонетики невозможно однозначно передать при помощи русского алфавита, изначально обозначалась отнюдь не лапша, а прямоугольная, чаще всего металлическая, коробочка с крышкой, в которой брали с собой еду на пикник или же на работу, а также сама еда в этой коробочке. В первое время в России этот продукт в народе прозвали «медсестринской лапшой», поскольку на упаковке была изображена корейская женщина в белом халате и

Упаковка лапши быстрого приготовления «Доширак». (Фото: ИРИ)

Реклама «Доширак — 30 лет в России!». (Фото: ИРИ)

платке, которую ошибочно приняли за медсестру. Как бы то ни было, но посыл корейской компании о том, что продукт производится с соблюдением санитарно-гигиенических норм в практически стерильных условиях, был расшифрован русскими покупателями в верном ключе и образ «корейской медсестры» внес большой вклад в то, что «Доширак» закрепился в сознании россиян как безопасный для потребления продукт. Несведущие жители Южной Кореи во вкусе «Доширака» не находят ничего особенного, удивляясь: и за что его так любят русские? Но в действительности этот продукт в своей нише является шедевром кулинарного искусства – плодом адаптационных усилий, учитывающих вкусовые предпочтения россиян. Ведь они не разделяют мнение корейских гурманов, для которых чем острей, тем вкусней, поэтому производитель благоразумно уменьшил остроту приправы и разработал натуральные ароматизаторы и добавки из тех овощей, которые нравятся русским потребителям. Участие в рекламе олимпийского чемпиона Сочи по шорт-треку Виктора Ана, который стал национальным героем России, также способствовало упрочению лидирующих позиций «Доширака» на современном российском рынке.

Существует яркий пример того, как корейский продукт в адаптированном виде снискал признание в нише уличного питания. Речь идет о паровых пирожках *пян-се*, прародителями которых являются южнокорейские овощные вареники *манду. Пян-се* –один из любимых продуктов сахалинских и среднеазиатских корейцев. В нише стритфуда долгое время безраздельно властвовали продукты турецкой и европейской кухни, но и здесь задул попутный ветер в паруса восточной кухни. Паровые пирожки сначала завоевали улицы Дальнего Востока, а потом и всех российских городов, включая Москву. На Сахалине *пян-се* вошли в моду в восьмидесятых годах, а в начале девяностых «корейская пирожковая флотилия» сходу взяла бастионы Владивостока, после чего был открыт путь для покорения улиц по всей стране. Паровые пирожки *пян-се* предположительно произошли от блюда *пёнсу*, которое в охлажденном виде едят жители города Кэсон (Северная Корея). В качестве начинки для *пян-се* изначально использовалась капуста и мясной фарш, но эволюционные процессы привели к появлению более разнообразных начинок.

Аналогичный продукт в Средней Азии называют словом «пигодя». Возможно, это название произошло от диалектного слова «кёджа», обозначающего вареники и паровые пирожки. В русском языке существительные женского рода часто оканчиваются на звук «я», который при образовании множественного числа изменяется на «и», поэтому широкое хождение получило название «пигоди». *Пян-се* и *пигоди*, эти две разновидности южнокорейского блюда *манду*, заняли две разные ниши. Если *пян-се* была уготована уличная судьба, то

Магазин, где продаются корейские паровые пирожки «Пянсе». (Фото: ИРИ)

пигоди завоевали популярность больше в качестве домашней и ресторанной еды. *Пян-се* и *пигоди* не такие жирные, как русские пирожки или пельмени, у них тоньше тесто и больше начинки, а тесто благодаря приготовлению на пару приобретает нежную текстуру и вкус. Все это превращает паровые пирожки в настоящий деликатес.

Владивосток ближе других российских городов к Южной Корее. Этот город выполняет функцию окна из России в Корею. Каждый день несколько авиарейсов связывают Владивосток с Пусаном и Инчхоном, действует регулярное паромное сообщение между портами на восточном побережье Кореи и Владивостоком. В последнее время огромное количество молодых туристов из Южной Кореи приезжает в столицу Приморского края, где все чаще на глаза попадаются вывески и объявления на корейском языке. Поскольку город занимает выгодное для импорта южнокорейских товаров положение, то повсюду без большого труда можно найти напитки и снеки корейского производства. Естественно, все это отображается на активизации продаж корейской пищи. Появился целый ряд ресторанов, меню которых

Пигоди – корейские пирожки на пару. (Фото: ИРИ)

содержит *паб* и различные виды *ччиге*. Приезжих корейцев и местных жителей привлекают корейские блюда, приготовленные из местных морепродуктов. По корейскому образцу открылась пивная, где к пиву предлагают корейскую курицу фри – так называемый *чикен*.

В Санкт-Петербурге, который располагается на северо-западе России, тоже можно ощутить новые веяния корейской кулинарии. Помимо традиционных корейских ресторанчиков, предназначенных сугубо для южнокорейских туристов, открываются заведения с современной атмосферой, нацеленной на молодых россиян. Одно из таких заведений имеет заурядное с точки зрения корейца название BabJib (*буквально* «Пабная»), но зато его внутренняя обстановка значительно отличается от прежних корейских ресторанчиков. Несмотря на вывеску с таким простецким провинциальным названием, атмосфера

Кафе корейской кухни «Кук&Бап» во Владивостоке. (Фото: ИРИ)

Кафе, где готовят корейскую курицу фри «Пусан Чикен». (Фото: ИРИ)

внутри ресторана пышет энергией и молодостью. Отличное впечатление оказывают светящиеся лица молоденьких русских официанток и администраторов. В каждой детали интерьера чувствуется интерес и симпатия к Южной Корее. В меню, помимо *пибимпаба*, который традиционно пользуется большим спросом у иностранцев, включен также суп *твенджанччиге* и другие блюда, которые раньше не рискнули бы ставить на стол перед русскими гостями. Стены по-корейски исписаны именами популярных корейских певцов и названиями айдол-групп, но неловкий почерк выдает русскую руку. Все это удивительно и ново. Возможно, блюда, предлагаемые здесь, придутся не по вкусу самим корейцам, но независимо от их субъективного мнения ресторан BabJib является отличным местом, где российская молодежь может почувствовать дух Кореи и свободно выразить интерес и любовь к этой стране. Пока это едва ли не единичный подобный пример в Санкт-Петербурге, но он служит очевидным и значимым сигналом, что массовый интерес к южнокорейской кулинарии выходит на новый уровень.

В Москве корейская кухня в настоящее время становится все более популярной. Возможно, это утверждение покажется некоторым преувеличением, учитывая долю, занимаемую корейской кухней на ресторанном рынке столичного города, который не испытывает недостатка в ресторанах класса люкс, специализирующихся на национальных кухнях различных стран. Тем не менее факт остается фактом: по сравнению с прошлым дела пошли в гору. В качестве видимого изменения в пример

Работники корейского ресторана BabJib. (Фото: ИРИ)

Надписи на стенах в ресторане BabJib. (Фото: ИРИ)

Твэнджанччигэ – густой суп с соевой пастой – одно из блюд ресторана BabJib. (Фото: ИРИ)

можно привести увеличение числа корейских ресторанов, а также тенденцию к расширению их масштаба. Примечательно, что основную клиентуру составляют русские посетители. К тому же интерьер новых корейских ресторанов создает светлую атмосферу путем выражения корейского духа и традиций в современной интерпретации. Все это позволяет говорить о них уже как о заведениях высшего класса, а не как о простых забегаловках. Ведь, чего греха таить, было время, когда корейские рестораны выглядели весьма убого по сравнению с роскошными ресторанами Москвы. Но вновь открывающиеся корейские рестораны уже не уступают московским грандам ни по уровню оборудования и услуг, ни по качеству блюд. Движущей силой бума корейской кухни в Москве можно назвать стремительный рост популярности корейской поп-культуры и товаров для женской красоты, увеличение числа людей, изучающих корейский язык. Но главным фоном происходящему служит неуклонный рост привлекательности и улучшение имиджа Южной Кореи, наблюдаемые на протяжении почти трех десятков лет, прошедших после установления дипломатических отношений. В любом случае для корейской кухни начинается новая эпоха выхода из тени японской и китайской кухонь и продвижения на центральные позиции.

Среди вновь открывшихся следует отметить ресторан «Кимчи». Это даже не один, а целая сеть ресторанов, располагающихся в центре Москвы. Удивительно, что рестораны, которые специализируются на барбекю по-корейски, носят название капустной закуски. На первый взгляд может показаться, что в центре Москвы выставлено напоказ то *кимчи*, которое продается на развес на рынках и в продуктовых супермаркетах. Но в

Настенные надписи, оставленные на память посетителями ресторана BabJib. (Фото: ИРИ)

действительности владелец выбрал такое название, потому что он считает, что кимчи является визитной карточкой корейской кулинарии, да и всей страны в целом. Меню сети ресторанов «Кимчи» включает в себя даже такие блюда, как *твенджанччиге* (*тендян тиге*) и *кимчиччиге* (*кимчи тиге*). Раньше считалось, что из-за специфического запаха эти корейские супы вряд ли смогут понравиться русским гостям, однако повара сумели превратить их в дорогие изысканные кушанья, приняв во внимание вкусовые предпочтения местных жителей.

В качестве еще одного удачного примера можно привести барбекю-ресторан Hite. Этот высококлассный ресторан располагается на центральной ресторанной улице Москвы. Каждый стол оборудован грилем и вытяжкой, удаляющей запах дыма. Новейшее оборудование и интерьер создают такое чувство, как будто бы вы пришли пожарить мясо в один из лучших ресторанов в элитном районе Сеула. Русские очень

Рекламное фото ресторана «Кимчи». (Фото: ИРИ)

любят мясные блюда, поэтому было вполне ожидаемо, что им придутся по вкусу такие блюда, как маринованные ребрышки, *пулькоги* или *самгёпсаль*, приготовленные на гриле, но впервые появился ресторан с современной атмосферой, воплотивший ожидания в жизнь. Когда речь заходит о жареном мясе, русскому человеку на ум прежде всего приходит шашлык, который обычно готовится на природе, но теперь у жителей мегаполиса появилась прекрасная возможность насладиться видом огня, запахом дыма и вкусом жареного мяса, никуда не выезжая из города, расположившись за удобным столом в ресторане. Процесс приготовления и употребления шашлыка по-корейски, когда клиент самостоятельно следит за прожаркой маринованных ломтиков мяса, а затем заворачивает готовое мясо в салатный или кунжутный лист и с пылу-жару отправляет все это прямиком себе в рот, весьма заманчив. В этом ресторане доступна услуга заказа с доставкой на дом, что вносит свою лепту

Интерьер корейского ресторана Hite. (Фото: ИРИ)

Реклама услуги по доставке еды ресторана Hite. (Фото: ИРИ)

Реклама скидки в ресторане Hite. (Фото: ИРИ)

в популяризацию корейской кухни.

Недавно в Москве появился ресторан K-Town, который специализируется на корейских блюдах из рисовой лапши *куксу*. Открыли ресторан два партнера: русский кореец Александр Кан и россиянин Илиодор Марач. По замыслу владельцев, ресторан призван предоставлять адаптированную корейскую и паназиатскую еду с переосмыслением и собственным подходом к блюдам в авторских и домашних рецептах. В этом ресторане готовят супы, блюда с рисом и рисовой лапшой, различные закуски, в основе которых лежат исконно корейские рецепты, адаптированные, однако, под русские вкусовые предпочтения, для чего была уменьшена острота и скорректирован баланс между сладким, острым, кислым и соленым вкусами, гармоничное сочетание которых характерно для южнокорейской кулинарии. Александр Кан сказал, что повара будут использовать соевую пасту *твенджан*, кунжутное и перилловое масло, уксус, грибы, папоротник и различные специи и в то же время постараются сохранить особенности ферментированной пищи. Сейчас сложно предугадать, добьется ли этот конкретный ресторан успеха, однако все говорит о высоких шансах на то, что положительный имидж Южной Кореи, сформированный в других областях, закрепится и за корейскими ресторанами в России.

Корейская кухня, с которой русских дальневосточников и сахалинцев впервые познакомили корейские переселенцы во второй половине XIX века, постепенно распространилась по всей стране. Адаптированные под вкусовые предпочтения местных жителей корейские основные блюда из риса и лапши, соевые соусы и пасты, различные овощные закуски и, конечно же, *кимчи* завоевали широкую любовь у россиян. На первоначальном этапе процессов дифференциации и диверсификации российской ресторанной культуры в рамках рыночной экономики корейские рестораны оказались отодвинутыми на периферию, пользуясь спросом у крайне узкого круга россиян. Но новые корейские рестораны Москвы показывают, что у корейской кухни есть все шансы и возможности встать в один ряд с ведущими мировыми кухнями. Мы будем с интересом и надеждой наблюдать за тем, какую позицию займет корейская кулинария в России и какую новую траекторию развития она покажет. Однако мы считаем, что для вывода корейской кухни на новый уровень необходим серьезный мониторинг на частном и государственном уровне, а также требуется конкретная стратегия поддержки.

Александр Кан и Илиодор Марач – основатели ресторана K-Town. (Фото: incrussia.ru)

Корейский ресторан «Белый журавль» в Москве. (Фото: ИРИ)

# Глава 12

# Корейские бренды, покорившие российский рынок

Каждый гость Москвы хотя бы один раз обязательно посещает улицу Новый Арбат. Эта магистраль пересекает центральную часть столицы. На Новом Арбате располагается один из крупнейших книжных магазинов Москвы – «Дом книги», который притягивает людей, желающих приобрести книжные новинки. Кроме того, неподалеку располагается один из самых популярных столичных кинотеатров – «Октябрь», куда часто приходят любители нового российского кино.

Благодаря проекту мэра Москвы Сергея Собянина «Моя улица» по благоустройству центральных городских магистралей, на Новом Арбате была расширена пешеходная зона. Улица обрела более опрятный вид, стала привлекательней, просторней и оживленнее. Особенно многолюдно здесь в выходные дни, когда на Новый Арбат стекаются жители Москвы, гости из других российских городов и туристы со всего мира.

Параллельно Новому Арбату пролегает просто Арбат – улица русской традиционной культуры, известная также как Старый Арбат. Пусть Старый Арбат еще более многолюден и притягателен, но если вы приехали в Россию и хотите приобрести книги в крупнейшем книжном магазине, посмотреть фильм в мультиплексном кинотеатре и насладиться вкусной едой на уютной террасе кафе или ресторана, то вам определенно следует отправиться именно на Новый Арбат. Совершая прогулку по этой яркой и широкой улице, в ее северной части вы непременно обратите внимание на двухэтажное здание имиджевой галереи Hyundai Motor Studio с фасадом из цельного стекла. Открытая 20 января 2015 года Южнокорейской автомобилестроительной компанией Hyundai Motor Company, эта галерея стала первым подобного рода бренд-центром за пределами Южной Кореи, предоставляющим клиентам возможность непосредственно познакомиться со своей продукцией.

Каждый желающий может свободно посетить эту галерею, осмотреть произведения искусства, лучше всего отображающие новейшие тренды компании, а также посредством буквально всех органов чувств соприкоснуться с уникальным контентом.

Летом 2017 первый этаж этого здания получил великолепное дизайнерское оформление, целью которого было рассказать о предстоящем в 2018 году в России Чемпионате мира по футболу.

Поскольку Hyundai Motor является официальным спонсором ФИФА, все выглядит здесь так, как будто эта экспозиция дает старт рекламной кампании в честь этого события. Например, выставочный автомобиль Hyundai Solaris стоит на фоне стены с изображением достопримечательностей российских городов, принимающих игры чемпионата.

Наше внимание особо привлек автомобиль, казалось, заехавший прямо на стену в месте перехода с первого этажа на второй, да так и зависший там перпендикулярно полу. Это самая продаваемая

Hyundai Motor Studio на Новом Арбате в Москве. (Фото: ИРИ)

Летом 2017 года первый этаж Hyundai Motor Studio был оформлен в тематике Чемпионата мира по футболу 2018. (Фото: ИРИ)

модель на российском рынке – Hyundai Solaris.

В автомобильной галерее на первом этаже выставлены модели автомобилей, представленных на российском рынке, а также различные экспонаты современного искусства, изготовленные знаменитыми во всем мире художниками и скульпторами. На первом этаже устроен и специальный симулятор. Там, сев за руль автомобиля и глядя на огромный монитор перед собой, можно совершить виртуальное путешествие по различным маршрутам. Полная реалистичность ощущений от вождения гарантирована.

Бренд-центр Hyundai MotorStudio проводит различные культурные мероприятия. 8 июля 2017 года состоялась торжественная церемония в честь среднетоннажного фургона HD 78, который установил рекорд, став 40-тысячным грузовым автомобилем Hyundai, проданным в России. «Виновник торжества», выставленный на Новом Арбате перед галереей, привлекал внимание многочисленных прохожих.

Обычно основу выставки автомобильной галереи составляют такие люксовые модели, как Genesis и Equus, но летом 2017 года внутри салона был выставлен автомобиль модели Solaris, а снаружи – фургон HD 78.

Если первый этаж бренд-центра привлекает внимание посетителей автомобилями, то второй – библиотекой, позволяющей почерпнуть различную информацию об автомобилях и заодно сквозь стеклянную стену полюбоваться панорамой Нового Арбата. В библиотеке собрано более трехсот книг не только об автомобилях, но и об истории и искусстве, которые свободно может полистать каждый желающий. Рядом с библиотечной зоной располагается кафе, где можно насладиться кофе и другими напитками, а также сэндвичами. Согласно

Музей Чемпионата мира по футболу 2018 на месте Hyundai Motor Studio. (Фото: ИРИ)

Выставка автомобилей KIA Motors в московской фан-зоне Чемпионата мира по футболу 2018 на Воробьевых Горах. (Фото: ИРИ)

информации, размещенной на официальном сайте компании Hyundai Motor, московская имиджевая галерея призвана показать клиентам, какие ценности разделяет компания, а также какую роль играют автомобили в нашей повседневной жизни, – и с этой точки зрения галерея выполняет весьма значимую функцию. Можно сказать, что эта студия была создана с целью увеличить узнаваемость бренда и укрепить позиции компании на российском рынке, конкуренция на котором ужесточается с каждым днем.

За пять лет до открытия имиджевой галереи на Новом Арбате компания Hyundai Motor запустила автомобильный завод в Санкт-Петербурге, строительство которого было завершено в 2010 году. Когда в 2008 году по России ударил мировой финансовый кризис, компания Hyundai Motor привлекла к себе внимание мирового автомобильного рынка, приняв неожиданное решение не покидать российский рынок, а, напротив, построить на территории страны автозавод полного цикла. В то время никто не верил в успех этой идеи, но председатель Hyundai Motor Group господин Чонг Монг Ку проявил твердую решимость довести реализацию проекта до победного завершения, поскольку нетривиальность мышления позволила ему в кризисе увидеть новые возможности. В то время, когда объем продаж автомобилей стремительно сокращался, решение о строительстве автомобильного завода и расширении производственной линии многими воспринималось как безумие, близкое к самоубийству.

Вопреки всем внешним тревогам и сомнениям, высшее руководство компании Hyundai Motor расширило инвестиции в этот проект и довело строительство завода в России до конца.

В случае неудачи компания рисковала окончательно потерять российский рынок, но вера в свои силы и непоколебимая воля привели к успешному результату. Действия компании Hyundai Motor, четкая реализация всех намеченных планов вопреки тяжелой обстановке внутри страны и за ее пределами произвели сильное впечатление на правительство Российской Федерации. Бывший в то время премьер-министром, Владимир Путин принял участие в церемонии открытия завода, сделав заявление, что правительство Российской Федерации на центральном и региональных уровнях будет оказывать всемерную поддержку, чтобы предприятие компании Hyundai Motor добилось успеха. В этот день Владимир Путин вместе с председателем Hyundai Motor Group господином Чонг Монг Ку опробовали произведенный на открывшемся заводе автомобиль модели Hyundai Solaris. Владимир Путин остался доволен качеством автомобиля, выразив свое восхищение большим пальцем руки, поднятым вверх. Все это позволяет сказать, что нетривиальное мышление руководства компании и умение в кризисе разглядеть открывающиеся возможности принесли максимальный результат. К тому же, учитывая хотя бы тот факт, что в условиях неблагоприятной экономической обстановки в стране возникли большие сложности с трудоустройством, создание рабочих мест для нескольких тысяч россиян не могло не сформировать у российского правительства позитивное отношение к компании Hyundai Motor.

16 декабря 2017 года лидер южнокорейской Совместной демократической партии госпожа Чху Ми Э в рамках официального визита в Россию посетила автомобильный завод в Санкт-Петербурге. Госпожа Чху Ми Э высоко оценила результаты деятельности компании Hyundai Motor в России, активная позиция которой воплотилась в строительстве автомобильного

Таким выразительным жестом Президент Российской Федерации В. В. Путин оценил автомобиль Hyundai Solaris на церемонии открытия завода Hyundai Motor в Санкт-Петербурге. (Фото: solaris-help.ru)

завода. Это в очередной раз подтверждает, что даже за почти десять лет, что истекли с момента введения завода в строй, компания не утратила своей энергичности на российском рынке. С этой точки зрения деятельность Hyundai Motor в России можно рассматривать в качестве удачного примера экономического сотрудничества между Южной Кореей и Россией, начавшегося в 1990 году после установления официальных дипломатических отношений.

Госпожа Чху Ми Э заявила, что достижения компании Hyundai Motor имеют важнейшее значение в истории корейско-российского экономического сотрудничества. Лидер Совместной демократической партии добавила, что в рамках «Новой восточной политики» президента Российской Федерации Владимира Путина и «Новой северной политики» президента Республики Корея Мун Чжэ Ина очень важно дать подобающую оценку деятельности южнокорейских предприятий

Председатель правящей Демократической партии Тобуро Чху Ми Э при посещении в декабре 2017 года завода Hyundai Motor в Санкт-Петербурге, где она осмотрела производственную линию и пообщалась с работниками завода. (Фото: Демократическая партия Тобуро)

на территории России. По мнению госпожи Чху Ми Э активная деятельность компании Hyundai Motor крайне необходима для развития экономического взаимодействия и отношений между Южной Кореей и Россией.

Согласно соответствующему исследованию Корейского агентства по развитию торговли и инвестиций (KOTRA), в 2017 году ситуация на автомобильном рынке России стабилизировалась. Hyundai Motor Group начала постепенно выходить из застоя, дела пошли в гору. В первом полугодии 2017 года Hyundai Motor Group удалось занять самую крупную долю на российском автомобильном рынке. Это стало возможным во многом благодаря тому, что модель Kia Rio заняла первое место по объему продаж. Еще каких-нибудь четыре года назад доля Hyundai Motor Group на российском автомобильном рынке находилась в пределах первой пятерки, но на верхнюю строчку рассчитывать не приходилось. Однако в последнее время реакция рынка на Hyundai Motor весьма вдохновляет. Примечательно, что модели Hyundai Solaris и Kia Rio зачастую находятся либо на вершине, либо на второй-третьей позиции по продажам среди субкомпактных седанов. В 2014 году General Motors (GM) и другие автопроизводители стали покидать российский рынок в условиях постоянного ухудшения экономической ситуации в связи с введением западных санкций за присоединение Крыма, но Hyundai Motor, рассматривая кризис как время возможностей, как и в 2008 году во время строительства завода в Санкт-Петербурге, решила остаться в России и, более того, развернула еще более активную инвестиционную и маркетинговую политику, чем вызвала у российских потребителей позитивную реакцию. Когда антироссийские санкции привели к ухудшению ситуации на автомобильном рынке, руководство GM заявило о своем решении закрыть три завода на территории России. Другие иностранные автопроизводители тоже начали бегство из страны, однако компания Hyundai Motor предприняла активную попытку захвата нишевого рынка, которая увенчалась успехом. Два года подряд (2014 и 2015) бренд Hyundai Motor занимал первое место в рейтинге «Любимых брендов россиян» в категории «Автомобили». Весьма отрадно, что модель Hyundai Solaris четыре года подряд удостаивалась звания «Автомобиль года» в субкомпактном классе.

Компания Samsung, которая уже встала в один ряд с таким ведущим мировым брендом, как Apple, в России тоже заняла крепкую позицию в качестве топового бренда и вот уже несколько лет подряд никому не уступает первое место в рейтинге самых предпочитаемых и популярных брендов. В действительности Samsung Electronics с 2011 по 2017 год, то есть

Рекламное фото автомобиля Kia Sorento. (Фото: ИРИ)

семь лет подряд, поднимался на верхнюю строчку в рейтинге «Любимых брендов Россиян», составленном российской компанией OMI (Online Market Intelligence). Корейский бренд занимал твердое первое место, обеспечив существенный отрыв от таких монстров, как NIKE, ADIDAS, SONY и даже APPLE. Samsung Electronics был выбран «компанией, где лучше всего работать» в категории электроники и бытовой техники. В 2017 году смартфоны Samsung на российском рынке занимали самую большую долю, размер которой составил рекордные 37%. Мы считаем, что своим успехом в России компания обязана тщательному планированию и последовательной реализации стратегии по выходу на российский рынок. Прежде чем компания смогла обеспечить себе подавляющее превосходство на одном из крупнейших рынков Европы, прошли годы упорной работы: активного проведения оптимизированного под местные условия маркетинга и развития программы социальной ответственности.

| | 2017 | | | | 2016 | | | 2015 | | |
|---|---|---|---|---|---|---|---|---|---|---|
| 1. | SAMSUNG | (SAMSUNG) | 19% | 0 | SAMSUNG | 17% | 0 | SAMSUNG | 20.1% | 0 |
| 2. | adidas | (ADIDAS) | 10.5% | 0 | adidas | 10.5% | +2 | SONY | 9.6% | +1 |
| 3. | | (NIKE) | 10.1% | +2 | SONY | 10% | -1 | Apple | 9.5% | +3 |
| 4. | Apple | (APPLE) | 8.6% | 0 | Apple | 9.7% | -1 | adidas | 8.4% | -2 |
| 5. | SONY | (SONY) | 7.7% | -2 | | 9.4% | 0 | | 8% | -1 |
| 6. | Coca-Cola | (COCA-COLA) | 5.7% | +2 | BOSCH | 4.9% | +1 | NOKIA Connecting People | 5% | -1 |
| 7. | LG | (LG) | 4.3% | 0 | LG | 4.2% | +1 | BOSCH | 4.7% | 0 |
| 8. | BOSCH | (BOSCH) | 3.8% | -2 | Coca-Cola | 3.7% | +1 | LG | 4.5% | +1 |
| 9. | ZARA | (ZARA) | 3.7% | +1 | PHILIPS | 3.5% | +1 | Coca-Cola | 4.2% | -1 |
| 10. | PHILIPS | (PHILIPS) | 3.2% | -1 | ZARA | 3.1% | +2 | PHILIPS | 3.8% | 0 |
| 11. | NOKIA Connecting People | (NOKIA) | 2.8% | +3 | H&M | 3% | new | ASUS | 3% | +3 |
| 12. | ASUS | (ASUS) | 2.6% | +1 | O'STIN | 3% | new | ZARA | 2.7% | +1 |
| 13. | H&M | (H&M) | 2.5% | -2 | ASUS | 2.7% | -2 | lenovo | 2.5% | new |

С 2014 по 2017 годы компания Samsung Electronics занимала первое место в рейтинге «Самые любимые бренды России». (Фото: adindex.ru)

Эти усилия смогли найти отклик в сердцах потребителей, что, в соединении с высочайшим качеством продукции, вызвало синергетический эффект, который и вынес компанию Samsung на гребень волны успеха в России.

Samsung на общемировом уровне придерживается стратегии, направленной на непрестанное совершенствование технологий и улучшение качества продукции. Именно эта политика привела компанию к огромному успеху на российском рынке. Кроме того, отличный эффект дает последовательная стратегия локализации.

Например, в 2008 году Samsung Elecronics запустила в Калужской области, что находится в двух часах езды на автомобиле от Москвы, завод по производству телевизоров, стиральных машин и другой электроники и бытовой техники. Выпускаемая заводом продукция продается как непосредственно на российском рынке, так и экспортируется на рынки ближайших восточноевропейских стран. По имеющейся у нас информации, компания Samsung Elecronics в общей сложности инвестировала в строительство этого завода 228 миллионов долларов США. Эффект от этих инвестиций благоприятно сказался не только на самой компании, но и на россиянах. Ведь запуск совершенно нового предприятия обеспечил местных жителей возможностью трудоустройства. Все эти шаги формируют в сознании местного населения положительный имидж компании Samsung Elecronics. Это стало ключевым фактором, который позволяет компании подниматься на первое место в рейтинге самых любимых брендов в России. Локализация производства, осуществляемая компанией Samsung, прекрасно согласуется с экономической политикой правительства Республики Корея, которое не настаивает на том, чтобы южнокорейские компании производили свою продукцию исключительно на территории Кореи и затем экспортировали ее в другие страны. Теперь правительство активно поддерживает компании в их стремлении развивать производство на зарубежных площадках, то есть на смену «Сделано в Корее» пришел слоган «Сделано Кореей». Пользуясь поддержкой со стороны своего правительства, компания Samsung Elecronics приступила к реализации этой политики, построив в России завод, продукция которого реализуется на местном рынке. В октябре 2017 года завод в Калужской области посетил председатель Национальной Ассамблеи Республики Корея господин Чон Сегюн. Этот визит демонстрирует, что Samsung движется в правильном направлении.

На официальном сайте компании Samsung Electronics в новостном разделе мы нашли статью от 8 декабря 2015 года под заголовком « Samsung – 'Любимый бренд россиян': в чем секрет?», в которой в качестве ключевого фактора успеха называется участие в культурных проектах. Действительно, компания на протяжении многих лет активно проводит разнообразные культурные мероприятия, укрепляя свой имидж предприятия, вносящего весомый вклад в культурное и социальное развитие российского общества. Самым ярким примером является участие в реставрации Большого театра, который является культурной гордостью России. Благодаря участию в этом проекте, Samsung наладил тесные отношения с Большим театром, сотрудничество с которым продолжается до сих пор. Как известно, горделиво возвышающееся в центре Москвы здание театра было возведено в 1776 году. В эпоху Российской империи и СССР Большой театр выполнял роль флагмана, призванного нести достижения русской культуры в мир. Но после распада СССР в 1991 году театр с глубочайшими культурными корнями оказался на грани закрытия из-за прекращения государственного финансирования. В это трудное время Samsung оказал ему спонсорскую помощь в размере 50 тысяч долларов США, а затем обеспечил активную финансовую поддержку во время проведения реставрационных работ. В новостях сообщали, что компания Samsung, помимо финансовой помощи, предоставила в распоряжение театра телевизоры, которые были задействованы на сцене во время постановки оперы «Кармен»: по замыслу постановщика

Фасад завода компании Samsung Electronics в Калуге. (Фото: smilekaluga.ru)

На фасаде Большого театра световая инсталляция компании Samsung Electronics, которая являлась спонсором Московского международного фестиваля «Круг света». (Фото: news.samsung.com)

кульминационные моменты представления демонстрировались на экранах телевизоров для достижения максимального драматического эффекта. В 2015 году компания Samsung в качестве спонсора Московского международного фестиваля «Круг света», открывая световое шоу, на фасаде Большого театра продемонстрировала потрясающий видеоряд, посвященный своей продукции.

Компания Samsung Electronics является спонсором еще и одной из самых авторитетных литературных премий России – ежегодной премии «Ясная Поляна», что также вносит существенный вклад в улучшение имиджа бренда. Эта премия была учреждена в 2003 году – в год 175-летия со дня рождения великого русского писателя Л. Н. Толстого. Став соучредителем премии, компания Samsung Electronics тем самым способствует социальному и культурному развитию российского общества. Премия «Ясная Поляна», учрежденная с целью развития традиций русской классической литературы и сохранения толстовских гуманистических и нравственных идеалов, присуждается в пяти номинациях. В 2015 году представители компании Samsung Electronics заявили, что премия «Ясная Поляна» стала самой значительной литературной премией России. 12 мая 2015 года директор компании по корпоративным проектам и взаимодействию с органами государственной власти Сергей Певнев в интервью корейскоязычному изданию Russia Focus сообщил о создании в премии новой номинации – «Иностранная литература». Сергей Певнев заявил: «Шедевры Льва Николаевича Толстого являются своего рода золотым стандартом мировой литературы. Его произведения в России и во всем мире служат нравственным ориентиром. Мы очень рады, что теперь имеем возможность поддержать иностранных писателей, которые в своих произведениях выражают уважение к традициям русской классической литературы и способствуют развитию толстовских литературных традиций в России и за рубежом». В этом интервью также участвовал президент штаб-квартиры Samsung Electronics в странах СНГ господин Ким Ю Так, который рассказал журналистам, что компания вот уже более двадцати лет сотрудничает с ведущими культурными организациями России, оказывая постоянную поддержку культурным и социальным проектам.

Начиная с 1997 года, накануне финансового кризиса, компания Samsung Electronics стала помогать Государственному Эрмитажу, который наряду с Музеем Лувра и Британским музеем входит в тройку крупнейших музеев мира. Во время реставрации музейного оборудования и экспонатов компания предоставляет

Церемония награждения лауреатов литературной премии «Ясная Поляна», учрежденной Музеем-усадьбой Л.Н. Толстого и компанией Samsung Electronics. (Фото: news.samsung.com)

не только финансовую, но и техническую помощь, благодаря чему между партнерами сложились крепкие доверительные отношения.

В сердце Москвы, в районе Кремля, есть несколько мостов через Москва-реку. Самым старым из них является Большой Каменный мост, построенный в XVI веке, который долгое время назывался Всехсвятским. Мост знаменит тем, что его можно увидеть почти на всех картинах, открытках или фотографиях, на которых запечатлены прекрасные пейзажи на фоне Московского Кремля. Эта достопримечательность является неотъемлемой частью не только городской истории, но и повседневной

Рекламные баннеры компании LG в Москве, установленные вдоль Большого Каменного моста, который среди корейцев более известен как LG-мост. (Фото: «Social LG Electronics», официальный блог компании LG Electronics)

жизни горожан. Многие жители Южной Кореи, когда-либо посещавшие Москву, в своих рассказах о столичной архитектуре часто упоминают Большой Каменный мост. В настоящее время с фонарных столбов на этом мосту демонтированы все рекламные щиты, однако в двухтысячных на них красовалась реклама компании LG Electronics, которая является ведущим южнокорейским производителем бытовой электротехники. Корейцы, проживавшие в Москве или приезжавшие в качестве туристов, окрестили этот мост LG-мостом. Говорят, что таксисты без особого труда находили это место, когда несведущие в московской географии туристы просили подвезти их до LG-моста. Несмотря на то, что теперь с Большого Каменного моста убрали рекламу LG, корейцы между собой продолжают называть его LG-мостом.

Название LG-мост весьма символично говорит о том, что статус, занимаемый этой южнокорейской компанией в России, невозможно переоценить при всем желании. Ассоциация с Сибирью всплывает самой первой в сознании иностранцев, когда они заводят разговор о России, а ее название используется в качестве имени нарицательного для обозначения холодных стран. И именно в стране с таким суровым климатом лучше всего продаются кондиционеры LG! Начало продвижению компании LG в России было положено в 1990 году одновременно с установлением корейско-российских дипломатических отношений. В настоящее время бренд LG носит гордое звание самого любимого бренда россиян в категории бытовой электротехники, а россияне не стесняются выражать свою любовь к нему, во всеуслышание крича: «LG, я тебя люблю!» В наши дни о мощи имиджа и статуса LG в России свидетельствуют не только огромные билборды, украшающие улицы Москвы и других крупных городов. В регионах тоже явственно ощущается присутствие компании LG. Подтверждением этому могут служить рекламные щиты, украшающие мост на крупной транспортной развязке во Владивостоке, а также здание LG Sakha Center в центре Якутска, который является столицей Республики Саха. Глава московского отделения LG Electronics в разговоре с представителями СМИ подчеркивает, что самой важной частью стратегии компании по продвижению в России являются большие усилия, направленные на то, чтобы стать естественной частичкой страны. Перефразируя эти слова, можно сказать, что руководство LG Electronics всю душу вкладывает в стратегию адаптации к местным условиям до такой степени, что может возникнуть иллюзия, будто компания является русской, а не южнокорейской.

Многие корейцы знают, что продвижение компании LG Electronics в России началось в октябре 1990 года. На первом этапе компания не разрабатывала собственные проекты, но оказывала активную помощь в налаживании межправительственных отношений и экономического сотрудничества между Республикой Корея и Россией. Лишь с 1997 года компания приступила к полномерной реализации своей собственной коммерческой стратегии по проникновению на российский рынок. Однако вскоре LG Electronics, как и другие действующие в России южнокорейские компании, столкнулась с большими трудностями, когда в 1998 году российское правительство объявило дефолт по внешним долгам. Вопреки всему руководство компании LG Electronics не опустило руки, рассматривая кризис как время возможностей, и в конце концов выбранная им стратегия «прорыва фронта» увенчалась успехом. Первоочередной задачей стало закрепление имиджа бренда в сознании российского потребителя, поэтому компания приступила к детальному анализу рынка России, экономику которой постоянно трясло из-за системных перемен. В этом процессе усилия руководства компании, не ограничиваясь исключительно налаживанием производства и сбыта собственной продукции, были направлены на то, чтобы понять жизнь россиян и постараться расположить их к себе. Компания начала спонсировать различные фестивали во всех регионах страны, благодаря чему был сформирован имидж компании, которая заботится о местном населении. В этом процессе LG Electronics предоставляла в безвозмездное пользование свою продукцию детским домам и другим социальным учреждениям в соответствующих регионах, а также делала памятные подарки участникам фестивалей. Таким образом, благотворительность помогла постепенно завоевать сердца россиян.

Поезд в московском метро с рекламной символикой компании LG. (Фото: analogindex.ru)

Стратегия использования такого подхода к продвижению на российском рынке в итоге принесла большой успех. Был сформирован имидж компании, которая идет навстречу своим клиентам, компании, которая ни в коем случае не отгораживается от потребителей и не отмахивается от их насущных проблем. Когда в двухтысячных годах с оживлением российской экономики в обществе начали происходить стремительные перемены, LG Electronics старалась держать руку на пульсе, внимательно изучая культурную специфику каждого региона и подбирая коммерческую стратегию «под ключ». Одной из успешных стратегий стал курс на развитие программы социальной ответственности компании. Улучшению имиджа и репутации LG Electronics способствовало принятое в 2000 году решение стать спонсором всероссийской гуманитарной олимпиады для школьников «Умницы и умники», задания для которой составляют профессора МГИМО, а победитель

Космонавт Елена Серова на мероприятии, организованном компанией «LG Electronics» 12 апреля 2016 в честь праздника «День космонавтики», на которое были приглашены российские покорители космоса. (Фото: www.woman.ru)

получает право поступления в этот институт без экзаменов. Благодаря предоставлению существенных преференций, эта интеллектуальная телевикторина привлекает внимание огромной аудитории по всей стране, что, в свою очередь, самым положительным образом отражается на росте популярности LG Electronics.

1 января 2017 года представители южнокорейского холдинга Lotte Group сообщили о заключении сделки с компанией Hyundai Heavy Industries, по условиям которой холдинг совершил поглощение гостиницы Hyundai Hotel во Владивостоке. Кроме того, в результате сделки холдинг стал обладателем нескольких сельскохозяйственных объектов на территории Приморского края. Таким образом, международная гостиничная сеть Lotte Hotels & Resorts полностью выкупила единственную пятизвездочную гостиницу во Владивостоке. Присоединение к своей российской гостиничной сети, включающей люксовые отели в Москве и Санкт-Петербурге, отеля высочайшего класса в самой восточной части России способствовало укреплению имиджа солидного игрока в сфере гостеприимства. Гостиница Hyundai Hotel, являясь крупнейшей гостиницей Владивостока, имеет 1 подземный и 12 надземных этажей, 5 банкетных залов и 153 номера. Этот пятизвездочный отель выполнял функцию флагмана, создающего имидж Южной Кореи на Дальнем Востоке России. Теперь же этот отель, будучи переданным в объятия Lotte Hotels & Resorts, вероятно, будет играть определенную роль в процессе продвижения южнокорейской «Новой северной политики». Представитель Lotte в интервью по поводу состоявшейся сделки заявил: «Поскольку президент Республики Корея Мун Чжэ Ин, анонсируя «Новую северную политику»,

Отель Hyundai во владивостоке. Он сейчас принадлежит корпорации «Лотте» и носит ее имя. (Фото: Официальный сайт гостиницы)

сообщил, что будет способствовать укреплению сотрудничества с Россией и активно участвовать в развитии Дальнего Востока, мы ожидаем, что поддержка со стороны нашего правительства в соединении с усилиями южнокорейских компаний, включая Lotte, по продвижению в соответствующем регионе произведет синергетический эффект».

Компании Lotte уже удалось широко прославиться в России благодаря открытию гостиницы в Москве, которая не уступает самым шикарным отелям столицы. Пятизвездочная гостиница Lotte Hotel Moscow на Новинском бульваре, пересекающей центр столицы, выполняет весьма позитивную функцию по укреплению имиджа Южной Кореи в России. Мы считаем, что люксовый имидж и прекрасный сервис, которым может гордиться отель, вполне способен произвести на россиян наилучшее впечатление о Корее в целом. Если компании Hyundai, Samsung и LG завоевали сердца россиян ультрасовременными технологиями и

Интерьер одного из номеров московской гостиницы Lotte Hotel, из окон которой открывается прекрасный вид на город. (Фото: Официальный сайт гостиницы)

высочайшим качеством автомобилей, смартфонов, стиральных машин и других промышленных продуктов, то компания Lotte создает Южной Корее добрую репутацию благодаря наивысшему качеству гостиничных услуг. Располагаясь рядом со зданием Министерства иностранных дел Российской Федерации, которое считается одной из главных достопримечательностей Москвы, гостиница Lotte Hotel Moscow наполняет гордостью за свою страну сердца граждан Южной Кореи, которым посчастливилось посетить столицу России. Гостиница занимает очень удачное место между Старым Арбатом, где находится стена памяти легендарного рок-музыканта Виктора Цоя, и Новым Арбатом, где несколько лет назад свои двери открыла имиджевая галерея Hyundai Motor Studio. Соединение влияния этих трех объектов создает синергетический эффект, благоприятствующий формированию позитивного имиджа Южной Кореи.

По примеру компании Samsung, ставшей соучредителем

27 февраля 2017 года в Москве состоялась пресс-конференция, которая дала старт приему работ молодых прозаиков и поэтов на соискание премии имени А. С. Пушикина, получившей название «Лицей». (Фото: www.lotterus.ru)

литературной премии «Ясная Поляна», компания Lotte в 2017 году вошла в состав учредителей новой литературной премии «Лицей» имени Александра Пушкина, призванной способствовать поиску и поощрению молодых талантливых российских авторов. Представитель АО «ЛОТТЕ РУС» 27 февраля 2017 года на пресс-конференции в гостинице Lotte Hotel Moscow объявил об учреждении премии «Лицей», которая ставит своей целью сохранить литературные традиции великого русского поэта и прозаика Александра Сергеевича Пушкина. В этот день в пресс-конференции также приняли участие президент Российского книжного союза Сергей Степашин, специальный представитель президента Российской Федерации по международному культурному сотрудничеству Михаил Швыдкой, посол Республики Корея в России Пак Ро Бёк и проректор по внешним связям Университета иностранных языков «Ханкук» господин Ким Хен Тхэк. Генеральный директор АО «ЛОТТЕ РУС» господин Янг Сок заявил: «Наша компания в качестве крупнейшего южнокорейского инвестора в России искала способ внесения своего вклада в культурное развитие местного общества, и, когда мы узнали об отсутствии достойной литературной премии для поддержки молодых писателей, нами было принято решение способствовать учреждению премии «Лицей» имени Александра Пушкина». Важной предпосылкой этому событию стало установление памятника Александру Сергеевичу Пушкину на территории отеля Lotte в Сеуле в ноябре 2013 года во время визита в Южную Корею президента Российской Федерации Владимира Путина. Таким образом компания Lotte, как Samsung и LG, поддерживает свою репутацию в качестве социально ответственной корпорации.

В сентябре 2017 года компания Lotte открыла пятизвездочную гостиницу в Санкт-Петербурге, таким образом став первой иностранной компанией, владеющей в России сразу двумя люксовыми отелями. Это способствует значительному повышению престижа компании в России.

17 сентября 2017 года в гостинице Lotte Hotel St. Petersburg состоялось праздничное мероприятие в честь второй годовщины открытия отеля, которое почтили своим участием Сергей Степашин, Игорь Иванов и другие высокопоставленные персоны.

Располагаясь вблизи Исаакиевского собора, гостиница Lotte Hotel St. Petersburg получила прекрасную возможность запечатлеться в памяти гостей Санкт-Петербурга, приезжающих сюда, чтобы полюбоваться величественной и оригинальной архитектурой самого большого православного храма города

Гостиница Lotte Hotel в Санкт-Петербурге. (Фото: Официальный сайт гостиницы)

ОТЕЛЬ
LOTTE

на Неве. Особую культурную атмосферу и имидж гостинице придает ее нахождение в окружении Мариинского театра и Государственного Эрмитажа. Здание гостиницы представляет собой особняк, построенный в 1851 году. Ранее по этому адресу располагалась личная резиденция официального посланника США в России Джона Куинси Адамса, который впоследствии стал шестым президентом США. Выкупив исторический особняк, компания Lotte в 2014 году начала масштабную реновацию, на которую ушло два с половиной года. После окончания работ произошло перерождение здания в отель класса люкс с одним подземным и шестью надземными этажами, двумя ресторанами, двумя банкетными залами и ста пятьюдесятью номерами. Деловая газета «Ведомости» отметила, что из панорамного ресторана гостиницы открывается вид на лучшие пейзажи города на Неве, которые, несомненно, привлекут множество туристов – как из самой России, так и из других стран. Генеральный директор АО «ЛОТТЕ РУС» Янг Сок заявил: «Мы искренне надеемся, что наша гостиница в Санкт-Петербурге, ставшая второй в России вслед за гостиницей в Москве, преуспевшей в создании имиджа бренда самого высокого класса, сможет еще раз подтвердить высокую репутацию сети Lotte Hotels & Resorts, предоставляя самые качественные услуги гостям Санкт-Петербурга, приезжающим со всего мира, чтобы насладиться видом всемирного культурного наследия, находящегося под эгидой ЮНЕСКО».

Вид на Исаакиевский собор и его окрестности с террасы на крыше гостиницы Lotte Hotel в Санкт-Петербурге. (Фото: www.vedomosti.ru).

## Заключение

—

# Будущее, которое Корея и Россия открывают вместе

Заключение

# Будущее, которое Корея и Россия открывают вместе

Формирующая центральную ось Евразийского материка Россия находится на стыке европейской и азиатской культур, тогда как Южная Корея является мостом, который соединяет континентальную и океаническую культуры, поскольку наше полуостровное государство располагается на самом восточном краю материка. Предприняв в этой книге попытку отыскать «корейские следы в России», мы смогли убедиться в наличии между двумя интересующими нас странами географической и ментальной близости и нашли множество любопытных примеров взаимного влияния в процессе развития отношений, история которых насчитывает уже более 150 лет.

Во второй половине XIX столетия переселение корейцев из северных окраин Корейского полуострова в пределы России положило начало прямым контактам между народами обеих стран. Отношения с Россией отрезанных в то время от внешнего мира корейцев выполняли функцию канала соприкосновения с ранее неведомой для них западной цивилизацией. Благодаря особому трудолюбию и добросовестности корейцы смогли укорениться на земле российского Приморья, затем в силу политических неурядиц их переселили в Центральную Азию, откуда они с течением времени стали расселяться по всей территории Евразии. Обретя вторую родину, русские корейцы способствовали формированию позитивного образа Кореи в глазах жителей России. В годы японской оккупации самая самоотверженная часть корейской интеллигенции в борьбе за независимость своего Отечества и поисках путей к освобождению отправилась в «Красную Россию», которая в то время поддерживала национально-освободительные движения угнетенных народов. История хранит память о первых путешествиях корейцев по Транссибирской железнодорожной магистрали, пересекающей всю Евразию. В конце XIX века корейская делегация во главе с Мин Ён Хваном, посланная в Россию поздравить императора Николая II с коронацией, часть своего обратного пути проделала именно по Транссибу, строительство которого в те годы продолжалось. Аналогичным маршрутом в 1907 году возвращался после Второй Гаагской конференции чрезвычайный посланник Ли Джун, а олимпийский чемпион 1936 года марафонец Сон Ки Джон добирался до Берлина поездом тоже по Транссибу. Вполне может быть, что огромная популярность путешествий по Транссибу, наблюдаемая в наши дни у современной южнокорейской молодежи, каким-то образом связана с этими фактами.

К сожалению, во второй половине XX века идеологический барьер закрыл практически все пути для прямых контактов между Южной Кореей и Россией. Но даже в тот период оставались ниточки, связывающие ученых из обеих стран. Русские корееведы и люди, испытывавшие симпатию к нашей стране, в условиях холодной войны обратили свой взор на классическую корейскую литературу и на те области гуманитарной науки, которые были относительно свободны от влияния идеологии. Они добились блистательных результатов. В России публиковались переводы корейской литературы и научные труды, посвященные нашей стране, которые являются ценным наследием, поддерживавшим неугасаемый интерес к Корее и Корейскому полуострову в период, когда граждане обеих стран не имели возможности свободно общаться. Однако корейцы, проживавшие в различных уголках русской земли, подарили своей второй Родине немало Героев Социалистического Труда и выдающихся спортсменов и считались образцовыми гражданами. Несколько деятелей искусства корейского происхождения смогли занять достойное место в центре русской культуры и искусства, преодолев жестокую конкуренцию и трудности. Все это было результатом взаимного влияния, которое оказывали друг на друга русские люди и корейцы, живущие среди них на просторах Евразии, где пересекаются различные культуры и расы.

Установление официальных дипломатических связей между нашими странами в 1990 году открыло новую главу в истории взаимоотношений. Жители обеих стран получили возможность приезжать друг к другу в гости, активизировалась международная торговля, стали стремительно развиваться обмен и сотрудничество в культуре и искусстве. На ранее запретную московскую землю волной хлынули корейские студенты, туристы и предприниматели, а произведенные в Южной Корее потребительские товары и бытовая электротехника начали пользоваться бешеной популярностью на российском рынке.

Российские корееведы и корейские россиеведы, ранее изучавшие соответствующие страны лишь посредством письменных памятников прошлого, расширили и углубили свои знания, получив возможность проведения полевых исследований. Инвестиции ведущих южнокорейских корпораций в российскую экономику выводят экономическое сотрудничество на новый уровень. Среди российской молодежи набирает обороты бум южнокорейской поп-культуры, а популярность корейского языка и корейской кухни взлетела на заоблачную высоту. В последнее время наблюдается любопытное явление перемещения интереса корейских туристов от Москвы, Санкт-Петербурга и других городов в европейской части страны к географическим соседям Корейского полуострова — Дальнему Востоку и Сибири. Помимо традиционных СМИ появилось множество разнообразных источников, которые знакомят корейцев и россиян с повседневным бытом и культурой двух стран, активно используя

Сборник, подготовленный по итогам форума, посвященного 30-летию корейско-российских контактов в культурной сфере. (Фото: ИРИ)

различные интернет-платформы.

Сегодня Россия и Корея, за полувековую историю взаимоотношений накопившие общее и весьма богатое, как материальное, так и нематериальное, наследие, стоят на пороге нового периода, когда границы и содержание сотрудничества можно расширить и развить большим скачком. Установление дипломатических отношений в 1990 году, заключение стратегического партнерства в 2008 году и введение безвизового режима для краткосрочных поездок для граждан обеих стран в 2014 году подготовили основание, которое позволяет значительно активизировать гражданские контакты и сотрудничество. В таких областях, как культура, искусство, образование, наука и сотрудничество между региональными правительствами, которые могут послужить катализатором активизации двусторонних отношений. Мы сегодня стоим на новом этапе поиска модели устремленного в будущее сотрудничества, которая на основе 30-летнего опыта непосредственных взаимообменов позволит проявиться синергетическому эффекту и будет взаимовыгодной.

В добавок к этому проведенное недавно среди жителей Кореи и России исследование взаимного восприятия показывает довольно радужную перспективу развития отношений между нашими странами. Исследование проводилось в 2017 году совместно Институтом российских исследований Университета иностранных языков «Ханкук» и Всероссийским центром изучения общественного мнения. В ходе исследования была выявлена схожесть системы ценностей. Так, семейные ценности разделяет 37% российских респондентов и 76% — корейских, традиционные ценности — 22% россиян и 48% корейцев,

Жители Кореи и России заявили о наличии интереса к культуре другой страны. (Фото: ИРИ)

почтение к родителям — 24% россиян и 44% корейцев. Этот срез доказывает, что мы испытываем по отношению друг к другу благожелательность и любопытство, имеем много общего в системе ценностей, на базе чего способны проявлять взаимную эмпатию. В силу непродолжительности истории непосредственных контактов уровень восприятия странами друг друга пока не очень высок, однако почти половина представителей каждой страны (45% россиян и 43% корейцев) заявили о наличии интереса к культуре другой страны. Конкретизируя свой ответ, 36% россиян признались, что испытывают интерес к корейской кухне, а 24% — к боевым искусствам. Для 32% корейских респондентов привлекательной является русская архитектура, а для 27% — русская кухня. Также опрошенные дали рекордно высокую оценку потенциалу развития отношений

По окончании переговоров Владимир Путин пригласил Мун Чжэ Ина и его супругу на экскурсию по Большому Кремлевскому дворцу. (Фото: kremlin.ru)

между Южной Кореей и Россией. 51% россиян и 64% корейцев с уверенностью заявили о том, что две страны могут стать стратегическими партнерами. 51% россиян надеются посетить Южную Корею, 66% корейцев желают совершить путешествие по России. На вопрос о том, в каких областях возможно взаимное сотрудничество, россияне ответили, что в области передовых технологий (32%), торговле (31%), медицине и фармацевтике (31%), а корейцы ответили, что в области промышленности и энергетики (58%), в политике и дипломатии (33%), а также в области военных технологий (22%). Исследование также показало, что у нас по отношению к друг другу по-прежнему остается часть предубеждений и искаженных взглядов, являющихся пережитком холодной войны, тем не менее очевидно, что на данный момент, то есть незадолго до 30-летия установления дипломатических отношений, граждане обеих стран готовы сделать решительный шаг навстречу общему будущему.

В сентябре 2017 года на 3-м Восточном экономическом форуме во Владивостоке президент Республики Корея Мун Чжэ Ин упомянул о будущем корейско-российских отношений, заявив, что «Новая северная политика» южнокорейского правительства прекрасно резонирует с «Новой восточной политикой» президента Российской Федерации В. В. Путина, целью которой является развитие дальневосточного региона. Президент Мун Чжэ Ин заявил, что Южная Корея является наилучшим партнером для России в деле развития Дальнего Востока и что «Новая восточная политика» исходит из сотрудничества с Россией. На наш взгляд, для конкретного воплощения двусторонних отношений, направленных в будущее, и придания им еще большей гибкости требуется предварительное выполнение некоторых условий, однако мы не можем не подчеркнуть важность углубления взаимного понимания между гражданами двух стран и расширения сотрудничества на гражданском уровне. Такие работы, как наша книга «От Посьета до Арбата: 150 лет корейской культуры в России», в которых прослеживается история диалога между нашими странами, с этой точки зрения имеют важное значение. Но в данный момент настоятельно требуются еще более активные усилия на правительственном уровне, направленные на беспрецедентное сужение психологической дистанции между представителями наших народов, чтобы огромный потенциал развития взаимообогащающих отношений наконец был реализован.

Как никогда ранее возрастает важность роли гражданских контактов, которые позволили бы повысить уровень взаимного восприятия, построить платформу для сотрудничества в различных областях, а также способствовали бы расцвету культуры и искусства путем творческого сотрудничества. Чтобы поднять контакты в этой сфере еще на одну ступень выше, мы должны приложить усилия в следующих направлениях.

Для значительного повышения уровня гражданских контактов между обеими странами в культуре и искусстве, прежде всего необходимо на переговорах между главами обоих государств, а также на высоких переговорах в сфере культуры и науки ясно обозначить конкретную программу сотрудничества на правительственном уровне. Например, можно смело наметить масштабные мероприятия, объявив 2020 год перекрестно Годом корейской культуры и Годом русской культуры. Правительства обеих стран должны сделать смелые инвестиции в воспитание группы лидеров нового поколения, разделяющих взаимную

20 июня 2018 года в Санкт-Петербургском госуниверситете был открыт первый за пределами Кореи памятник выдающейся писательнице Пак Кённи. Его открытие стало важной вехой в истории отношений Кореи и России на современном этапе. (Фото: ИРИ)

симпатию, воспитание специалистов, которые будут развивать сотрудничество в научных технологиях, гуманитарных и социальных науках, культуре, искусстве и спорте.

Далее хотелось бы подчеркнуть необходимость активизации проектов гражданских контактов, ориентированных на подрастающее поколение, которое в будущем станет развивать корейско-российские отношения. В Южной Корее, в Сибири и на Дальнем Востоке России существует множество мест и памятников, связанных с новой историей России и Кореи. Следовательно, органы местного самоуправления обеих стран могли бы подготовить программу юношеских обменов по перекрестному посещению мест расположения исторических и культурных памятников, отправляя корейских детей в Россию, а русских - в Корею. При условии смягчения напряженности на Корейском полуострове можно было бы запустить детские лагеря для школьников из обеих стран, куда они бы добирались по морю вдоль восточного побережья Кореи. Запуск такой программы может стать бесценной инвестицией в будущее. Потому что, если дети из обеих стран смогут лично ощутить и понять историческое значение и будущую ценность российского Дальнего Востока и Сибири, которые являются главными стратегическими регионами в государственных планах развития России, а в прошлом послужили отправной точкой для маршрутов передвижения корейцев в Евразии, то это станет важным фундаментом для проектирования общего будущего.

Настал тот момент, когда необходимо активно продвигать двунаправленное культурное сотрудничество, отказавшись от былых шаблонов взаимодействия, когда жители каждой страны в одностороннем порядке пытались донести до партнера исключительно что-то свое. Ведь наличие ментальной комплиментарности и взаимной симпатии к культуре и искусству способствуют налаживанию двунаправленных культурных обменов. В сценическом искусстве, особенно в балете и театральном искусстве, артисты обеих стран уже накопили множество примеров успешного сотрудничества, их наработки необходимо распространить на кино, мюзиклы, концерты поп-искусства и выставки, обладающие большой резонансной силой, а также на сферу перевода художественной литературы и научных исследований.

Что касается такой составляющей, как пространство, необходимо отойти от прежних канонов, когда центрами коммуникации между нашими странами выступали столицы и крупные города, и ввести изменения, которые позволили бы еще большему числу жителей двух стран подключиться к этой коммуникации. Необходимо вовлечь во взаимообмен деятелей искусства из регионов и их произведения, а также расширить возможности для встреч и открытого общения между простыми гражданами обеих стран. Вместе с тем необходимо уделить интерес работам наших современников, отражающих последние тенденции мирового искусства. Совместные постановки являются последним трендом в сценическом искусстве, и такие попытки надо еще более активно предпринимать корейским и российским артистам.

В перипетиях истории Южная Корея и Россия были близкими и в то же время далекими соседями, оставаясь при этом духовно и культурно близкими, несмотря на невозможность прямого взаимодействия. В настоящее время наши страны стали стратегическими партнерами, которые в главных областях должны действовать сообща во имя собственного будущего, а также во имя мира и процветания в Северо-Восточной Азии. Для укрепления этого партнерства граждане обеих стран должны неотступно продолжать прилагать искренние усилия, чтобы бесценные плоды сотрудничества и взаимопонимания, прекрасные образцы которого мы рассмотрели в нашей книге, вывести на новый уровень в соответствии с требованиями нашей эпохи.

# От Посьета до Арбата

150 лет корейской культуры в России